本书由国家民委重点研究基地西藏特色产业高质量发展研究中心资助，系本人主持的 2018 年国家社科基金一般项目（18BJY171）结项成果、2011 协同创新中心重大委托课题之子课题（WT-ZD20220206）智库成果以及西藏民族大学研究生金课《现代经济学》建设成果。

The Study on the Spatial Characteristics,
Formation Mechanism and Optimization of

REGIONAL LOGISTICS
NETWORK IN XIZANG

西藏区域物流网络空间特征、
形成机理及优化研究

刘 妤 ◎著

中国财经出版传媒集团

经济科学出版社
Economic Science Press

图书在版编目（CIP）数据

西藏区域物流网络空间特征、形成机理及优化研究/
刘妤著 . -- 北京：经济科学出版社，2022.11
ISBN 978 - 7 - 5218 - 4266 - 1

Ⅰ.①西…　Ⅱ.①刘…　Ⅲ.①物流管理 - 服务网络 -
研究 - 西藏　Ⅳ.①F259.277.5

中国版本图书馆 CIP 数据核字（2022）第 214926 号

责任编辑：袁　溦
责任校对：孙　晨
责任印制：邱　天

西藏区域物流网络空间特征、形成机理及优化研究
刘　妤　著
经济科学出版社出版、发行　新华书店经销
社址：北京市海淀区阜成路甲 28 号　邮编：100142
总编部电话：010 - 88191217　发行部电话：010 - 88191522
网址：www. esp. com. cn
电子邮箱：esp@ esp. com. cn
天猫网店：经济科学出版社旗舰店
网址：http://jjkxcbs. tmall. com
固安华明印业有限公司印装
710×1000　16 开　19.25 印张　240000 字
2023 年 4 月第 1 版　2023 年 4 月第 1 次印刷
ISBN 978 - 7 - 5218 - 4266 - 1　定价：86.00 元
（图书出现印装问题，本社负责调换。电话：010 - 88191545）
（版权所有　侵权必究　打击盗版　举报热线：010 - 88191661
QQ：2242791300　营销中心电话：010 - 88191537
电子邮箱：dbts@ esp. com. cn）

序

　　本人曾在西藏长期从事过经济研究工作，略有做课题的体会，又作为西藏民族大学的客座教授，经常参加该校举办的各种学术活动，不时地和同行交流。因 2019 年的一次规模较大的会议，机缘巧合，在分组讨论时认识了西藏民族大学财经学院的刘妤教授，她正带领一个团队在做"西藏区域物流网络空间特征、形成机理及优化研究"，与我交流了几个相关问题，所涉流通领域的内容引起了我的关注。本人在 30 年前在有关西藏经济专著写作之中，也曾对物流这一事物的学理问题有所思考。不过，那个时候"物流"（logistics）这一概念尚未全面铺开，20 世纪 80 年代末的研究一般是大而化之的陈述为"人、财、物的流动"。这次时空交汇，能够将我们在学术性研究上引出共同话题的，是有共识的一个重大前提——西藏作为我国面向南亚开放的前沿阵地，也是重要的国家安全屏障、重要的生态安全屏障、重要的战略资源储备基地、重要的中华民族特色文化保护地，是我国同西方敌对势力和境内外敌对势力、分裂势力斗争的前沿。毋庸置疑，这段符合中央精神的话在刘妤及其团队所作课题的前言之中，予以了清晰的宣示。我想，坚持在学研中正确的政治立场，无疑是这个课题立足的前置性依据。

　　进入 21 世纪以来，西藏经济社会出现了使用频率越来越高的一个名词即物流。通过文献检索，人们发现从政府文件、新闻媒体报道、相关学术研究等领域都能看到这一名词的分布，并且不断趋多。毋庸多言，这折射出西藏的经济发展和社会进步，或言之，这反映了在全国统一大市场越来越强的推拉之下，西藏的物流经济本身正在兴起。当然，其中不可忽视的一个重大因素，就是在中央第五次、第六次、第七次西藏工作座谈会精神的引领下，国家对西藏的倾斜似的各种优惠政策，使得"总体供给模式"（孙勇：《西藏非典型二元结构下的改革》，1991年版，第6、24、31页）一直保持着，加之国家"一带一路"的愿景和行动，各兄弟省市与国家机关以及大型国有企业的对口支援，在一段时间对西藏经济社会发展所带来的一个突出因素，就是对基础设施稳定且增长的投资，极大地改善了西藏物流所需的载体和平台。

"物流"作为一种概念，产生于经济活动和经济活动不断扩大范围的实践，是人们对客观事物的一种反映。随着物流实践活动的扩大，人们对这一概念和外延的研究，也日益扩大并不断深入。在中国，自20世纪80年代这个概念从国外引入，至今其当属应用经济学或工商管理乃至财经贸易等学科的哪个范畴，都还存在着见智见仁的说法，但至少将"物流+经济学"后，物流经济学（logistics economics）也可以成立。有不少的学者认为，物流经济学具有多个经济学学科所涉的内容，展露了诸多经济学显现的研究机理，即采取最快配置有限资源的方式以达成最佳经济效能，最终体现为可观的社会福利的效果。

其实，我们很容易直接观察到的一个现象是，"物流经济"一旦被纳入业内研究者的视域，必然要考量实施物流活动的一个空间中所必需的各个要素，包括这个空间的经济结构、产业结构、物流资源，亦即包括人、财、物的配置，当然最终也要考量这个经济空间所取得的物流经济效果，提出能否优化的意见。由此，全方位多层次的物流活动学术考量，使得空间经济学、区域经济学、产业经济学、生产力经济学乃至人文地理学等应用经济学学科产生交集，出现融聚。

因此，个人认为，在我国学界对物流经济活动的研究之中，其不仅是经济学界多学科研究的对象，也成为人文地理学界跨学科研究的对象，同时也引起了民族学/人类学学界的介入，还不能将物流研究从财经贸易与公共管理等学科视域里剥离出来——这样的交叉研究，使得"物流经济学"在国内有了一定传播。所有这些，聚焦在对某个空间的物流现象进行研究之后，顺理成章地成为前几年国家社科基金项目指南之中的一类课题。而在刘妤教授的相关研究中，有着其之前发表多篇论文的积淀，能够把跨学科研究的现象和阐释的自洽性，在国家社科基金的此项目之中给予贯通——许多的经济学分支学科的原理，在"西藏区域物流网络空间特征、形成机理及优化研究"这个课题之中都有体现。这对于年轻的学者是很宝贵的，不仅打破了眼前研究的思维窠臼，也为将来走上学术新台阶做了铺垫。

历经数载，刘妤教授及其团队的国家社科基金项目终于完成，结集成书为《西藏区域物流网络空间特征、形成机理及优化研究》，可喜可贺！阅读该书，颇有收获，其文本在相关学术史和文献综述上要言不烦，论及命题本身的方式方法比较规范，整书论述过程的逻辑条例清晰，采用理论依据和建模的实证过程等等方面，都值得称道。

该书将课题研究的学术路线前提向读者交代得相当完整。即首先是基于大数据从多维角度，通过选取物流区位商指标、构建运输联系强度模型以及城市首位联系度模型，使用空间分析工具对西藏区域物流网络进行空间分析，并提取西藏区域物流网络空间特征；其次，基于多源数据，从区域经济的空间格局分布、交通运输网络改善以及资源禀赋的空间分布差异三个方面，利用空间分析工具进行定量分析及可视化处理，深入剖析区域物流网络空间特征的形成机制。最后，为了进一步提高西藏区域物流网络的运营效率，优化空间布局。

可以说，根据这样的技术路线，刘妤教授及其团队的研究梳理了全国空间经济布局和经济流程下的西藏区域特征和经济发展现状，遵循问题导向与目标导向，不仅看到全国与西藏的空间经济在物流领域的共性问题，也抓住西藏区域物流个性问题，深入剖析西藏区域物流网络空间特征和形成机理，尝试为西藏区域物流空间优化实践建立一种可能的系统科学理论解释框架，为区域治理研究提供鲜活案例。特别是"基于辐—轴理论确定轴心城市以及各个节点的辐射范围，分析物流干线及支线通道，通过构建西藏轴—辐式物流网络的空间形态，对西藏区域物流网络空间结构进行优化"这方面的细化研究，可以起到为决策服务的作用。

刘妤教授最后成形的项目成果，相比于其他单一视角下的同类研究，具有一定的殊胜之处，即研究成果具有在西部第二轮大开发局势中和西藏高质量发展的前提下，结合"一带一路"的实践、面向南亚的重要通道以及西藏空间经济的流程等，阐释了西藏物流涉及诸多方面的问题，有着辐射面大的特点，具有较强的实践针对性，较好体现了课题服务国家战略的要求。该课题完成后，在前期对该研究成果的同行专家评审之中，对刘妤课题组所提出的五个学术命题、五点经验发现、五点政策启示，给予了高度的评价。认为这"三个五"不仅具有一定学术研究的价值，而且在增强西藏经济发展的物流基础以及向其他民族地区推广等方面，具有相当的政策建议价值。我对这些评审意见是赞同的。

从理论服务实践的角度看，《西藏区域物流网络空间特征、形成机理及优化研究》是一项具有较强的理论价值与现实意义的成果。该项目的指向性与国内外研究趋势相契合，通过对边疆民族地区的物流业进行研究，所提出的观点包括一些学术认识，对完善区域物流空间分析理论体系做出有益探索和补充，这对丰富现有区域物流理论体系，引领后续研究方向提供新的思路。这对于进一步优化西藏区域物流网络空间，往复循环作用于改善西藏经济结构，提升产业结构等方面都具有相当重要的现实意义。

诚然，如同任何研究成果不可能尽善尽美一样，刘好教授及其团队所作项目的成果，也存在着一些需要改进和完善的地方。例如，该成果所举实例的样本较少，对于希望更多了解西藏物流领域情况的读者来说，不能不说有点遗憾；还有一个较大的缺憾，就是未能明确地将西藏的空间经济结构下物流置于国家的空间尺度之中，很有可能造成谈个性多而谈共性少的效果，这是在下一步改进时要注意到的地方。瑕不掩瑜，《西藏区域物流网络空间特征、形成机理及优化研究》总体的水平和质量是值得肯定的。

最后，对我们所有研究经济问题的研究者来说，尚需高度重视马克思主义经济理论的修炼，这是1949年以来党的历次全国大会，尤其是党的十八大、十九大、二十大都高度强调的，是中国特色社会主义理论在哲学社会科学上达于高境界的体现。恩格斯曾经指出："我们视为社会历史的决定性基础的经济关系，是指一定社会的人们用以生产生活资料和彼此交换产品（在有分工的条件下）的方式说的。因此，这里面也包括生产和运输的全部技术装备……"（《马克思恩格斯全集第39卷》，第198页）从这个角度看，物流在经济社会的运行之中，与其他的多种要素，构成了马克思主义经典作家认为的"决定性的基础关系"，因为任何商品的生产生活资料的交换，如果不经过物流形式是不能达到的。可以说，我们对包括边疆民族地区在内的中国物流经济的研究，以马克思主义经济理论为指导，可以有更加阔达的视域，更加坚定我们以学术为国家服务的信念。

学术研究，犹如修行；须百尺竿头，更进一步。此言当和各位同仁共勉。

是为序。

孙 勇

四川师范大学教授　华西边疆研究所所长

2021 年 12 月

前言
PREFACE

　　"一带一路"是我国在世界格局迅速变化与周边环境不确定性上升的情况下做出的一个确定性选择。新时代、新形势和新任务背景下，中国对外开放总格局立足国内大循环，促进国内国际双循环，坚持实施更大范围、更宽领域、更深层次的高水平发展。西藏凭借地缘优势纳入了"一带一路"建设总体布局，定位面向南亚开放的重要通道。不仅凸显了西藏更加重要的战略地位，而且使西藏有了更加清晰的发展方向，也由此被赋予了发展的新机遇、新空间、新动能。

　　必须注意的是，西藏建设我国面向南亚的大通道，不仅仅是互通有无的通道建设问题，更是涉及祖国统一、社会稳定以及国防安全的政治和战略问题，当然也不能脱离南亚国际关系格局变化和世界经济一体化发展这个大背景。处理好维稳固边与通道开放的关系，是中央和地方必须面对的问题。这就要求西藏在贯彻"一带一路"倡议、建设南亚大通道时应该有所为有所不为，不仅应立足自身、加强基础设施建设，还应该在处理好西藏通道作用和屏障作用辩证关系基础上，对内融入、对外开拓，提高互联互通水平。

就在刚刚过去的一年，新冠肺炎疫情影响广泛，经济全球化遭遇逆流，国际环境日趋复杂，国内环境深刻变化，西藏宣布历史性消除绝对贫困。站在两个一百年的交汇点，幸逢西藏和平解放70周年，边境稳定态势受到挑战，民族发展赋予更高诉求，展望民族复兴光明前景，扩大开放已成大势所趋，谋求西藏更高水平的稳定与繁荣，无疑成为政府意志和人民意愿，学术界也理应倾注更多的注意力。

本书在前人研究的基础上，立足西藏独特的区域特征和经济社会发展现状，遵循问题导向与目标导向，抓住西藏区域物流短板这一关键点，坚持从发展是解决西藏所有问题的关键出发，通过空间数据和空间模型的联合分析挖掘区域物流网络空间的潜在信息，深入剖析西藏区域物流网络空间特征和形成机理，尝试为西藏区域物流空间优化实践建立一种可能的系统分析框架，为区域治理提供鲜活案例，为通道建设提供西藏智慧。

不得不说本书的部分感悟和总结来源于2020年本人在西藏阿里地区改则县八个月的驻村所见所闻。对我来说那是一段宝贵的人生经历，读万卷书不如行万里路，置身其中去观察、了解、思考西藏县域经济系统的运行以及地方政府行为的逻辑，为应用经济学的教研融入了鲜活的素材与案例。此后两年里，本人及团队相继完成了西藏科技厅软科学项目，国家社科基金一般项目，西藏文化传承发展协同创新中心对2020年度、2022年度重大委托课题子课题项目以及《西藏阿里地区"十四五"边贸物流发展规划》委托课题等。

在此感谢西藏阿里地区改则县县委及县政府、西藏自治区商务厅对外经贸处、西藏阿里地区商务局、西藏阿里地区札达县人民政府、日土县人民政府、普兰县商务局以及西藏日喀则市商务局、西藏日喀则市吉隆县人民政府、吉隆口岸管委会、吉隆海关、吉隆招商局、吉隆边贸协会、聂拉木县樟木口岸管委会、亚东县亚东边贸管委会等给予本书在调研过程中的大力支持。

特别感谢时任阿里地区政协副主席、改则县县委益西土登书记，西藏商务厅王平副厅长，对外经贸处德珍处长，邢雨副处长以及阿里地区商务局赵文忠局长在本书撰写过程中给予的真知灼见。特此鸣谢四川师范大学孙勇教授对本书撰写的悉心指导以及拨冗写序。同时感谢新华网、中国西藏新闻网对本报告阶段性成果的新闻刊载以及辽宁宏图创展测绘勘察有限公司西安分公司总经理刘婕给予的技术指导。在此对西藏民族大学高尚钦、吴梦羽、李方正、夏伟义、张志伟、张世玉等研究生同学对本书撰写付出的辛劳一并感谢。最后感谢西藏民族大学财经学院以及国家民委重点研究基地西藏特色产业高质量发展研究中心的鼎力资助。因疫情影响，本书的出版稍有延迟。

自知才疏学浅，难免有错漏之处，唯有感悟老西藏的雪域精神，激励自己不断前行！

作　者

2021 年 12 月

目录
CONTENTS

第二篇　空间分析篇

第三篇　空间优化篇

| 第一章 |

绪　论

本章阐述了本书的研究背景与研究意义；理论框架、文献简述及模型表达；基本思路、主要目标和创新点以及整体研究框架和主要内容等。

第一节　研究背景及意义

一、研究背景

当前，受我国经济进入"新常态"影响，我国物流业也在进入"新常态"发展阶段。面对新形势，我国物流将以质量和效益为中心，寻找战略突破口，培育竞争新优势，全面打造中国物流"升级版"，以转型升级主动适应经济"新常态"、应对物流"新常态"。为此，国家陆续提出了跨区域的长江经济带和京津冀协同发展、丝绸之路经济带与海上丝绸之路等一系列以区域物流为突破口，推动开放型经济发展的区域经济战略规划。目的是为推动产业梯度转移，发展跨区域大交通大物流，力争形成新的区域经济增长极。

2013年，"一带一路"倡议的提出，将系列区域国际合作整合升级，推进多边跨境贸易和国家交流合作，加速实施新一轮扩大对外开放，也为转型升级西藏区域物流的发展提供了重大的战略机遇。西藏地处我国西部，与印度、尼泊尔、缅甸、不丹等南亚国家接壤，作为历史上南方丝绸之路、唐蕃古道、茶马古道段的重要参与者，应当抓住此历史发展机遇，借力南亚大通道和环喜马拉雅经济合作带建设，对接孟中印缅经济走廊，融入丝绸之路经济带，形成西藏特有的物流发展格局，实现现代区域物流的跨越式升级，促进社会经济的快速发展。本书的写作背景主要源于以下三个方面：

一是宏观层面扩大开放背景：丝绸之路经济带的倡议指引，需要西藏区域物流转型和升级。

"一带一路"是在世界格局迅速变化与周边环境不确定性上升的情况下做出的一个确定性选择。新时代、新形势和新任务下，中国对外开放总格局立足国内大循环，促进国内国际双循环，坚持实施更大范围、更宽领域、更深层次的高水平发展。将西藏纳入"一带一路"建设总体布局，定位面向南亚的重要通道，不仅赋予了西藏更加重要的战略地位，而且使西藏有了更加清晰的发展方向。2020年，习近平总书记在中央第七次西藏工作座谈会上明确提出："要走出一条符合西藏实际的高质量发展之路，着眼区域经济的高质量发展，围绕川藏铁路建设等项目，推动建设一批重大基础设施、公共服务设施，建设更多团结线、幸福路。"① 如果说"一带一路"倡议给西藏带来了新的发展契机，

① 新华社. 习近平：要围绕川藏铁路建设等项目，推动建设一批重大基础设施、公共服务设施 [EB/OL]. (2020 – 08 – 29). http://finance.eastmoney.com/a/202008291613199131.html.

提供了政策保障，使区域物流的发展成了重中之重。那么习近平总书记在座谈会上的指示无疑为西藏物流产业的发展提出了更高的要求。

随着我国"一带一路"的逐步推进，西藏面向南亚通道的基础设施建设进入快速轨道，但是由于自然环境、边境形势等因素，西藏通往印度、尼泊尔之间的通道大多没有发挥应有的"连通"作用。本书从这一背景出发，既是对新形势的积极回应，更是符合新形势下西藏谋求更高水平稳定与发展的要求，本书为探讨全面提升西藏区域物流的转型和升级从而带动经济外向发展以及参与国内外竞争及合作等提供一定的智力支持。

二是中观层面区域协调背景：加快建立促进城乡协调发展的有效机制，需要合理规划区域物流空间网络。

从党的十六大首提"统筹城乡经济社会发展"到十八大提出"推动城乡发展一体化"，十九大提出"建立健全城乡融合发展体制机制和政策体系"，再到二十大最新提出"深入实施区域协调发展战略"，可以看出逐步缩小城乡差距，破解城乡发展不平衡不协调的突出矛盾，始终都是影响中国现代化进程的重大问题。从省域层面看，西藏虽然加快了城镇化的发展进程，加上拉萨市，西藏已有 6 个地级市，但是西藏城镇化水平依旧很低①；且区域发展不协调，城乡之间、腹心地区与边境地区、资源富集地区与资源贫乏地区的发展差距较大。空间结构合理的区域物流地域系统在区域经济的发展进程中基础性作用日益显现。本书旨在尝试建立合理有序的区域物流地域系统，降低区域经济运行成本，促进建立区域城乡协调、协作发展的有效机制。

---

① 刘好. 城镇化视角下西藏城乡物流一体化发展水平评价体系构建研究 [J]. 西藏科技，2019（3）：8 - 13.

三是微观层面基础现实背景：当前西藏物流产业仍然存在很多问题，需要加以科学引导与规范管理。

在中央对西藏优惠政策的支持下，西藏区域物流有了长足的发展。在物流基础设施方面发生了翻天覆地的变化，取得了巨大的成就，基本形成了以公路运输为主，航空、管道运输为辅的现代运输新格局。特别值得一提的是，2006 年青藏铁路格尔木至拉萨段的建成通车，2014 年拉日铁路拉萨至日喀则段的建成通车，以及 2021 年川藏铁路拉林段的建成通车，使得西藏已经从根本上改善了西藏的交通运输条件。但是，和我国其他地区物流业态的发展相比较，西藏受周边地理环境限制和高原气候影响，长期以来处于全国物流布局下的边缘地带，物流基础薄弱、发展滞后，产业带动效应不明显。比如，西藏物流产业发展相对缓慢，物流服务需求不足；运输成本相对较高、效益较低；物流产业基础设施较落后；企业规模小，产业关联度低，协调发展机制不全，物流管理人才缺乏等。若不加以科学引导与规范管理，势必会造成对社会资源的破坏及浪费，甚至成为制约经济发展的包袱。鉴于此，本书试图基于西藏特有的比较优势和后发优势阐释分析西藏区域物流系统，为科学引导好规范管理西藏物流产业建言献策。

二、研究意义

西藏凭借其独特的区位优势，在国家战略中一直处于重要的地位。自国家"一带一路"倡议推进实施以来，西藏积极融入丝绸之路经济带，倡导推进面向南亚开放重要通道建设，发展西藏区域物流已成为研究热点。本书针对西藏区域物流网络空间展开深入研究，对于既受环境资源约束又面临竞争与挑战的西藏物流产业而言，具有非常重要的现实意义和学术理论价值。

（一）理论意义

目前，有关区域物流产业的内涵，国内学者对其理解不一，尚无形成完整统一的解释。民族地区由于其独特的地理位置、气候条件、人文环境、资源禀赋等因素，区域层面的空间结构、经济导向都发生了重大变化，必然形成独特的特色区域物流。有必要进一步通过区域物流网络空间的研究，判断区域发展特征和未来趋势。因此，本书与国内外研究趋势相契合，通过对民族地区的物流产业进行研究，对完善区域物流空间分析理论体系做出有益探索和补充，尝试丰富现有区域物流理论体系，为后续研究方向提供新的思路。

（二）现实意义

2015 年全国交通工作会议指出，应加快提升我国与周边国家交通运输基础设施的互联互通水平，充分发挥交通运输在推进"一带一路"倡议中的基础性、先导性、服务性作用。西藏作为连接东亚与南亚唯一的陆路口岸，对南亚区位优势明显，随着"一带一路"的深度融合，对西藏综合运输体系建设，提升区域物流竞争力有着更高的战略要求。面对新形势，本书试图针对西藏地域开展细化研究，对建设南亚大通道融入丝绸之路经济带、培育新的区域经济增长极、增强西藏经济发展基础以及向其他民族地区推广都具有重要的实用价值。

（三）实践意义

随着互联网、云计算、物联网等信息技术的迅猛发展，物流业正朝着数字化、信息化、自动化、一体化和智能化的方向发展，如何将海量数据进行有效利用和分析，实现物流资源的合理配置，已成为业界和学术界广泛关注的重点。本书试图借助地理空间视角，将区域物流的研究思路拓展到空间经济学的新领域，探索多源数据挖掘与产业政策研究相结合的研究范式，既能丰富区域物流网络空间组织理论研究，又能服务于西藏区域物流网络的空间规划实践需求，为统筹区域物流网络规划及政策制定提供参考依据和决策支持。

第二节　理论框架、文献简述及模型表达

梳理区域物流空间分析相关文献，为下一步分析研究的开展提供理论依据，包括区域物流空间分析理论框架、文献述评以及模型表达。

一、区域物流网络空间分析理论框架

由于世界经济全球化与区域一体化的发展，新古典经济学微观基础建立在规模报酬不变的假定之上，在解释现有经济现象时遇到越来越多的问题，无法令人信服地解释产业在空间上的集聚和城市的诞生等事实。这一先天的缺陷使很多研究无法找到产业空间集聚的内在机制及其在区域经济增长之间的联系机制。鉴于这些研究的缺陷，以克鲁格曼、藤田昌久、维纳布尔斯为代表的经济学家又重新回归到经济地理学视角，以边际收益递增、不完全竞争与路径依赖为基础，拓展分析经济活动的空间集聚与全球

化等经济现象,借此开创了"新经济地理学",又名空间经济学。空间经济学是在区位论的基础上发展起来的,是根据时间、层次、传统三维空间相互转化原理研究经济发展规律、预测经济发展趋向、进行经济空间布局、调整产业空间结构、取得经济规模效益、实现经济可持续发展的多门学科的总称。它研究的是空间的经济现象和规律,生产要素的空间布局和经济活动的空间区位,目的是为了理解和解释各个空间地理层面经济活动的变化与演化。

本书借助地理空间视角,将区域物流的研究思路拓展到空间经济学的新领域,探索多源数据挖掘与产业政策研究相结合的研究范式,既能丰富区域物流网络空间组织理论研究,又能服务于西藏区域物流网络的空间规划实践需求,为统筹区域物流网络规划及政策制定提供参考依据和决策支持。

(一) 基本问题

本书从地理空间视角出发,研究区域物流网络"点—线"系统。区域物流网络是由各级物流结点和连线以及所属经济"组织"构成的相互联系、相互作用的系统结构形式。"节点"是指各级物流中心;"连线"是由交通、通信干线连接起来的基础设施;"组织"是指物流业、物流市场、物流咨询机构和地方政府。区域物流网络形成过程中,在各种"组织"的协调运作下,社会经济要素在"节点"上集聚,并由线状基础设施联系在一起而成"轴线"。"轴线"对附近区域有很强的经济吸引力和凝聚力,轴线上集中的社会经济设施通过产品、信息、技术、人才、金融等,对附近区域有扩散作用,与区域生产力要素相结合,形成新的生产力,推动社会经济的发展。

本书通过研究区域物流网络"点—线"系统的各种经济活动

在区域内的分布状态、组合形式、形成机制和演进规律，提取区域物流网络空间特征，为合理布局区域物流网络找准定位；揭示区域物流网络空间特征形成机理，为提升物流资源运行效率提供参考；探讨区域物流网络空间优化，为科学构建层次清晰、布局合理、高效运作的区域物流网络寻找出路。

（二）研究方法

本书主要使用的是四个层次的研究方法。第一层次是文献综述法。梳理区域物流空间分析相关理论研究进展及实践应用情况。这是课题研究的理论基础。第二层次是实地调查法。西藏幅员辽阔、地域相对分散，数据不全，须深入西藏通过较为全面的、大规模的实地调查收集获得观测数据、分析测定数据及统计数据等多源数据，深入客观了解西藏区域物流整体发展状况。这是课题研究的实践基础。第三层次是定性和定量研究相结合的综合集成方法。如运用定性的方法构建城市物流竞争力测度指标体系；使用 SPSS、EVIWS 等统计软件运用主成分分析法对构建的指标体系进行定量分析。这是课题研究的实践转化，通过定性和定量研究的结合，分析、解释、评价、控制以及预测空间经济活动。第一、第二、第三层次的分析都称为实证分析。第四层次是与价值判断有关的福利分析（或规范分析）。在这个层次上提出西藏区域物流空间优化的对策建议。通过对三个层次交互作用产生的影响进行规范分析，分析这种影响是否有利，这是课题研究的实践落地。

（三）分析工具

本书运用空间分析技术，通过空间数据和空间模型的联合分析来挖掘空间目标的潜在信息，基于多源数据，运用空间分析工具，对西藏区域物流网络空间相关研究内容进行空间测量分析、空间统计分析、空间可视分析以及空间计量分析等。它与传统统计分析的根本差别是空间数据分析的结果依赖于时间的空间分布，通过空间分析可以发现隐藏在空间数据之后更重要的信息，甚至是有关空间问题的一般性规律，其结果直接依赖于分析对象的空间位置。目前，国内外空间分析技术在区域物流网络中的应用主要集中在物流市场预测、物流中心选址、配送线路优化等微观层面，但对空间分析技术应用在区域物流网络的宏观层面却不多见。区域物流空间分析的目的在于为区域产业结构重组、缩小区域差异以及提升区域经济水平发展政策的制定提供理论依据。

二、区域物流网络空间分析文献简述

区域物流网络是由区域内物流通道与物流节点有机结合而构成的一种区域物流经济活动的空间组织形态。国外对物流空间相关研究较国内起步较早，代表性国家主要有日本、德国和美国，其理论发展水平较高，现已广泛应用于社会经济和工业生产中，效果显著。国内学者在20世纪90年代才开始着手把物流空间作为一个产业空间展开研究，仅处于起步阶段。

（一）研究动态

1. 关于区域物流网络空间结构研究

目前，国内外对于物流网络方面的研究比较丰富。其中国外的研究偏向于企业供应链角度的物流节点优化布局研究，弗拉基米尔等（Vladimir et al.，1999）对物流中心的等级、空间定位以及合理规模进行了分析。马库斯·赫斯等（Markus Hesse et al.，2004）指出物流结构变化具有明显的地理意义，应通过流、结点和网络进行物流结构的布局研究。国内则对于区域物流网络空间的地域性的宏观研究比较多。李超锋（2013）利用灰聚类分析方法，对珠三角物流经济中心城市空间等级体系进行划分，认为珠三角区域内的物流空间布局和资源要素配置强弱明显。程艳等（2013）运用修正的引力模型，从空间、时间、成本三个维度实证分析了长江沿岸的物流空间，认为城市群之间的联系度低于城市群内部的空间联系度。万代黎（2016）采用分形理论的方法，通过测算分形理论的相关维数反映区域物流空间的特征，以此探讨京津冀地区区域物流空间等级层次结构及区域核心区的物流服务的聚集和空间辐射效应。通过以上梳理可以发现，对区域物流空间既有定性探讨，也有运用灰聚类分析方法、引力模型以及分形理论等数量技术方法的定量研究，但是对空间数据分析及空间计量技术应用在区域物流网络空间的宏观层面却较为鲜见。

2. 关于区域物流网络形成机理的研究

目前，对物流网络演进和发展的研究不多。国外主要是针对运输网络的建模研究，以揭示运输网络形成和发展规律，例如玛丽亚等（Maria et al.，2002）以拉丁美洲作为分析案例，研究了运输网络中基础社会规划与区域经济发展的关系，指出拉丁美洲的运输网络的整合有利于区域经济的发展。莫利等（Mori et al.，2002）提出运输密度经济理念，认为经济集聚是物流集聚的原因，而物流集聚促进经济的进一步发展，与此同时物流集聚区域受空间发展限制、经济牵引等因素的影响，向绝对和相对集中区的周围区域迁移。弗兰克（Frank，2013）通过实证研究发现物流企业选址时倾向于选择绝对和相对集中区及其周围区域，原因在于该地区拥有较为优越的区位条件，使企业获得更大的经济效益。

国内主要是从产业经济学、城市空间结构、经济地理学的角度进行的。例如况漠（2006）从交通经济带演化机制的角度，对区域物流系统的演变和发展符合通道化发展原理方面做了研究，指出交通经济带对物流要素的集聚是区域物流系统发展的最关键因素。海峰等（2010）从产业集群理论的角度，对基于物流集聚的区域物流网络空间内，各个物流活动构成要素之间相互作用的机理进行研究。陆华（2015）通过分析湖北省区域物流网络内物流量在各节点分布的离散度和均衡性，揭示物流网络演变规律及物流枢纽产生的过程。通过以上文献的梳理可以发现，我国对物流网络空间研究主要遵循"分散、集聚、再扩散、再集聚"的循环过程，以及结构由简单的点线网络向复杂的层次网络演进的机理等结论，对区域物流网络的枢纽发展、演变规律以及形成机理缺乏系统的论述，相关的实证研究还不多。

3. 基于轴辐理论的区域物流网络构建或优化的研究

国外对轴辐式物流网络的研究重点在于枢纽站的选址和线路优化问题。欧凯利（O'Kelly，1987）首先提出轴辐式网络枢纽选址和网络设计模型。西贝尔和巴哈尔（Sibel and Bahar，2010）对于研究枢纽位置的模型进行了分类和梳理，并展望了轴辐式网络设计的最新趋势。伊什法克（Ishfaq，2010）等基于拉格朗日原理以及轴—辐理论对联运网络的枢纽选址问题进行研究，得出了解决多枢纽模型空间分布的具体算法。

我国对轴辐式物流网络的研究主要针对物流枢纽节点的甄选、枢纽节点的辐射范围确定以及联系强度问题。金凤君（2001）是我国国内较早把轴辐式网络引进来的学者之一，其运用首位联系强度指标评价方法，分析了中国内陆航空客流的网络体系。李文博和张永胜（2011）以浙江省为例，构建了轴辐式网络并对新规划的物流干、支线通道进行分析。李明芳和薛景梅（2015）通过主成分分析法和城市引力模型，构建了"四轴九辐"的京津冀区域物流轴辐式网络,并从轴心城市建设、物流设施规划、区域子物流网络构建等方面对未来区域优化提出建议。唐建荣、张鑫等(2016)采集了江苏省13个城市10年的统计数据,利用引力模型和TOPSIS熵权法对其进行处理,构建了江苏省物流网络通道,发现了江苏省区域物流存在的问题并给出发展建议。此外,郝京京(2015)、王佩佩(2016)、刘杨(2017)和祝新(2017)等也分别从不同程度对云南、新疆、江西、广西的轴辐式区域物流网络进行了构建和优化研究。以上文献梳理可以发现,对轴辐式物流网络的研究多以省域层面为主,且目前研究多集中在东部沿海省份,对中西部区域物流研究较少。

(二)研究述评

尽管上述研究从区域物流网络空间结构、形成机理以及空间优化等方面为区域物流网络空间分析研究提供了具有理论或应用价值的成果,但是,关于区域物流网络空间的研究还有待进一步探讨,具体体现在以下几个方面:

(1)在研究内容上,国内外研究的关注点仍主要集中于基于经济学、管理学、物流学视角研究现代物流节点规模体系、规划布局研究,以地理学视角研究较少,且主要侧重于物流终端设施的空间格局、区位选择和空间网络以及物流节点的空间规划布局,缺乏对物流空间综合研究。本书将以西藏为典型示范案例,呈现区域物流网络空间分析体系。

(2)在研究对象上,现有研究主要集中于在东部沿海省份,对中西部区域物流空间的研究还相对薄弱,并且纵览已有文献,仍未有学者针对整个西藏区域的物流网络进行研究,基于不同省份物流差异性,一些发展模式不能盲目借鉴,应根据西藏自身特点扬长避短,走具有西藏特色的物流发展之路。

（3）在研究方法上，既有对区域物流空间结构的定性探讨，也有定量研究，但是以单一计量经济为主，缺乏学科之间的交叉运用，现有研究尚未在空间仿真与模拟层面取得突破。本书将运用空间分析及空间计量技术对西藏区域物流网络空间的可视化展开研究。

（4）在研究数据上，现有研究从不同角度对区域物流网络进行了探索，但是相关研究基于单一数据维度下的特定物流经济指标，未能多角度、多层次地对区域物理网络空间进行深入分析。本书将使用多源数据进行多角度测度，从而弥补单一数据源定量分析的不足，为区域物流管理提供更加精细、更加智慧的决策支持。

鉴于此，本书以西藏为典型示范案例，从地理空间视角出发，采用空间经济学理论框架，基于大数据从多维角度，运用空间分析技术，尝试呈现区域物流网络空间分析体系，为科学构建层次清晰、布局合理、高效运作的区域物流网络寻找出路。

三、区域物流网络空间分析模型表达

（一）区域物流网络空间特征研究

为了对区域物流网络合理布局，需要研究区域物流网络的演化和发展的内在规律，这有助于把握物流网络发展过程和阶段，进而科学地构建层次清晰、布局合理、高效运作的区域物流网络，以支持区域内部和不同区域之间产业要素的合理流动，促进区域经济的发展。区域物流网络是一个"点—线"系统，其中，西藏地市所在地城镇为物流网络中的节点，物流空间运输联系为物流网络中的线。通过分析区域物流网络中点集聚和线分异研究区域物流网络空间格局。基于大数据从多维角度，通过选取物流区位商指标、构建运输联系强度模型以及城市首位联系度模型，使用空间分析工具对西藏区域物流网络进行空间分析，并提取西藏区域物流网络空间特征。

（1）选取区位熵指标，提取区域物流空间集聚特征。区位熵指标衡量产业"点"集聚程度。其计算公式为：

$$Q_i = F_i / F \qquad (1-1)$$

式中，Q_i 为城市 i 的物流区位熵，F_i 为城市 i 的运输量，F 为运输总量。

（2）构建运输联系强度模型，提取货物空间运输联系强度特征。该模型主要表征产业"线"分布差异。

$$I_{ij} = \frac{\sqrt{P_i \times V_i} \times \sqrt{P_j \times V_j}}{T_{ij}^2} \qquad (1-2)$$

式中，I_{ij} 表示城市间的空间运输联系强度，P_i、P_j 分别表示城市 i、j 的运输总量，V_i、V_j 分别表示城市 i、j 的运输流量，T_{ij} 表示两城市间的最短运输时间。

（3）构建城市首位运输联系强度模型，提取城市首位联系空间分布特征。该模型进一步表征产业"线"分布中节点城市的运输联系强弱。

$$P_{ij} = O_{ij} + D_{ij} \quad (j=1, 2, \cdots, n) \qquad (1-3)$$

式中，P_{ij} 表示城市 i 与城市 j 之间的运输交流量，O_{ij} 表示城市 i 流向城市 j 的运输量，D_{ij} 表示城市 j 流向城市 i 的运输量。

（二）区域物流网络空间特征形成机理研究

基于多源数据，从区域经济的空间格局分布、交通运输网络改善以及资源禀赋的空间分布差异三个方面，利用空间分析工具进行定量分析及可视化处理，深入剖析区域物流网络空间特征的形成机理。

1. 经济要素空间效应关联机理

从经济空间视角分析区域物流网络空间集聚特征形成机理。选取物流区位熵和经济密度两个指标反映区域物流集聚与经济集聚的空间相关性；分别构建运输联系强度模型和区域经济联系强度模型表征区域物流联系与经济联系在空间分布上的吻合程度，即从空间集聚关联和空间分布关联两个方面分析区域物流与区域经济的空间关联机理。

（1）集聚度。选用物流区位熵 Q 和经济密度 D 两个指标，分别表示区域物流与经济的集聚程度。经济密度公式为：

$$D_i = GDP_i / A_i \qquad (1-4)$$

式中，D_i 为城市 i 的经济密度，GDP_i 与 A_i 分别为城市 i 的 GDP 与土地面积。

（2）联系强度。分别构建运输联系强度模型和区域经济联系强度模型，表征区域物流联系和经济联系的空间分布。运输联系强度模型见公式（1-2），以城市第一产业、第二产业、第三产业产值与城市间的地理距离作为衡量城市间经济联系强度的指标，构建区域经济联系强度模型。

$$R_{ij} = \left(\sqrt[3]{I_{1i}I_{2i}I_{3i}} \sqrt[3]{I_{1j}I_{2j}I_{3j}} \right) / D_{ij}^2 \qquad (1-5)$$

式中，R_{ij} 表示两个城市的经济联系强度，I_{1i} 和 I_{1j} 为两城市间的第一产业值，I_{2i} 和 I_{2j} 为两城市间的第二产业值，I_{3i} 和 I_{3j} 为两城市间的第三产业值，D_{ij} 为两城市的理论最短距离。

2. 交通运输网络改善提升机理

从交通运输的空间可达性分析货物空间运输联系强度特征形成机理。引入综合运输可达性指标评估和对外运输联系总量概念，表征两者在空间上的耦合关系，从而分析出交通运输网络的改善是影响物流空间区位选择的重要因素。

（1）采用加权平均运输时间指标来评价区域内可达性水平，构建综合运输可达性评估模型：

$$A_i = w_1 A_{i1} + w_2 A_{i2} + w_3 A_{i3} + w_4 A_{i4} \qquad (1-6)$$

$$A_{ix} = \frac{\sum\limits_{j=1}^{n} T_{ij}. M_j}{\sum\limits_{j=1}^{n} M_j} \ (x=1,\ 2,\ 3,\ 4) \qquad (1-7)$$

式中，A_i 表示城市节点 i 的综合运输可达性；A_{i1}、A_{i2}、A_{i3}、A_{i4} 分别代表城市（镇）节点 i 的公路区内运输、公路区外运输、铁路运输及航空运输可达性；w_1、w_2、w_3、w_4 分别代表公路区内运输、公路区外运输、铁路运输及航空运输在综合运输体系中的权重；A_{ix} 为城镇 i 在 x 运输方式的可达性；T_{ij} 表示城市 i 与城市 j 之间的最短运输时间距离；M_j 代表城市 j 的质量，表示为 $\sqrt{P \times GDP}$（P 为城市 j 的总人口数）。

（2）对外运输联系总量概念，计算公式为：

$$I_i = \sum\limits_{\substack{j=1 \\ j \neq i}}^{n} I_{ij} \qquad (1-8)$$

式中，I_i 表示区域 i 对外运输联系总量，I_{ij} 表示城市间的空间运输联系强度（即公式（1-2）），n 表示区域数量。

3. 资源禀赋空间差异启动机理

从资源禀赋情况分析城市首位联系空间分布特征的形成机理。在构建非均衡模型和城市首位联系度模型的基础上，从物流资源与城市首位联系的空间分布匹配关系分析物流资源空间分布差异是区域物流网络形成的重要诱因。

（1）非均衡系数指标，分析货运资源的分布情况，即：

$$\sigma = \sqrt{\frac{\sum\limits_{i=1}^{n} (R_i - \overline{R})^2}{n}} \qquad (1-9)$$

式中，σ 为非均衡系数，R_i 为区域各城市货物运输量的分布比，$\overline{R}$ 为分布比的平均值，n 为城市数量。非均衡系数表示货物运输量分布比的标准差，σ 越大，分布越不均衡，σ 越小，分布越均衡，可以衡量货运资源在区域内各城市分布特征。

（2）城市首位联系模型（见公式（1-3））。

（三）基于轴—辐理论的区域物流网络空间优化研究

为了进一步提高区域物流网络的运营效率，优化空间布局。基于轴—辐理论确定轴心城市以及各个节点的辐射范围，分析物流干线及支线通道，通过构建西藏轴—辐式物流网络的空间形态，对区域物流网络空间结构进行优化。

1. 轴辐理论①

轴—辐理论基本原理。轴—辐式物流网络能够整合各种物流资源，并提高物流资源的利用率，进而降低物流总成本，已经广泛应用于现代物流网络空间布局的优化。

2. 轴心城市的甄选

测度城市的物流综合竞争力。通过构建城市物流竞争力测度指标体系，运用主成分分析法②，测度城市的物流综合竞争力，评估城市物流发展水平，从而确定不同层级的物流节点。从经济发展水平、物流需求水平、物流供给水平及信息化水平四个维度，构建城市物流竞争力测度指标体系，以此确定一级轴心城市

---

① 轴辐式网络结构是一种类似于"自行车轮子"的网络模式，是由"轴心"和"辐网"组成的一种空间结构。各节点的供货需要全部运送到轴心处，然后再进行干线运输到达需求站点，由此产生了集聚效应，干线流量大幅增加，规模经济的优势得以发挥从而降低了网络运输成本，提高了运输效益，实现物流资源利用的最大化和网络运作成本的最优化。

② 主成分分析法是主要利用降维的思想，把多指标转化为少数几个综合指标，其中每个主成分都能够反映原始变量的大部分信息，且所含信息互不重复。这种方法在引进多方面变量的同时将复杂因素归结为几个主成分，使问题简单化，同时得到的结果更加能够科学有效地反映数据信息。

节点，二级节点城市。

3. 辐射范围的确定

依据城市空间引力模型和物流隶属度公式，通过计算城市间的物流引力强度和物流联系隶属度来确定城市辐射范围。采用学者重构和验证了的引力模型，对区域物流网络中枢纽节点城市的辐射范围进行分析。目前被广泛用于经济学的物流领域，如李明苏（2009）、曹炳汝（2016）、王佩佩（2016）等，引力模型公式如下：

$$L_{ij} = ph_i h_j d_{ij}^{-\beta} \qquad (1-10)$$

式中，L_{ij} 为城市 i 对城市 j 的物流引力强度；p 值为城市间物流引力系数常量，取值为 1；h_i 和 h_j 分别代表城市 i 和 j 的 "质量" 大小，通过物流竞争力来表示；d_{ij} 表示两个城市 i 和 j 间距离，通过百度地图查询城市间最短运输距离；β 一般取值为 2。这里需要说明的是，由于主成分分析法得到的城市物流综合能力得分存在负值，不能够表现 "物流质量" 这一定义，因此将各个城市的物流综合能力得分均线性平移 3 个单位作为调整城市物流质量数据。

仅仅通过物流引力模型还不能清晰确定城市的辐射范围，本书还依据相关文献，如戴晓峰（2016）和祝新（2017）等，通过引入物流隶属度，作为另一个衡量标准，来直观反映辐点城市对轴心城市的隶属程度，以此测度物流往来的影响范围。

$$P_{ij} = \frac{L_{ij}}{\sum_j L_{ij}}, \qquad (1-11)$$

式中，P_{ij} 为物流联系隶属度，表示辐心城市 i 归属于轴心城市 j 的概率；L_{ij} 为城市 i 对城市 j 的物流引力强度。

第三节 基本思路、主要目标及创新点

为了对区域物流网络空间合理布局，需要研究区域物流网络的演化和发展的内在规律，这有助于把握物流网络发展过程和阶段，进而科学地构建层次清晰、布局合理、高效运作的区域物流网络，以支持区域内部和不同区域之间产业要素的合理流动，促进区域经济的发展。区域物流网络是一个"点—线"系统，其中，西藏地市为物流网络中的节点，物流空间运输联系为物流网络中的线。通过分析区域物流网络点集聚和线分异研究区域物流网络空间格局。

首先，基于大数据从多维角度，通过选取物流区位商指标、构建运输联系强度模型以及城市首位联系度模型，使用空间分析工具对西藏区域物流网络进行空间分析，并提取西藏区域物流网络空间特征。其次，基于多源数据，从区域经济的空间格局分布、交通运输网络改善以及资源禀赋的空间分布差异三个方面，利用空间分析工具进行定量分析及可视化处理，深入剖析区域物流网络空间特征的形成机制。最后，为了进一步提高西藏区域物流网络的运营效率，优化空间布局。基于轴—辐理论确定轴心城市以及各个节点的辐射范围，分析物流干线及支线通道，通过构建西藏轴—辐式物流网络的空间形态，对西藏区域物流网络空间结构进行优化。

一、基本思路

本书遵循理论分析—实证研究—理论提炼的研究范式。首先，梳理国内外相关研究作为本书的理论基础。其次，通过实地调研和数据采集，整体分析西藏区域物流发展现状。再次，在此基础上，选取相应指标及构建相关模型，基于多源数据，使用空间分析技术，提取西藏区域物流网络空间特征并剖析其形成机理。最后，通过构建轴—辐式区域物流网络，优化西藏区域物流网络空间结构并提出相关建议。即遵循此研究思路开展研究：文献研究→实地调研→区域物流整体现状研究→区域物流网络空间特征研究→区域物流网络空间特征形成机制研究→区域物流网络空间优化研究。

二、主要目标

第一，从区域物流空间集聚、货物空间运输联系强度、城市首位运输联系空间分布等方面，提取区域物流网络空间特征，为合理布局区域物流网络找准定位。

第二，从区域经济与区域物流的空间关联、区域交通运输网络改善以及区域资源禀赋的空间分布差异等方面，揭示区域物流网络空间特征形成机理，为提升物流资源运行效率提供参考。

第三，探讨优化区域物流网络空间结构，为科学构建层次清晰、布局合理、高效运作的区域物流网络寻找出路。

三、主要创新点

（一）理论体系的创新

现有研究以地理空间视角研究较少，且缺乏对区域物流网络空间综合研究。本书梳理区域物流空间分析理论研究进展及实践应用情况，以西藏为典型示范案例，呈现区域物流网络空间分析体系。对西藏区域物流网络空间的分析，选取了多个相关测度指标及构建多个相关模型，运用空间分析工具进行多角度、多层次定量分析及可视化处理。

（二）学术观点的创新

随着互联网、云计算、物联网等信息技术的迅猛发展，物流产业逐渐朝着数字化、网络化、系统化、协同化和智能化的方向发展。基于多源数据的区域物流网络空间分析就是有效利用海量数据，通过空间数据和空间模型的联合分析挖掘区域物流网络空间的潜在信息，为区域物流资源的合理配置另辟蹊径。西藏幅员辽阔，地域相对分散，数据不全。本书深入西藏物流产业相关企事业单位、政府部门，通过较为全面的、大规模的实地调查收集获得了观测数据、分析测定数据及统计数据等多源数据，包括交通行业综合统计信息管理数据、物流经济统计海量运输数据、区域路网货车流量动态监测数据等。

（三）研究方法的创新

本书运用空间分析技术，选取多源数据对区域物流网络空间进行多角度、多层次的分析与测度，从而弥补了单一数据维度下定量分析的不足，为区域物流管理提供了更加精细、更加智慧的决策支持。即通过空间数据和空间模型的联合分析挖掘空间对象的潜在信息。基于多源数据，运用空间分析软件，对西藏区域物流网络空间相关研究内容进行空间测量分析、空间统计分析、空间可视分析以及空间计量分析等。此外，针对构建轴辐式西藏区域物流网络的空间优化研究，除确定西藏地市辐射范围外，鉴于西藏地理位置的特殊性，还充分考虑了地市对边境口岸的辐射能力及融合能力，综合把握了区域物流当前发展现状和未来功能定位确定的要点问题或关键环节，避免了泛泛而谈。

第四节　主要内容、研究框架以及章节分配

一、主要内容

（一）基本情况

本书是对西藏区域物流网络空间进行深度透视的成果。区域物流网络是一个"点—线"系统，其中，地市为物流网络中的节点，物流空间运输联系为物流网络中的线。通过透视分析西藏区域物流网络点集聚和线分异来研究西藏区域物流网络空间格局。

1. 提供了独特的研究视角

现有研究以地理空间视角研究较少，且缺乏对区域物流网络空间综合研究。本书通过梳理区域物流空间分析理论研究进展及实践应用情况，以西藏为典型示范案例，对西藏区域物流网络空间进行分析，选取了多个相关测度指标及构建多个相关模型，运用空间分析工具进行多角度、多层次定量分析及可视化处理，为促进区域物流的发展提供了更加精细、更加智慧的决策支持。

2. 构建了严谨的逻辑框架

从地理空间视角出发，基于多源数据，运用空间分析技术探究了西藏区域物流网络空间"点—线"系统。首先，基于大数据从多维角度，通过选取物流区位商指标、构建运输联系强度模型

以及城市首位联系度模型，使用空间分析工具对西藏区域物流网络进行空间分析，并提取西藏区域物流网络空间特征。其次，基于多源数据，从区域经济的空间格局分布、交通运输网络改善以及资源禀赋的空间分布差异三个方面，利用空间分析工具进行定量分析及可视化处理，深入剖析区域物流网络空间特征的形成机制。最后，为了进一步提高西藏区域物流网络的运营效率，优化空间布局。基于轴—辐理论确定轴心城市以及各个节点的辐射范围，分析物流干线及支线通道，通过构建西藏轴—辐式物流网络的空间形态，对西藏区域物流网络空间结构进行优化。

3. 系统阐述了西藏区域物流网络空间特征、机理以及优化建议

从区域物流空间集聚、货物空间运输联系强度、城市首位运输联系空间分布等方面，提取了区域物流网络空间特征，为合理布局区域物流网络找准了定位。从区域经济与区域物流的空间关联、区域交通运输网络改善以及区域资源禀赋的空间分布差异等方面，揭示了区域物流网络空间特征形成机理，为提升物流资源运行效率提供了参考。探讨优化了区域物流网络空间结构，为科学构建层次清晰、布局合理、高效运作的区域物流网络寻找了出路。

4. 立足西藏区域物流发展实践进行了创新性研究

现有研究主要集中在东部沿海省份，对中西部区域物流空间的研究还相对薄弱，并且纵览已有文献，仍未有学者针对整个西藏区域的物流网络进行研究。基于不同省份物流差异性，一些发展模式不能盲目借鉴，应根据西藏自身特点扬长避短，走具有西藏特色的物流发展之路。本书以西藏为典型示范案例，呈现区域物流网络空间分析体系，有效利用多源数据，通过空间数据和空间模型的联合分析挖掘区域物流网络空间的潜在信息，为西藏区域物流资源的合理配置另辟蹊径。

（二）五个学术命题

本书的核心框架是从地理空间视角出发，基于多源数据，运用空间分析技术探究西藏区域物流网络空间"点—线"系统，通过剖析区域物流网络空间特征及形成机理，把握其发展的阶段和演化规律，探讨西藏区域物流网络空间的优化提升。即核心框架可以简单地概括为"物流系统—特征机理—阶段规律—优化布局"。其中，系统是指所研究的对象是区域物流网络空间动态系统；通过特征和机理的分析，把握系统的运行机制；通过阶段和规律的分析，把握系统的演化过程；最终促进实现物流网络空间的合理布局。本书的核心框架依赖于以下五个主要的理论命题。

命题1：西藏区域物流与区域经济在空间上表现为明显的集聚与分异的关联特征。

西藏区域物流与区域经济在空间上的集聚特征主要表现为：西藏地区区域物流集聚与经济集聚存在明显的正相关性，高经济集聚地区表现为高物流集聚，低经济集聚地区相应地表现为低物流集聚。尽管物流集聚与经济集聚存在着高度的相关性，但是两者并不是同步的，存在着一定的时空差异性。

西藏区域物流与区域经济在空间上的分异特征主要表现为：西藏地区物流空间联系分异程度高于经济空间联系分异程度，经济联系空间分布均衡程度强于物流联系空间分布均衡程度。这主要是由于西藏的高原海拔、气候恶劣等因素导致地理分异、空间分割对地市间物流联系的阻碍大大高于对地市间经济联系的阻碍。

命题2：西藏区域物流的运输联系在空间上表现为向区域集聚的显著特征。

藏中南地区空间运输联系呈现出区域化的显著特征；藏中南

经济圈促使藏中南地区空间运输联系区域化特征的形成。对外联系密切的地市及特色化的城镇集聚于"交通廊道"的发展特征；交通运输基础设施的改善推动对外运输联系密切的地市及特色化的发展城镇集聚于"交通廊道"的沿线。主要地市与拉萨取得物流首位联系，呈现出"中心—外围"的物流特征；市场需求的空间差异使城市与区域经济中心取得首位联系。

命题3：西藏区域物流网络在空间上表现为处于极化集聚式的阶段特征。

西藏区域物流目前处于低水平均衡开始起步阶段，以拉萨市为中心的核心节点开始发育形成，并伴随着各节点的发展速度不同，区域物流网络空间联系强度呈现出不均衡状态。制约西藏区域物流网络空间处于起步阶段的根本原因在于西藏工业企业整体集聚程度较低，真实市场规模的发展滞后。而影响西藏真实市场规模的主要因素有三个方面：贸易壁垒因素、交通成本因素以及需求容量因素。应通过基础设施驱动、人力资本驱动以及经济转轨驱动扩大西藏真实市场规模从而有效提升西藏区域物流发展。

命题4：西藏区域物流网络在空间上应遵循"小区域集中、大区域均衡"的发展模式。

西藏区域物流网络应在较小空间尺度的区域集中发展、密集布局，在较大空间尺度区域，形成若干个小区域集中的增长极。首先，发展物流核心圈层，形成增长极。作为重点开发区的藏中南地区基础设施基本完善，产业布局聚集，人口集中居住，城镇较为密集，具备物流产业优先集中发展的优势。以拉萨作为核心枢纽城市，联动山南市、日喀则市、那曲市以及林芝市的部分节点重要城镇形成核心圈层，作为增长极的主要支撑点。其次，培育物流中心节点城市，形成增长点。随着川藏铁路的开工建设、特色产业的初具规模，藏东的昌都镇可以培育成为带动本区域发展的重要增长点。在此基础上，使物流发展的空间由中向东向西，由中向南向北，依托公路、铁路交通通道，畅通支线物流。此外，依托边贸通道，畅通周边国家的多边国际物流。

命题5：西藏区域物流在空间上构建轴辐式网络形态实现优化布局。

将西藏7地市划分为三个等级，拉萨、日喀则分别确定为一级、二级轴点城市，以此为物流枢纽中心；其余地市作为三级辐点城市，以此为腹地。拉萨辐射范围包括那曲、昌都以及山南；日喀则辐射范围包括阿里地区。西藏地市对边境陆路口岸的辐射范围较弱，甚至存在屏蔽效应。通过构建轴辐网络，轴心城市发挥物流枢纽功能，对周边腹地形成辐射作用，腹地物流经支线向轴心城市集散，再经干线在轴心城市间流转，使得区域物流形成密切联系的空间结构。

（三）五点经验发现

1. 西藏区域交通运输成本高问题最为突出

西藏地质条件极为复杂和不稳定，为交通运输网络设施的建设带来了极大的建设难度和高昂的建设成本。受气候和地形影响，交通基础设施实际利用率低，设施的维护维修成本极高。目前全区仅有青藏铁路一条铁路，西藏公路货运在全区综合运输体系中仍占绝对的主导地位，导致区内物流成本比区外高80%以上，市场总体物价水平长期居于高位。

2. 西藏区域物流需求不足问题较为明显

西藏地广人稀，生产、流通和消费服务的物流需求小而分散。且来藏经商、务工的大多数外来人口因地处高原海拔，无法适应和长期居留，采取夏来冬回的候鸟式迁徙方式。尽管10年间各种运输方式货运量逐年增加，但总体货运量偏小，对加快西藏区域物流的发展带来严峻挑战。

3. 西藏区域冷链物流体系亟待建立

全区 7 个地（市）中，仅那曲地区、拉萨市、日喀则市通铁路，乡（镇）等级客运站建成率偏低，建制村客运停靠站点（简易站、招呼站）建设滞后，城乡物流配送站点缺乏。综合物流园区、快递园区、分拨中心、仓储配送中心不健全，分级物流体系尚未建立，非邮快递覆盖面小，物流仓储自动化、标准化、信息化水平低。西藏区域冷链物流体系的发展滞后，尤其在气候恶劣的情况下，难以保障偏远农牧区水果、蔬菜等生活必需品的供给，制约着偏远农牧民民生焦点问题的有效解决。

4. 面向南亚开放重要通道建设任务艰巨

西藏是中国面向南亚的战略枢纽和开放门户，作为连接东亚与南亚唯一的陆路口岸，有着不可替代的战略地位。但是受自然条件影响，不利于宏观层面区域开发，应着眼于微观领域另辟蹊径。西藏现有 6 个陆路口岸和 1 个航空口岸。陆路口岸基础设施薄弱、通关便利化水平不高，口岸主要面向尼泊尔，且山口通道交通条件落后，邻国边境地区交通设施简陋，对商品和服务的需求层次不高，同时存在经贸交流合作障碍。在国家新一轮对外开放背景下，作为面向南亚开放重要通道的西藏任重而道远。

5. 西藏区域物流资金使用效益水平亟须提升

西藏交通基础设施建设配套能力弱，市场融资难度较大，需要加快交通建设，加大投资力度，截至 2020 年 10 月底，中央政府在"十三五"期间已累计向西藏投资 3136 亿元。但由于西藏交通基础设施建设具有工程艰巨、投资量大、养护运营成本高等特点，建设、养护和运营资金缺口大，发展需要与资金供给的矛盾十分突出。如何提升资金使用效益水平，是逐步实现从"输血"援藏到"造血"兴藏的重要一环。

（四）五项政策启示

传统物流产业的转型和升级、现代物流业态的培育和发展，是当前西藏区域物流产业相关政策亟须解决的问题。通过上述研究发现，可以得到如下政策启示。

启示一：以"富民兴藏"作为西藏区域物流发展各项政策制定的核心价值导向。尽管西藏区域物流基础设施建设步伐加快，服务网络和服务水平快速提升，但是从整体来看，物流业仍然是制约西藏经济社会发展的短板。应运用现代信息技术为手段，优化发展环境为保障，以实施重大项目和重点工程为支撑，构建公共服务平台为基础，优化空间布局，提升发展水平，把西藏建设成为连接西南、面向南亚、承接西北、内外联通的国际物流枢纽。

启示二：以"深化改革"作为西藏区域物流发展各项政策制定的基本主线。在市场经济的转轨大潮中，西藏也不可避免被纳入进来，区域非公有制经济的占比指标成为衡量该区域经济活力和经济增长速度的风向标。这就需要充分发挥市场在资源配置中的决定性作用，更好发挥政府作用，强化企业的市场主体地位，积极发挥政府在战略、规划、政策、标准等方面的引导作用。落实简政放权要求，启动流通体制改革，创新质量管理举措，提升行业管理水平。

启示三：以"改善民生"作为西藏区域物流发展各项政策制定的落脚点。促进西藏区域现代物流体系基本形成，增强对西藏经济社会发展的先行引领作用，便民利民消费水平持续提高，社会消费品零售更上新台阶，农牧区生产生活必需品实现有效供给和持续保障。

启示四：以"提质增效"作为西藏区域物流发展各项政策制

定的突破口。加快传统物流业转型升级，建立物流服务体系。提高流通效率，降低物流成本，扩大产业规模，扭转"小、散、弱"的发展格局，培育形成一批具有较强竞争力的现代物流企业，提升产业规模和发展水平，促进物流服务体系高效运转，将打造西藏成为我国面向南亚开放的国际物流枢纽。

启示五：以"产业协同"作为西藏区域物流发展各项政策制定的着力点。提升物流业信息化和智能化水平，创新运作管理模式，提高供应链管理和物流服务水平，形成物流业与交通运输业、商贸业、农牧业、金融业以及数字经济协同发展的新局面。

二、研究框架

从地理空间视角出发，基于多源数据，运用空间分析技术探究了西藏区域物流网络空间"点—线"系统。通过剖析区域物流网络空间特征及形成机理，把握其发展的阶段和演化规律，进而基于轴辐理论探讨了优化西藏区域物流网络空间。核心研究框架如图 1 – 1 所示。

三、章节分配

本书共分 3 篇 10 章内容，具体如下：

第一章绪论。阐述本书研究背景与研究意义；区域物流空间分析理论框架、相关文献简述和模型表达；基本思路、主要目标和创新点以及整体研究框架和主要内容等。

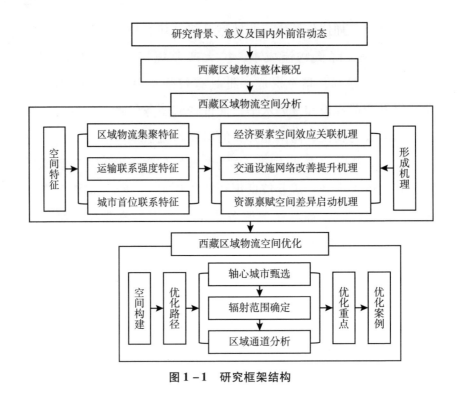

图 1-1　研究框架结构

第一篇整体现状篇。包括第二、第三、第四章内容。

第二章西藏区域物流发展概况。在实地调研的基础上，整体分析西藏区域经济发展现状和区域物流发展现状。基于实际数据，深入剖析西藏物流发展特征，进一步诊断出西藏物流发展存在的突出问题。

第三章西藏区域物流与区域经济互动关系研究。国家定位西藏作为南亚开放的重要通道，对西藏区域物流的竞争力的提升有着更高的战略要求。以新常态对西藏经济产生深远影响为契机，探析西藏区域物流与区域经济的互动关系，并总结了"十三五"时期物流绩效对区域经济发展的提升效应，为制定区域物流发展规划及政策提供参考依据和决策支持。

第四章西藏区域物流与区域产业结构优化研究。基于基础数据，在分析西藏区域产业结构及主要特征的基础上，从时间序列演变规律及空间变化两方面探讨西藏产业结构优化与区域物流发展的关系，并提出培育内生动力、促进产业结构优化的区域物流一体化发展建议。

第二篇空间分析篇。包括第五、第六、第七章内容。

第五章西藏区域物流与区域经济空间关联特征及可视化研究。在对西藏区域物流整体发展现状把握的基础上，分析区域物流网络空间特征。通过区域物流网络中"点"集聚和"线"分异研究区域物流网络空间布局特征。通过多源数据获取不同维度下区域物流与经济发展的相关数据，建立区域物流与经济发展关联特性的分析流程，并用可视化工具实现可视化表达，从区域物流集聚与经济集聚、区域物流联系与经济联系空间分布两个方面，获取西藏区域物流与经济发展的关联特征。

第六章西藏区域物流空间运输联系特征及形成机理研究。基于地理空间视角出发，运用空间分析技术，选取多源数据对区域物流网络空间进行多角度、多层次分析与测度，挖掘区域物流网络空间的潜在信息，剖析西藏区域物流空间运输联系特征及形成机理，为区域物流资源的合理配置另辟蹊径。

第七章西藏区域物流空间演化特征及形成机理研究。基于地理空间视角出发，运用空间分析工具，从西藏区域物流空间需求视角，表征西藏区域物流网络空间演化特征。通过 HHI 指数测度西藏工业企业空间集聚程度，判断西藏区域物流网络空间所处的演化阶段，最后，通过贸易壁垒因素、交通成本因素以及需求容量因素反映区域真实市场规模以此揭示西藏区域物流空间网络特征形成机制。

第三篇空间优化篇。包括第八、第九、第十章内容。

第八章西藏区域物流网络空间构建及优化研究。基于基础数据，从经济发展水平、物流需求水平、物流供给水平以及信息化水平四个方面选取14个指标构建城市物流竞争力指标评价体系，利用主成分分析法确定轴心城市和辐点城市，引入引力模型和物流联系隶属度确定各个节点的辐射范围，在此基础上构建西藏轴—辐式物流网络的空间形态，对西藏区域物流网络空间格局进行研究，从轴心城市未来物流建设、城市间物流设施规划建设、区域子物流网络构建以及物流系统保障措施等方面提出对策建议。

第九章西藏区域物流网络空间重点行业优化研究。基于西藏区域物流重点行业、重点领域以及重点问题展开优化研究。

西藏跨境物流之边境陆路口岸特色发展研究，从跨境区域的经贸合作入手，立足边境陆路口岸建设，通过对空间布局和发展效力层面的深度剖析，探寻西藏陆路边境口岸特色发展之路。

西藏低碳物流之交通运输业低碳化发展研究。建设美丽西藏务必统筹物流产业发展和生态保护的关系，低碳物流也无可避免地成为西藏区域物流的空间优化关键一环，通过构建西藏交通运输业碳排放量测算模型和因素分解模型，较为准确地了解了西藏交通运输业能源消耗和碳排放状况。

西藏商贸物流之"互联网＋共享单车"商业创新研究。以"互联网＋"为引领，加快促进电商和边贸物流、快递物流等商贸物流的融合发展，通过构建"互联网＋共享单车"商业创新模式，揭示西藏地区互联网共享单车商业模式创新影响因素，为因地制宜地制定共享单车发展保障机制提供科学依据。

西藏冷链物流之农畜产品流通体系构建研究。为了增加农牧区农牧民对日常生活必需品的有效供给，立足西藏农业战略格局和农畜产品流通制约因素，探讨依托区域经济发展和产业布局构建农畜产品流通体系，提出具有"本土化"的农畜产品物流发展对策。

　　第十章西藏区域子物流网络空间优化案例研究：以阿里地区为例。结合中央第七次西藏工作座谈会会议精神，在"十四五"开局之年，在前面研究的基础上，结合阿里地区物流发展现状，对其物流网络空间优化和远景发展从目标定位、优化层次和实施抓手三个方面进行了深入探索和深度透视，并提出相应的优化建议。

-----------第一篇-----------
整体现状篇

| 第二章 |

西藏区域物流发展概况

本章在实地调研的基础上，整体分析西藏区域经济发展现状和区域物流发展现状。基于实际数据，深入剖析西藏物流发展特征；基于实地访谈，深入总结"十三五"时期西藏区域物流发展实践与经验；从而诊断出西藏物流发展存在的突出问题，以此把握西藏区域物流发展的基本情况。

第一节　西藏区域经济整体概况

西藏地处西南边陲，毗邻尼泊尔、印度、不丹、缅甸等国，边境总面积34.35万平方千米，边境线长达4300多千米①，对南亚区位优势明显，战略地位突出，是国家重要的安全屏障和生态屏障。在国家新一轮对外开放背景下，西藏迎来了难得发展机遇。2015年政府工作报告也明确指出，要扩大对内对外开发开

---

① 《西藏自治区口岸发展"十三五"规划》。

放，加快建设南亚大通道，对接"一带一路"和孟中印缅经济走廊，积极推动环喜马拉雅经济合作带建设，将西藏打造成为我国对南亚国家开放合作的桥头堡。尽管面临错综复杂的国际国内经济形势，但西藏经济增速仍持续位居全国前列，主要经济指标快速增长，产业结构进一步优化，综合经济实力进一步增强。"十三五"时期西藏根据区位优势和资源禀赋，大力发展特色优势产业，大大推动了本地区经济社会的发展。

一、主要经济指标

（一）地区生产总值

如图 2 - 1 所示，2010 ~ 2020 年西藏地区生产总值总体保持较快增长水平，2015 年起 GDP 突破 1000 亿元大关且持续呈扩大态势。2010 ~ 2020 年间西藏地区国内生产总值增长率除了 2019 年，其他年份始终保持两位数以上，2011 年甚至达到 19.23%，年均增长率约为 14.14%。值得注意的是"十三五"时期 GDP 增长率比"十二五"时期整体下降，保持在 10.99% ~ 15.00%。2019 年增速有所下降，增长率为 9.65%，到了 2020 年增速又有所提升，达到 12.07%。

（二）工业增加值

如图 2 - 2 所示，2010 ~ 2020 年西藏地区工业增加值波幅明显，不论是增加值的绝对值还是相对值。其中，2019 年增长率与上年相比又跌至 10 年间最低值 - 60%。究其原因是 2019 年西藏地区轻工业门类中啤酒、包装饮用水产量同比降低导致西藏工业增加值增速放缓。2020 年与上年相比增长率飙升至 10 年间最高值 117%，但总量未能恢复到 2018 年水平。2015 ~ 2018 年工业增加值增长率波幅渐趋平缓，且呈现出持续增长的态势，这与西藏地区 GDP 增长率的特征表现出一致性。值得注意的是，西藏工业总产值占国民生产总值 GDP 总体较小。

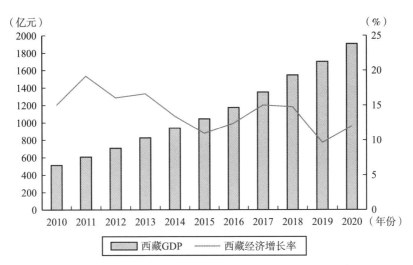

图 2－1 2010～2020 年西藏地区 GDP 以及 GDP 增长率

资料来源：2021 年《西藏统计年鉴》。

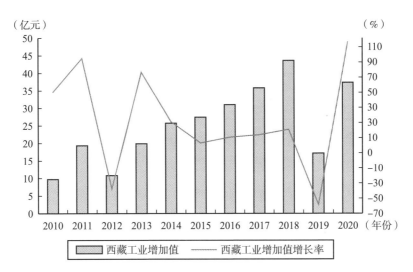

图 2－2 2010～2020 年西藏地区工业增加值及工业增加值增长率

资料来源：2021 年《西藏统计年鉴》。

（三）社会消费品零售总额

如图 2-3 所示，2010~2020 年西藏地区社会消费品零售总额均保持较高增长。其中，2010 年~2018 年社会消费品零售总额增长率维持在 12%~24%，在 2018 年后增加率下降。2018 年社会消费品零售总额增长率与 GDP 以及工业增加值与图 2-1、图 2-2 保持高度一致性。这里需要说明的是，2019 年社会消费品零售总额增长率增幅减缓，2020 年社会消费品零售总额增长率出现负增长。

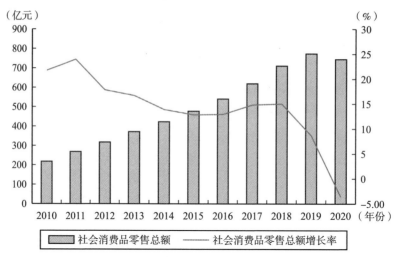

图 2-3　2010~2020 年西藏地区社会消费品零售总额及增长率

资料来源：2021 年《西藏统计年鉴》。

（四）固定资产投资总额

如图 2-4 所示，2010~2020 年西藏地区固定资产投资总额及增长率整体呈现不断增长的态势。其中，2010~2017 年前一时期与 2017~2020 年后一时期相比，前一时期整体增长率明显高

　西藏区域物流网络空间特征、形成机理及优化研究

于后一阶段，前一时期整体增长率均维持在 20% 左右的高增长率，后一时期增速放缓。"十三五"时期，中央对西藏规划投资了 3807 亿元，实际落实规划投资 3937 亿元，占"十三五"规划投资的 103.4%，实际上"十三五"超额完成了中央的总体规划①。2017 年以后陆续完成了规划的投资，因此增速也明显放缓。但是值得注意的是，尽管西藏 2020 年固定资产投资总额为 2325.92 亿元，比去年同期增长了 5.4%，但是具体细分可以发现 2020 年西藏民间投资总额为 344.24 亿元，仅占全部固定资产投资总额的 14.8%。

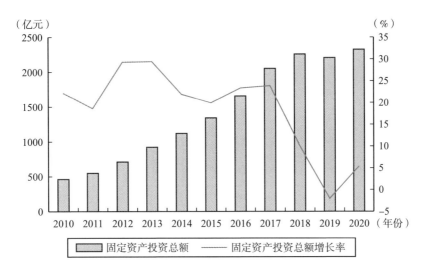

图 2-4　2010～2020 年西藏地区固定资产投资总额及增长率

资料来源：2021 年《西藏统计年鉴》。

（五）地方财政收入

如图 2-5 所示，2010～2020 年西藏地区地方财政收入总

---

① 中国青年网. 西藏"十四五"投资较"十三五"将有较大增长　投资侧重四个方面 [EB/OL]. (2021-05-22). https://news.youth.cn/gn/202105/t20210522_12961416.htm.

额及增长率与工业增加值及增长率大体相似，呈现出波幅明显的特征。受 2012 年工业增加值增长率下降影响，2013 年地方财政收入增长减缓。2015～2018 年稳定回升，与其他主要经济指标趋势一致。2019 年和 2020 年西藏地区地方财政收入增长率跌至 -3.63% 和 -0.45%，是 10 年内少有的负增长，主要原因是 2019～2020 年不论是西藏工业增加值增长率还是零售消费品总额增长率相比上一年度都有不同程度的减少，直接影响财政收入增速放缓。

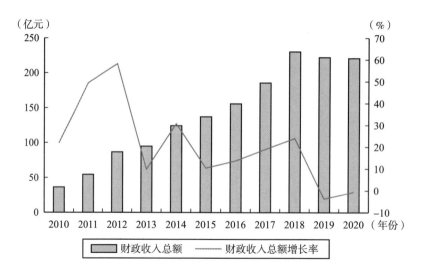

图 2-5　2010～2020 年西藏地区地方财政收入总额及增长率

资料来源：2021 年《西藏统计年鉴》。

（六）旅 游 收 入

如图 2-6 所示，2020 年受新冠肺炎疫情影响国内外旅游人数从 4012.15 万人锐减至 3505.01 万人，直接导致 2020 年旅游收入的增长率低至谷底。而 2010～2019 年间在 2020 年受新冠肺炎疫情影响之前西藏地区旅游收入增长率相对平稳，旅游总收入呈整体平稳上涨态势。值得注意的是，2015 年起西藏旅游收入增长率渐趋放缓。可能的解释是，西藏地处高原地区，受气候环境制约，一般旅游者大都选择每年 6～10 月间进藏，致使这一期间游客人数暴增，一定程度上造成配套的软硬件无法满足游客需求。这使得进藏旅游人数增量自 2015 年起开始减少，直接影响了旅游收入。这也是为什么近年来西藏开始大力倡导"冬游西藏"。

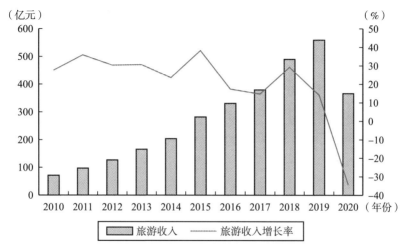

图 2－6   2010～2020 年西藏地区旅游总收入及增长率

资料来源：2021 年《西藏统计年鉴》。

（七）进出口贸易总额

如图 2－7 所示，2010～2020 年间西藏进出口贸易总额并不稳定，受 2008 年金融危机影响，2009 年西藏进出口贸易额跌至 10 年间历史最低值 27.45 亿元，增长率与上年相比也为负值；随后逐渐回暖，2012 年升至 10 年间的最高额 216.72 亿元，后又持续下降。2015 年受尼泊尔"4·25"大地震影响，西藏进出口贸易额降至 56.55 亿元，尼泊尔是西藏进出口贸易最主要的通商伙

伴，大地震导致中尼最主要的樟木口岸毁损严重。2019 年 5 月
29 日，因尼泊尔大地震关闭 4 年的樟木口岸开始恢复运行，当年
进出口贸易额为 48.76 亿元，增长率为 2.6%。2020 年受新冠肺
炎疫情影响，西藏进出口贸易总额跌至历史新低，数额为 21.33
亿元，增长率下降 56.25%。

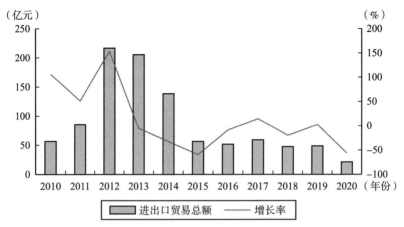

图 2-7　2010~2020 年西藏地区进出口贸易总额及增长率

资料来源：2021 年《西藏统计年鉴》。

二、在国家全局中的地位

（一）宏观经济大势

根据国家统计局统计数据、2018 年和 2021 年《西藏统计年
鉴》，收集 1978~2020 年间全国与西藏 GDP 数据，扣除物价上
涨因素外，计算出各年度全国与西藏的增长率数值，绘制表格如
图 2-8 所示。

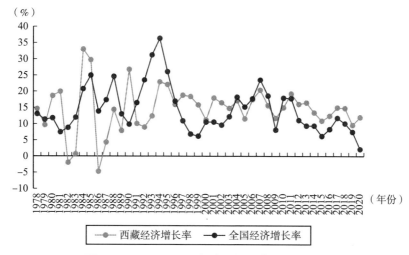

图 2 - 8　1978 ~ 2020 年全国与西藏经济增长率

资料来源：国家统计局网站、《西藏统计年鉴》以及西藏统计公报等。

从中可以发现，自改革开放以来，西藏经济增长率与全国经济增长率的发展态势具有以下三个方面的主要特征：

首先，从整体上，可以明显看出 1996 年前不论是全国经济增长率还是西藏经济增长率的波幅整体明显大于 1996 年后，这说明 1996 年后整体经济和区域经济相对于 1996 年以前整体波动均趋向平稳态势。这说明中央政府、西藏地方政府对全国经济以及区域经济的宏观调控能力显著性增强。

其次，从西藏经济增长率趋势来看，1996 年以前西藏经济增长率除 1984 年、1985 年以及 1990 年外，其余年份均低于全国水平。而到 1996 年后西藏平均经济增长率除 2005 年、2007 年、2008 年以及 2010 年外，其余年份均高于全国水平。也就是说 1996 年以前西藏年均增长率低于全国年均增长率，而 1996 年以后西藏年均增长率高于全国年均增长率。尤其值得注意的是，2012 ~ 2020 年连续 8 年，西藏高于全国的经济增长率且保持着较高程度的同步性。这说明西藏经济基数低，短时期内快速增长的后劲强。

最后，从 1978～2020 年整个西藏经济增长率增长态势来看，虽从 1996 年起西藏经济增长率波动幅度放缓，但从图中可以清晰看到 1996 年后西藏经济增长率没有连续增长超过 2 年的阶段，1996 年以前也仅仅在 1979～1981 年和 1992～1994 年连续增长率超过 3 年。这说明西藏经济发展的周期性规律不突出或者说没有显现。

（二） 西藏经济占全国的比重

根据国家统计局数据以及相应年份《西藏统计年鉴》相关数据，计算出相应年份西藏主要经济指标占全国比重，如表 2 - 1 所示。从中可以发现，西藏占全国国土面积约 1/8。在 2007～2020 年 13 年间西藏包括人口、GDP、地方财政收入以及进出口贸易等主要经济指标整体占比较低、基数较小。其中，人口、GDP 以及地方财政收入等主要经济指标占比总体增长，呈现利好态势；而进出口贸易总额 13 年间表现并不稳定，2012 年占比攀升，2017 年后又持续回落至 0.02%，到了 2020 年跌至 0.01%。

表 2 - 1　　　　　　　　　西藏经济主要指标占全国的比重

指标	年份	西藏	全国	占比（%）
面积 （万平方千米）	—	120	960	12.50
人口（万人）	2007	288.83	132129	0.22
	2010	300.22	134091	0.22
	2012	307.62	135404	0.23
	2017	337.15	139008	0.24
	2020	364.81	141212	0.26

续表

指标	年份	西藏	全国	占比（%）
GDP（亿元）	2007	341.43	270704	0.13
	2010	512.87	410354.1	0.12
	2012	701.65	537329	0.13
	2017	1310.92	818461	0.16
	2020	1902.74	1005451.3	0.19
地方财政收入（万元）	2007	231437	235726200	0.10
	2010	366473	406130400	0.09
	2012	956285	610782900	0.16
	2017	2591100	914694100	0.28
	2020	2209860	1001431600	0.22
进出口贸易总额（万元）	2007	287422	1669240700	0.02
	2010	565890	2017223400	0.03
	2012	2167236	2441602100	0.09
	2017	591919	2781010000	0.02
	2020	213286	3222152400	0.01

资料来源：国家统计局网站以及《2021年西藏统计年鉴》。

进一步分析发现，西藏人口占全国比重持续增长，从2007年的0.22%增长到2020年的0.26%。人口增长的原因可分为两个方面：一方面是由于随着卫生医疗条件的改善，西藏的自然出生率以及平均人均寿命显著提高；另一方面，随着西藏经济社会的快速发展，各项招商引资以及吸纳人才的各项优惠政策的出台，近年来迁入西藏的人口也开始增长。值得一提的是，2007～2017年10年间西藏地方财政收入增速明显，从2007年占比0.1%攀升至2017年0.28%，这主要得益于1984年实行改革开放以来，西藏通过中央及其他较发达的省份巨大的政策支持、财力支持，以及对口支援，经过五次建设浪潮，包括农林牧水、能源、交通等领域的基础设施建设取得了明显的提升和改善，社会主义市场经济主体地位在西藏开始确立，促使地方财政收入占比不断提升。

此外，如表2-1所示，可以发现西藏边境进出口贸易发展相对缓慢，外贸拉动经济动力不强。西藏目前拥有七个贸易陆路口岸，主要对尼泊尔、印度开放。对印边境贸易受中印政治关系影响，两国对中印边境的开放程度都持谨慎态度，导致中印边境口岸贸易虽发展迅速但总额偏小，且贸易逆差存在。而作为西藏主要贸易伙伴的尼泊尔，与之通商的主要口岸樟木口岸承担着90%以上的中尼贸易量，西藏对外经贸关系表现出对尼的高度依赖性。尤其因2015年尼泊尔"4·25"大地震，樟木口岸毁损严重，暂时中断，2015年口岸贸易额下滑至37.83亿元，锐减了70.96%，凸显出西藏口岸开放布局的局限性。2020年受新冠肺炎疫情影响进出口贸易总额下降至213286万元，下降了56%。

三、区域经济发展空间

根据西藏政府2014年10月发布的《西藏自治区主体功能区规划》（以下简称《规划》），通过对环境容量、人口聚集度以及经济发展水平等指标的综合评价，本书试图从地理空间视角分析西藏区域经济发展的空间基础。

（一）西藏地区空间辽阔，但适宜开发的面积少

西藏土地空间面积大，约占全国国土面积的1/8，为我国第二大省级行政区。但是海拔低于3000米的面积仅有5.74万平方千米，占全区面积的4.7%；海拔大于4500米的不适宜人类生存的面积达到96.04万平方千米，占全区面积的近80%。适宜种植业

利用的宜农土地资源面积少，仅占全区面积的 0.41%，大多集中分布在少数几条大河谷地之中。耕种的土地资源主要集中在经济较为发达的中心城镇，城镇发展与保护耕地间的矛盾较为突出。根据《规划》要求划分了重点开发区域约 6.04 万平方千米（国家级 3.24 万平方千米、自治区级 2.8 万平方千米），占全区总面积的5.02%（国家级占 2.70%、自治区级占 2.33%）。如图 2-9 所示，国家层面的重点开发区域主要是藏中南地区，该区域包括拉萨——泽当城镇圈、雅鲁藏布江中上游城镇、尼洋河中下游城镇和青藏铁路沿线城镇。自治区层面的重点开发区域主要包括藏东、藏西和边境地区重点城镇、藏中据点式开发城镇等四个区域。

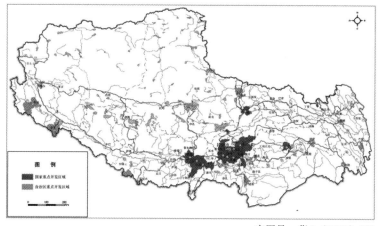

审图号：藏 S（2022）020

图 2-9　西藏重点开发区域分布图

资料来源：2014 年《西藏自治区主体功能区规划》。

（二）西藏虽然加快了城镇化的发展进程，但城镇化水平依然较低

虽然目前日喀则、林芝、昌都、山南、那曲先后实现了"撤地建市"，加上拉萨市，西藏已有 6 个地级市，但是西藏城镇化水平依旧很低。2017 年西藏的城镇化率仅为 30.9%。2020 年，西藏常驻人口城镇化率虽然已经达到 32%，仍不如全国平均水平的一半，大部分居民分布在广大农牧区。城镇数量少、规模小、间隔远、密度低、布局分散，仅有 2 个设区城市。建制镇占乡镇总数的比例（不含县城镇）仅为 11.2%，城镇建成区面积仅 200 平方千米，除拉萨城区与日喀则市桑珠孜区外，其他 5 个行署所在镇的镇域户籍总人口一般只有 2 万人左右，一般县城所在镇的镇域户籍总人口为 5000 ~ 6000 人。城镇产业发展支撑不足，就业吸纳能力弱，要素聚集能力低，空间利用效率低，如图 2 - 10 所示。

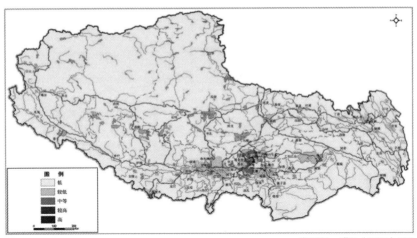

审图号：藏S（2022）020

图 2 - 10　西藏人口聚集度空间评价图

资料来源：2014 年《西藏自治区主体功能区规划》。

（三）西藏经济总量持续快速增长，但区域发展不协调

如前所述，西藏地区国民生产总值持续快速增长，初步形成藏中南、藏东和藏西的经济发展格局。但在城乡之间、腹心地区

与边境地区、资源富集地区与资源贫乏地区的发展差距还比较
大。藏中南经济区占全区地区生产总值的 86.2%，而藏东和藏西
分别仅占 10.76% 和 3.04%。如图 2－11 所示，经济发展水平较
高的地区主要集中在拉萨、日喀则以及山南的大部分地区即藏中
南地区，藏北和藏东部分地区也已经成为经济水平相对较高的区
域。而藏北大部分地区以及藏西地区明显经济水平发展较弱，这
与高原海拔、恶劣气候、不适宜人居住等地理环境不无关系。

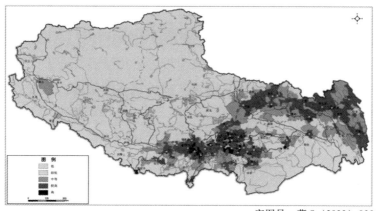

审图号：藏 S（2022）020

图 2－11　西藏经济发展水平空间评价图

资料来源：2014 年《西藏自治区主体功能区规划》。

第二节　西藏区域物流发展现状

近年来，随着西藏综合交通运输事业建设投入力度加大，综
合交通运输网络规模快速扩张，运输能力不断提高，服务水平稳
步提升，区域物流在西藏经济社会发展、民生改善和维护社会稳
定等方面发挥着重要作用。

一、西藏区域物流发展环境

（一）发展环境

1. 我国国家战略的推动

中央重视西藏在全国对外开放中的战略地位。2015 年 8 月，中央第六次西藏工作座谈会确定了西藏作为面向南亚开放重要通道的发展定位。"十三五"中央大力推动西藏边境地区发展，深入开展兴边富民行动，加大财政转移支付力度，支持西藏对接"一带一路"倡议，参与孟中印缅经济走廊和环喜马拉雅经济合作带建设，扩大沿边开放，加快建设吉隆边境经济合作区，加强传统边境贸易点、边境贸易通道、国边防公路建设，为西藏物流产业注入强劲动力。

2020 年 8 月，中央第七次西藏工作座谈会进一步提出要采取特殊支持政策加强边境地区建设。围绕川藏铁路建设等项目，推动一批重大基础设施、公共服务设施、建设更多团结线、幸福路，为西藏物流产业提供了更为广阔的发展机遇。

2. 西藏开放与合作的扩大

开放是繁荣发展的必由之路，也是西藏实现长足发展和长治久安的重要结合点。近年来，西藏紧紧抓住国家建设"一带一路"和构建沿边地区开发开放"三圈三带"新格局的战略机遇，发挥自身区位优势，全方位对内对外开放，推进建设面向南亚开放的重要通道，进一步加快形成开放型经济体制，不断提升与毗邻国家互联互通水平，持续推进与周边省区互联互通水平，深度加强对外经贸文化合作交流。这些都为物流产业提供重大发展机遇。

3. 我国与南亚和平发展的总态势

近年来，我国与南亚各国经贸合作迅速扩展，整体上处于和

平发展的态势。中印两国在亚洲基础设施开发银行项目上达成共
识。2015 年 5 月中印两国联合声明中提到要通过边境贸易等方式
加强边境地区的合作。尼泊尔与中国历来友好，2016 年 3 月在中
尼两国签署的联合声明中明确了合作的重要领域及方向。其他南
亚国家如孟加拉国、缅甸、巴基斯坦与中国经济交往的发展意愿
也较强烈。南亚在地缘经济以及中国对外开放格局中重要性逐渐
增强，这为西藏提供了更多投资机会，为西藏物流产业的开放开
发创造了有利条件。

（二）发展条件

1. 区位条件

西藏位于素有"世界屋脊"之称的青藏高原，地处我国西南
边陲。北接昆仑山、唐古拉山，与新疆毗邻，东隔金沙江与四川
相接，东南邻云南，南与印度、尼泊尔、锡金、不丹、缅甸五国
接壤，西连克什米尔地区，国境线长达 3842 公里[①]，总面积仅次
于新疆，达 120 多万平方公里，占全国土地面积的 12.5%。西藏
是中国面向南亚的战略枢纽和开放门户，为对接"一带一路"倡
议和孟中印缅经济走廊建设，加强中国与南亚的经济贸易合作和
文化交流，西藏须构建西藏与周边国家立体交通网络体系，畅通
公路、铁路对外运输通道，提高跨国界运输、物流效率和服务能
力，实现互联互通和国际运输便利化。

2. 人口条件

根据西藏第七次全国人口普查主要数据，从人口总量上看，
2020 年 11 月 1 日，西藏常住人口总量为 364.81 万人，10 年间

---

① 西藏自治区人民政府 . 西藏概况［EB/OL］. (2018 - 21 - 21). http://www. xi-zang. gov. cn/rsxz/qqjj/zrdl/201812/t20181221_34484. html.

增长21.52%。从人口素质上看，全区每10万人中具有大学（指大专及以上）文化程度的由2010年的0.55万人上升为1.10万人，增长1倍；拥有高中（含中专）文化程度的由0.44万人上升到0.71万人，增长61.57%，从年龄结构上看，15～59岁人口占66.95%，青壮年劳动力占绝大比重，相对劳动力资源丰富。

此外，人口流动活跃，人口的集聚效应显现。2020年人户分离人口达到103.11万人，约占总人口的28.26%。其中，区内流动人口62.40万人，比2010年增加52.74万人；区外流入人口数为40.71万人，比2010年增加24.17万人，增长146.11%。从流向上看，流动人口一半以上向各市（地）主城区流动，流动人口为56.63万人，占流动人口的54.92%，中心城市集聚度不断加大。

随着西藏人口数量和质量水平的持续快速增长，全区城镇化水平稳步提高，2020年，西藏常住人口城镇化率已经达到32%，《西藏自治区"十四五"时期国民经济和社会发展规划纲要》明确指出，"十四五"时期城镇化率达到45%。这些都要求加强一体化交通基础设施的支撑作用，加快完善区际、城际干线运输通道。

3. 资源条件

西藏能源、矿产、生物资源储量丰富，是我国重要的战略资源储备基地和高原特色农产品基地，具备发展特色资源产业的潜力。西藏矿产资源有70多种，已探明储量的26种。水能、地热能、太阳能等能源具有巨大的开发潜力，尤其是丰富的地热资源，现已发现100多处地热田和地热显示区。且草场资源类型多样，可利用草场面积约0.5亿公顷。此外，西藏也是中国最主要的藏药产地，有贝母、虫草，麝香、雪莲等珍宝药材。

未来西藏将以构建特色产业大区为目标，形成以拉萨市、日喀则市、泽当镇、八一镇为主的"一江三河"区域产业集群区和昌都镇、那曲镇、狮泉河镇为主要节点的产业空间布局。西藏须加快产业通道建设，支撑发展壮大特色优势产业，大力推进与重要资源产业基地相连接、与特色经济相适应的资源通道建设，并以货运枢纽站场为依托建设物流货运中心，推动邮政和快递融入交通货运枢纽，构建覆盖广泛、运转高效、资源共享的货物运输枢纽网络，推进现代物流发展。

4. 民生条件

截至 2019 年，西藏 74 个县（区）全部脱贫摘帽，农牧民收入随着脱贫攻坚的深入推进节节攀升，增速位列全国第一①。随着人均收入的增加与市场商品种类的增多，西藏居民消费需求不断提升，截至 2017 年，西藏累计完成社会消费品零售总额 523.32 亿元，同比增长 13.8%。值得一提的是，在受国际环境变化和全国经济下行的影响，2019 年西藏依然保持实现社会消费品零售总额 649.33 亿元，同比增长 8.7%。城乡市场均出现了需求扩大的趋势，物流需求规模也不断增长，为物流业的发展奠定了坚实的基础。

5. 政策条件

为进一步促进西藏边贸物流产业发展，自治区层面高度重视，相继出台了一系列规划方案和政策措施，如《西藏自治区关于加强物流短板建设促进有效投资和居民消费的实施方案》《西藏自治区商贸流通业发展专项资金管理办法》《西藏自治区外经贸发展专项资金管理办法实施细则》《国家公路网规划（2013～2030 年）》《西藏自治区省道网规划（2016～2030 年）》《西藏自治区综合交通运输"十四五"规划》《西藏自治区"十四五"时期物流业发展规划》《西藏自治区口岸发展"十四五"规划》等。这些为西藏边贸物流产业的发展提供了行动纲领和基本遵循。

---

① 西藏自治区统计局.2019 年全区经济运行情况新闻发布会答记者问［EB/OL］.（2020－01－22）. http：//tjj. xizang. gov. cn/xxgk/tjxx/zxfb/202001/t20200122_130903. html.

二、西藏区域物流市场规模

物流业规模不断扩大。截至 2020 年底，完成邮电业务 433.79 亿元，其中，邮政业务 4.99 亿元，电信业务 428.8 亿元。货物运输总量 4106.51 万吨，其中铁路 521.99 万吨，公路 4038.97 万吨，民航 2.75 万吨，管道 12.80 万吨。随着交通条件的不断改善，全社会物流成本有所下降，企业流动资产和商品库存周转速度有所加快，经济运行质量不断提高。

（一）客运量及增长率

如图 2 - 12 所示，相较于 2010 年，2011 年西藏客运量大幅减少，直至 2015 年即整个"十二五"期间，保持稳定上升，但是一直没有超越 2010 年水平，2016 年又开始下降，2017 ~ 2019 年稳步回升，2020 年受新冠肺炎疫情影响大幅下降。总体来看，进入 2011 年后至 2020 年西藏地区客运量保持较大的波动。

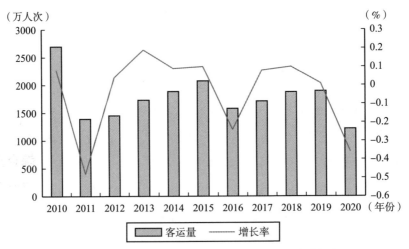

图 2 - 12　2010 ~ 2020 年西藏地区客运量及其增长率

资料来源：2011 ~ 2021 年《西藏统计年鉴》。

西藏区域物流网络空间特征、形成机理及优化研究

（二）货运量及增长率

从 2010～2020 年 10 年间整体来看，一直保持货运量持续增长态势。从图 2－13 可以明显看出 2019～2020 年比 2010～2018 年货运量水平有了明显提升。

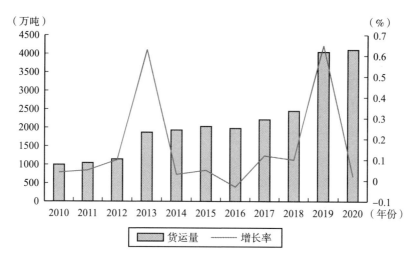

图 2－13　2010～2020 年西藏地区货运量及其增长率

资料来源：2011～2021 年《西藏统计年鉴》。

（三）旅客周转量与货物周转量

如图 2－14 所示，除 2020 年新冠肺炎疫情影响下旅客周转量下降以外，10 年间西藏地区旅客周转量及货物周转量呈明显上升势头，尤其 2013 年起加速增长明显，这说明西藏地区运输服务水平显著改善。

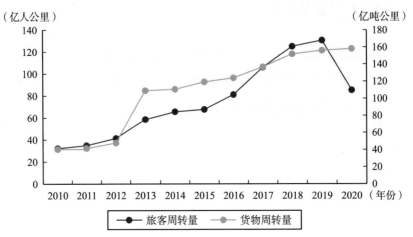

图 2 - 14　2010～2020 年西藏地区旅客周转量及货物周转量

资料来源：2011～2021 年《西藏统计年鉴》。

（四）电信通信服务水平

如图 2 - 15 所示，可以看到 10 年间，随着西藏地区信息化、智能化水平逐步提高，互联网增速明显且有不断扩大之势，移动电话普及率紧跟其后，电话及固定电话普及率趋于稳定。信息应用技术的加快发展，为物流信息化建设创造了有利条件。截至2020 年，全区通信光缆网络率为 100%，固定电话普及率达 20.8部/百人，移动电话普及率达 93.5 部/百人，互联网用户达到279.11 万户，全年移动互联网接入流量 56444.15 万 GB，比上年增长 64.2%。农村地区宽带用户 24.75 万户，比上年增加 8.6 万户。全区行政村光纤宽带覆盖率达 99%，为物流信息化建设创造了有利条件①。

---

① 2021 年《西藏统计年鉴》、2020 年西藏自治区国民经济和社会发展统计公报。

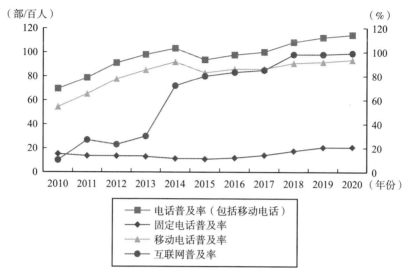

（部/百人）   （%）

电话普及率（包括移动电话）
固定电话普及率
移动电话普及率
互联网普及率

图 2 - 15　2010 ~ 2020 年西藏地区电信通信服务水平指标

资料来源：2011 ~ 2021 年《西藏统计年鉴》。

三、西藏区域物流基础设施

"十二五"时期，国家及自治区加大对西藏交通的投资力度，基础设施建设成倍增长。"十二五"时期，西藏全区累计完成综合交通基础设施建设投资 847 亿元，其中公路完成投资 679.4 亿元，铁路完成投资 160.4 亿元，民航完成投资 7.2 亿元。"十三五"期间，西藏累计完成交通运输固定资产投资 2516 亿元，超计划完成投资 128 亿元，为西藏"十三五"规划目标的 105%，是"十二五"期间 680 亿元的 3.7 倍，为"十四五"时期加快西藏地区物流业均衡发展提供了有力支撑。

（一）铁路建设情况

2006 年青藏铁路开通，西藏首次境内铁路营业里程达 531 公里（见表 2 - 2）。随着青藏铁路格拉段和拉日铁路顺利通车，西藏铁路运营总里程达到 954 公里，2021 年拉林铁路建成通车。

表 2 - 2 　　　　2009～2020 年运输线路建设长度情况　　　　单位：公里

年份	铁路营业里程	公路里程	等级公路	高速	一级	二级	等外公路
2009	531	53845	26063	—		953	27782
2010	531	60810	36229	—		956	24581
2011	531	63180	38911	—		958	24197
2012	531	65198	44372	—	38	905	20871
2013	531	70591	48679	—	38	1033	21912
2014	786	75470	54444	38	—	1033	21026
2015	786	78348	58416	38	—	1033	19932
2016	786	82096	71356	38	266	1036	10740
2017	786	89343	77911	38	578	1038	11432
2018	786	97784	85472	38	578	1055	12312
2019	786	103951	91762	38	582	1055	12189
2020	786	118831	99272	106	512	1655	19561

资料来源：2010～2020 年《西藏统计年鉴》。

（二）公路建设情况

"十二五"末，西藏公路密度仅为 5.31 公里/百平方公里，截至 2020 年已增长到 9.78 公里/百平方公里，特别是"十三五"以来，西藏创造了年均增长公路通车里程 8000 多公里的高原奇迹。西藏公路通车里程已突破 11.7 万公里，较"十二五"末增长 50%，高等级公路通车里程达 688 公里，全区乡镇、建制村公路通畅率分别达到 95% 和 75%①。2021 年拉那高速公路建成通车，拉日高速公路进展顺利，全区高等级（高速）公路通车里程由 2012 年底的 38 公里增加到目前的 1105 公里，乡村公路通达率分别达到 100% 和 99.96%，公路通车总里程 12 万公里，以拉萨为中心的"3 小时综合交通圈"正加快形成②。

（三）民航建设情况

到"十二五"末，民航共开辟了 63 条航线，较"十一五"末增加了 44 条；通航达 40 个城市，较"十一五"末增加了 24 个，基本覆盖国内主要城市，航线网络更加完善。"十三五"时期，西藏民航新开航线 67 条、新增通航城市 21 个，累计完成旅客吞吐量 2480 余万次人，同比"十二五"时期增长 83%，高出全国平均增速约 35 个百分点。2020 年投入运营的机场有拉萨贡嘎、昌都邦达、林芝米林、阿里昆莎、日喀则和平 5 个，2020 年 9 月 3 日随着西藏航空开通拉萨—红原—绵阳航线，西藏开通航线数量已达 120 余条。2021 年，新增航线 19 条，贡嘎机场 T3 航站楼投运，通航城市达 61 座，年旅客吞吐量达 517.8 万人次，"天上西藏"不再遥远③。

（四）邮政业网点及邮递线路建设情况

"十二五"时期，邮政完成了农牧区"乡乡通邮"工程，实现 692 个乡镇邮政网点全覆盖，行政村通邮率达 90% 以上。截至 2020 年西藏共有邮政普遍服务网点 754 个，已实现乡镇及以上网

---

① 西藏公路通车里程达 11.7 万公里［EB/OL］. xizang. gov. cn.
② 西藏公路通车里程达 12.07 万公里［N］. 人民日报，2022 - 07 - 10.
③ 西藏自治区旅游发展厅［EB/OL］.（2021 - 03 - 01）. http：//lyfzt. xizang. gov. cn/xwzx_69/jdxw/202103/t20210303_194663. html.

点全覆盖，建制村村邮站全覆盖，建制村直接通邮率100%。由表2－3也可以看出，2007～2017年，不论是邮政局所个数、邮政总长度，还是邮政主要设备汽车量总体呈增长态势，尤其是2014～2015年邮政局个数由281个暴增至738个。农村投递线路整体呈递减趋势，说明随着公路里程数的增长，农村的交通运输水平也在不断上升①。

表2－3　　　　　2010～2020年邮政业网点及邮递线路情况

年份	邮政局所（个）	邮路总长度（公里）	农村投递路线（公里）	邮政主要设备汽车（辆）
2010	196	16752	117612	473
2011	203	16726	117342	492
2012	207	15513	97409	491
2013	207	15552	105926	531
2014	281	19018	104314	552
2015	738	19611	103768	585
2016	758	20998	104031	670
2017	762	28088	102462	651
2018	752	58364	86384	660
2019	752	49900	74984	657
2020	754	58529	163577	764

资料来源：2011～2021年《西藏统计年鉴》。

---

① 央视网．交通运输部：西藏实现乡镇及以上城市邮政网点全覆盖［EB/OL］.（2021－08－26）. https：//news. cctv. com/2021/08/26/ARTIdDqLOJHFoTKjUf5IOosU210826. shtml.

第三节　西藏区域物流主要特征

一、公路货物运输在综合运输中占据主导地位

2010～2020年，铁路货运占比从2010年的3.00%下降至2020年的1.27%（见表2-4）。这期间随着青藏铁路的开通运营，2007～2012年西藏铁路货运量呈上涨势头，2013年后开始下降，在拉日铁路开通运营后有所提升。民航货运量占比有所波动，但整体来看从0.15%下降至0.07%；管道货运量2007～2015年整体占比减少，2016年开始有所上升；尤其值得一提的是公路货运量占比10年间一直占据90%以上，2020年攀升至10年间的最高点98.36%。可见西藏公路里程数的快速增加，推动了西藏公路货运蓬勃发展。

表2-4　　　2010～2020年西藏运输方式货运量占比情况　　单位：%

年份	铁路货运量占比	公路货运量占比	民航货运量占比	管道货运量占比
2010	3.00	95.55	0.15	1.30
2011	4.66	93.80	0.12	1.43
2012	7.40	91.08	0.14	1.38
2013	3.80	95.28	0.12	0.80
2014	1.99	97.08	0.13	0.80

年份	铁路货运量占比	公路货运量占比	民航货运量占比	管道货运量占比
2015	2.07	97.39	0.14	0.40
2016	2.80	96.56	0.16	0.48
2017	2.39	96.86	0.11	0.65
2018	2.85	96.50	0.13	0.52
2019	1.37	98.24	0.09	0.29
2020	1.27	98.36	0.07	0.31

资料来源：2011~2021 年《西藏统计年鉴》。

二、综合运输中，铁路和民航客运量占比逐步上升，公路客运量占比逐步下降

2011~2015 年西藏整体客运量从 1392.15 万人次大幅攀升至 2073.70 万人次。铁路客运量占比从 2010 年的 3.27% 攀升至 2020 年的 20.45%，如表 2−5 所示，自 2010 年起铁路客运量占比持续稳步提高，这说明青藏铁路以及拉日铁路的重要性在逐步显现。民航客运量从 2010 年占比 5.71% 上升至 2020 年的 32.15%。这主要是由于"十二五"期间贡嘎、米林、邦达机场改扩建工程进展顺利，国内外航线增值 63 条，通航城市 40 个。公路客运量占比从 2010 年 91.02% 下降至 2020 年 47.40%，其中"十二五"期间下降速度明显。综上分析，随着西藏交通运输固定资产投入的加大，西藏交通运输基础设施建设逐步改善，整体来看客运量总量从 2010~2020 年呈波动上升趋势，客运事业发展显著，其中铁路和民航客运量的占比提升充分说明铁路和民航基础设施建设的改善推进。

表 2 – 5   2010～2020 年西藏运输方式客运量占比情况   单位：%

年份	铁路客运量占比	公路客运量占比	民航客运量占比
2010	3.27	91.02	5.71
2011	6.89	79.96	13.16
2012	6.34	78.38	15.28
2013	7.42	76.63	15.95
2014	8.55	74.72	16.72
2015	10.64	71.85	17.51
2016	16.81	56.33	26.86
2017	18.73	58.41	22.86
2018	18.80	55.86	25.35
2019	18.23	53.85	27.91
2020	20.45	47.40	32.15

资料来源：2011～2021 年《西藏统计年鉴》。

三、社会消费品零售总额持续增长，物流需求规模不断扩大

如图 2 – 16 所示，2010～2020 年西藏地区社会消费品零售总额总体持续快速增长，截至 2020 年已达 745.78 亿元，同比减少 3.57%，其中，自 2010 年城镇地区社会消费品零售总额与西藏全区社会消费品零售总额基本保持同步增长，2020 年城镇地区社会消费品零售总额达 614.92 亿元；而乡村地区社会消费品零售总额如图所示，"十二五"时期直至 2019 年增速明显，截至 2020 年乡村地区社会消费品零售总额 130.86 亿元。2010～2020 年随着西藏全区社会消费品零售总额的扩大，物流需求规模也在不断扩大，这些为西藏区域物流产业的发展奠定了坚实的基础。

图 2 - 16 2010 ~ 2020 年西藏社会消费品零售总额情况

资料来源：2011 ~ 2021 年《西藏统计年鉴》。

四、综合交通运输网络初步形成，物流供给能力稳步提升

2010 ~ 2020 年 10 年间，西藏大力推进综合交通基础设施建设，初步形成了由铁路、公路、民航、邮政、物流园区构成的综合交通运输网络。且信息应用技术加快发展，截至 2020 年，全区通信光缆网络率为 100%、固定电话普及率达 20.8 部/百人、移动电话普及率达 93.5 部/百人、互联网用户达到 279.11 万户，农村地区宽带用户 24.75 万户。全区行政村光纤宽带覆盖率达 99%，为物流信息化建设创造了有利条件①。

邮政服务水平显著提升。2020 年，西藏邮政行业业务总量达 4.99 亿元，年寄递包裹 30.96 万件、函件 51.17 万件、快递 1138.97 万件、报纸 15358.41 万份，共有城市投递线路 90 条、乡邮邮路 1739 条，乡邮邮路单程总长度可达 8 万公里，建制村

---

① 2021 年《西藏统计年鉴》，2020 年西藏自治区国民经济和社会发展统计公报 [EB/OL]. (2021 - 04 - 08). http://www.xizang.gov.cn/zwgk/zfsj/ndtjgb/202104/t20210408_198946.html.

直接通邮率100%。"快递下乡"工程快速推进，全行业拥有各类营业网点1029处，其中设在农村的627处，覆盖全区7个地市。由此可见，西藏经过10年间的不懈努力，立体化交通体系互联互通水平大幅提升，物流供给能力与服务水平也在不断改善①。

第四节　西藏区域物流主要困境

近年来，虽然西藏区域物流基础设施建设步伐加快，物流服务水平快速提升。但是从整体来看，受历史因素和自然条件制约，西藏物流产业仍然是西藏发展的短板，物流网络不完善、基础设施供给滞后、物流成本较高、发展方式粗放、交通运输发展仍然存在诸多问题。这些不利条件也都将长期制约区域物流产业进一步发展。

一、发展起点低，基础设施薄弱

西藏虽然初步形成以公路运输为主，航空、铁路、管道运输为辅的综合交通运输体系格局。但是必须指出，与我国中东部地区相比，西藏区域物流整体发展缓慢，物流基础设施发展滞后，仍然处于起步阶段。截至2021年底，西藏全区铁路路网密度约为0.001公里/平方公里，仅为全国平均水平的3.3%，西藏全区只有一条进、出藏的铁路，西藏阿里地区至今尚未通铁路；西藏

---

① 2020年西藏自治区邮政行业发展统计公报［EB/OL］.（2021 - 06 - 01）. http：// xz. spb. gov. cn/xzyzglj/c100062/c100149/202106/9a47e0867da745b89f82f2aa37e208d9. shtml.

全区高速公路密度为 0.08 公里/百平方公里，仅为全国平均水平的 2.1%，一级及以上公路里程为 1105 公里。西藏阿里地区高等级公路还处于攻克阶段，省道基本为砂石路，沿边通道尚未全部打通，乡、村通畅"双百"目标尚未实现。

二、与全国相比，物流需求表现不足

2017 年西藏人口只有 337.15 万人，占全国人口的 0.24%，而面积占全国的 1/8，地广人稀，生产、流通和消费服务的物流需求小且分散。尽管 10 年间各种运输方式货运量逐年增加，但总体货运量偏小。物流需求总体上呈现单向发展的态势，即从外省进入西藏的物流需求大，而从西藏流向外省的物流需求小，对加快西藏区域物流的发展带来严峻挑战。

三、物流供给服务水平偏低

与我国中东部地区相比，西藏物流业整体发展缓慢，物流基础设施发展滞后，仍然处于起步阶段。由于物流成本高，导致西藏的生产要素成本趋高，致使市场总体物价水平长期居于高位，进一步增加了物流供给成本；大量的单向物流使得物流资源无法有效利用，导致西藏物流成本比我国其他省份高 80% 以上；第三方物流服务有限，物流成本居高不下。

四、物流网络体系不健全

在物流体系方面，主干物流网络不发达。全区 7 个地市中，仅那曲市、拉萨市、日喀则市通有铁路，没有一个地市通高速公

西藏区域物流网络空间特征、形成机理及优化研究

路；仍有 2 个县不通油路，192 个乡（镇）、67% 的建制村不通硬化路；乡（镇）等级客运站建成率偏低，建制村客运停靠站点（简易站、招呼站）建设滞后，城乡物流配送站点缺乏。综合物流园区、快递园区、分拨中心、仓储配送中心不健全，分级物流体系尚未建立。全区 74 个县（区）中有 63 个县和 55 个乡镇没有覆盖非邮快递，邮政递送距离远、数量小、成本高、时间长，难以满足现代服务业供给需求；物流信息化水平低，物流资源条块分散，要素集约利用率不高，以商贸流通和仓储业为主的传统物流运营方式没有根本性改变，物流仓储自动化、标准化、信息化水平低。

五、传统货运行业弱小，转型升级缓慢

物流企业总体规模偏小，经营粗放，功能单一，整体竞争实力弱。西藏货运行业处于少、小、散的局面。"十三五"以来，西藏共有道路客运经营业户仅有 86 户；共有客运车辆仅 4635 台，其中班车 1655 台，旅游车辆 2864 台，开通客运班线仅 509 条，建成等级客运站 71 个，招呼站 361 个。全区共有道路货物运输经营业户 33002 户、货运车辆 50287 台，平均每个运输业户拥有运营车辆仅为 1.5 辆，除拉萨市具有一定数量传统货运企业，其他六个地市基本没有大型货运企业。"十三五"时期尽管在一定程度上提高了全区客运安全管理水平、组织化程度和运输服务质量，但目前第三方物流服务仍然非常有限，物流成本居高不下。

六、行业支撑差，运输方式衔接不够

目前西藏拥有 7 个传统货运站场，与铁路相衔接的仅有那曲

物流中心和拉萨铁路货运西站。公路、铁路、航空运输方面能够有效连接的大型综合物流枢纽比较缺乏，经营现状不佳。口岸方面，拉萨贡嘎机场是一类航空口岸；与尼泊尔和印度的陆路边境口岸，主要包括阿里地区的普兰口岸（一类），日喀则的樟木（聂拉木）口岸（一类）、吉隆口岸（一类）、日屋口岸（二类）和亚东口岸（一类）。陆路口岸仅有公路对接，未形成铁路、民航多方式衔接。综合客运枢纽和物流园区建设与发展滞后，运输方式转换衔接不顺畅，枢纽集疏运体系亟待完善，各种运输方式间业务整合不够，缺乏统筹规划。

七、综合运输管理体系不完善，缺乏专业规划实施推进

《西藏自治区国民经济和社会发展第十三个五年规划规划纲要》提出积极培育现代物流业的要求，加大物流业基础设施建设和政策扶持力度，加快构建以城市物流枢纽、物流中心及城乡配送系统为主的现代物流服务体系。2018 年，西藏自治区政府相关部门相继出台《西藏自治区"十三五"时期物流业发展规划》《西藏自治区综合交通运输"十三五"发展规划》等物流发展的专项规划，但在推进中大部门制改革尚未推进，综合交通运输法律法规体系尚不完善，相关标准与规范建设相对滞后，综合交通运输发展的体制机制障碍仍然存在。

八、地缘政治关系复杂多变，面临不稳定外部环境

虽然西藏边贸物流产业战略机遇整体良好，但无可避免的也面临着复杂的外部环境。伴随着全球经济贸易增长乏力，地缘政治关系复杂变化，外部环境不稳定不确定因素增多。在与西藏接

壤的南亚地区，长期受基础设施落后、贫穷等问题影响，加之对外部市场和投资的依赖性严重，除印度经济增长较快外，南亚其他国家总体上受内外需求不足的影响较大，投资增长乏力，制造业提升缓慢，财政和贸易赤字扩大，这些都将使西藏区域物流发展环境面临更加严峻的挑战。

第三章

西藏区域物流与区域经济
互动关系研究

　　"一带一路"背景下，国家定位西藏作为南亚开放的重要通道，对西藏区域物流竞争力的提升有着更高的战略要求。借新常态对西藏经济产生深远影响为契机，探析西藏区域物流与区域经济的互动关系并且总结了"十三五"时期物流绩效对区域经济发展的提升效应，为制定区域物流发展规划及政策提供参考依据和决策支持。

第一节　经济新常态对西藏区域物流的影响

一、中国经济进入新常态，产业迎来发展机遇。

改革开放 40 多年我国经济增长率呈周期性变化，经历了五个明显的周期。如图 3 - 1 所示，GDP 增长率的相对高点分别出现在 1984 年（15.2%）、1987 年（11.6%）、1992 年（14.2%）、2007 年（14.2%）以及 2010 年（10.8%），而相对低点分别出现在 1986 年（8.8）、1990 年（3.9%）、1999 年（7.1%）、2009 年（9.4%）以及 2020 年（2.3%）。

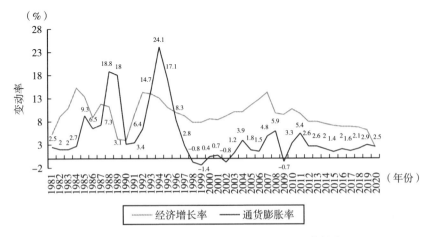

图 3 - 1　1981～2020 年全国 GDP 和 CPI 增长率

同期，我国通货膨胀也经历了五个明显的周期。如图 3 - 1 所示，CPI 的相对高点分别出现在 1985 年（9.3%）、1988 年（20.7%）、1994 年（24.1%）、2008 年（5.9%）和 2011 年（5.4%）；而相对低点则分别出现在 1986 年（7%）、1990 年（3.1%）、1999 年（－1.4%）、2009 年（－0.7%）以及 2020 年（2.5%）。

由图 3 - 1 可以看出，中国宏观经济的两大指标体系之间存在着高度的相关性，1993 年以前经济指标波动幅度大、频率高，1993 年以后经济指标波动幅度小、频率低，说明经过不断的体制机制改革，包括国有银行的商业化改造、国企产权改革等一系列富有成效的举措，微宏观领域开始匹配，政府的宏观调控能力不断提升。2013年底首次提出中国经济新常态，中国经济高速增长转为中高速增长。西藏经济也从2015年GDP增长率由11%回落至2020年7.8%（见图3-2），经济结构需要不断优化升级，政府采取适度从宽的财政政策；要素驱动、投资驱动转向创新驱动、高质量发展。高质量发展转型、宽松的财政政策以及脱贫攻坚的战略目标都为西藏物流产业发展迎来良好的环境机遇。

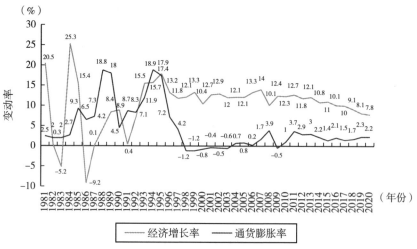

图 3 - 2　1981~2020 年西藏 GDP 和 CPI 增长率

资料来源：国家统计局网站以及《西藏统计年鉴》。

二、借力南亚大通道建设，西藏不断完善物流产业的顶层设计

借新常态对西藏经济产生深远影响为契机，"十三五"时期西藏相关部门相继出台相关区域物流发展规划。

　西藏区域物流网络空间特征、形成机理及优化研究

（一）《西藏自治区"十三五"时期产业发展总体规划》主要内容

2018 年 5 月西藏自治区人民政府发布《西藏自治区"十三五"时期产业发展总体规划》。该规划提出："优化重点产业布局，大力推动边贸物流产业跨越发展，以共享共用完善商贸流通体系、发展口岸经济，加快推动内外贸易融合发展，加大交通干线、口岸要镇仓储物流培育力度，积极构建环喜马拉雅经济合作带，将西藏打造成为面向南亚开放的重要通道。西藏自治区边贸物流产业的发展重点和发展路径，是西藏边贸物流产业发展的蓝图和行动指南。边贸物流产业发展重点是完善边贸内贸流通体系、建设分级物流体系、建设出口商品生产基地，以及边贸物流产业发展路径是以电子商务、会展经济、口岸经济，推动商贸物流业创新发展。"

（二）《西藏自治区"十三五"时期物流业发展规划》主要内容

2018 年 3 月西藏自治区发展和改革委员会出台《西藏自治区"十三五"时期物流业发展规划》。该规划指出："为进一步加快我区物流业发展，加速产业结构的调整、优化、升级，结合我区实际，将补齐物流发展短板作为加快推进经济社会发展的重要抓手和突破口，按照'整合、集聚、提升、创新'的发展思路，以运用现代信息技术为手段，以构建公共服务平台为基础，以优化发展环境为保障，以实施重大项目和重点工程为支撑，优化空间布局，降低物流成本，完善服务功能，提高运行效率，壮大企业主体，扩张产业总量，提升发展水平，建设连接西南、面向南亚、承接西北、内外联通的国际物流枢纽。"

（三）《西藏自治区综合交通"十三五"发展规划（2016～2020 年）》主要内容

2017 年 3 月西藏自治区交通运输厅出台《西藏自治区综合交通"十三五"发展规划》。该规划指出："坚持以服务长足发展和长治久安为使命，以建设人民群众满意交通为目标，以提高发展质量和效益为中心，以深化供给侧结构性改革、创新驱动和'两路'精神为动力，着力完善交通基础设施网络，着力调整交通运输结构，着力提高交通运输服务品质，着力推动行业转型升级，着力提升治理能力和水平，加快建成'网络完善、运行顺畅、安全舒适、智慧生态'的综合交通运输体系，更好地发挥交通运输的支撑引领作用，为到 2020 年与全国一道全面建成小康社会奠定坚实基础。"

三、乡村振兴进程加快，推进西藏综合交通运输网络加速形成

随着西藏经济社会发展和乡村振兴进程的加快，带动了物流需求，使得近年来西藏物流产业有提速发展迹象。交通运输基础设施方面日趋完善。"十三五"期间，西藏累计完成交通运输固定资产投资 2516 亿元，超计划完成投资 128 亿元，为西藏自治区"十三五"规划目标的 105%，是"十二五"期间 680 亿元的 3.7 倍，逐步形成了由铁路、公路、民航、邮政构成的综合交通运输网络。在物流园区建设方面，已经建成那曲物流园区、拉萨物流园区等区域物流枢纽，正在加快建设日喀则南亚综合物流园区、林芝综合物流园区、昌都经济开发区物流园区等物流枢纽节点。为"十四五"时期加快我区物流业均

衡发展提供了有力支撑。

四、数字经济赋能西藏区域物流，成为拉动智慧物流新引擎

虽然西藏人口总量小、密度低、消费物流市场小且分布分散，难以形成大的消费物流。但是随着数字经济的快速发展，网络购物交易额激增，西藏内需产生的物流需求急剧增加，成为经济新常态下拉动物流业发展的主要动力。作为第三方物流的典型代表，西藏快递企业呈良好发展态势，保持稳步增长。2019 年全年完成邮政业务总量 4.79 亿元，比上年增长 13.9%。快递业务总量 874.34 万件，增长 20.5%；快递业务收入 2.89 亿元，增长 19.0%。全年完成电信业务总量 299.83 亿元，增长 167.8%。建设通信光缆总长度达 20.19 万公里。固定互联网宽带接入用户 91.4 万户，比上年增加 13.2 万户。固定宽带家庭普及率达 98.7 部/百户。其中，固定互联网光纤宽带接入用户 87.2 万户，增加 13.5 万户。移动宽带用户 287.8 万户，增加 12.3 万户。全年移动互联网接入流量 34381 万 GB，比上年增长 221.3%。农村地区宽带用户 16.1 万户，比上年增加 4 万户。全区行政村宽带覆盖率达 100.0%。

五、政府财政支出资金使用效益水平不断提升，保障物流基础设施建设顺利实施

修订《西藏自治区商贸流通业发展专项资金管理办法》《西藏自治区外经贸发展专项资金管理办法实施细则》，规范资金管理，提高项目资金实施力度。制定《西藏自治区商务项目资金管

理制度（试行）》，明确项目资金管理程序。2021 年西藏积极衔接国家"十四五"规划项目实施方案，有力推进"十四五"发展规划，投资 6015 亿元、较"十三五"增长 58%。落实中央政府投资 718.8 亿元，超出 500 亿元目标任务 218.8 亿元。重大项目进展加快，预计重点项目完成投资 1600 亿元[①]。

第二节　西藏区域物流对区域经济的影响

西藏自治区商务厅《全区商务事业"十三五"发展回顾和"十四五"展望》中指出："'十三五'期间，西藏流通持续向好，物流对经济增长的基础性作用进一步增强，以构建面向南亚开放重要通道为核心的开放型经济加快推进，农牧区商贸流通体系不断健全，偏远农牧区生活必需品供给等民生焦点问题得到有效解决，流通领域全面深化改革、助力脱贫攻坚工作取得实质性进展。"

（一）南亚大通道建设稳步推进

如期恢复樟木口岸货运通道功能，扩大开放吉隆口岸为国际性公路口岸，批准开放里孜口岸，加强推进亚东、吉隆、普兰 3 个边民互市贸易区建设。深化国际贸易"单一窗口"标准版应用，口岸通关效率和服务水平大幅度提升。全面落实外商投资负面清单管理制度，提升外商投资便利化水平。2016～2019 年累计新设外商投资企业 74 家，实际吸收外资 2.5 亿美元。投资合作

---

① 《西藏自治区 2021 年国民经济和社会发展计划执行情况与 2022 年国民经济和社会发展计划草案报告》。

领域逐年扩大，投资合作层次不断提高。出台《西藏自治区经济技术开发区管理暂行办法》，建立自治区经开区联席会议机制，批准设立昌都、日喀则、林芝自治区级经开区。拉萨综合保税区获国务院批复设立，"八通一平"基础设施项目建设和海关联检大楼及其附属工程建设累计完成总工程的90%。吉隆边境经济合作区落地建设项目9个，到位资金7.76亿元，固定资产投资完成4.1亿元。中尼友谊工业园项目顺利启动。尤其是如果青藏铁路打通拉萨—亚东，拉萨—日喀则—樟木等口岸铁路专线，连接印度、尼泊尔至边境，可以大大缩短中国至南亚、西亚的空间距离。中国其他省份与市场广阔的南亚地区通过西藏的连通将会有更为便捷的通道，由此可以扩大与南亚诸国的贸易往来，不仅能带动区内的商品流通，扩大西藏地区产品的国内市场，也能极大地发挥其区位优势，依靠边境贸易发展特色产业，为西藏边贸的发展带来更多的便利与机遇。

（二）外贸竞争新优势成效显现

积极落实稳外贸各项政策措施，实施出口信用保险和边贸企业能力建设惠企政策；实施出口退税、进口自用物资关税返还等举措，提高退税效率；培育外贸经营主体，目前西藏有4家外贸企业确定为外贸综合服务示范企业和跨境电子商务试点企业；培育外贸新模式新业态，以文化出口基地建设为突破口，"十三五"期间，西藏文化旅游创意园区被评为国家文化出口基地。2016~2019年，西藏自治区外贸进出口结构持续优化，外贸进出口总额达到206.85亿元，2019年外贸出口额自2013年以来首次实现正增长。2019年，西藏货物进出口总额48.76亿元，比上年增长2.6%。其中，出口37.45亿元，增长31.1%；进口11.30亿元，下降40.4%。

在进出口贸易中，根据海关统计，2016～2021年，西藏边境小额贸易分别为29.86亿元、23.39亿元、24.12亿元、29.33亿元、9.67亿元、17.22亿元，分别占西藏当年外贸进出口总额的57.8%、39.7%、50.8%、64.69%、45.34%、42.88%。其中，2021年边境小额贸易进出口总值达17.22亿元，增长78.1%，出口17.22亿元，增长78.4%，进口0亿元，下降100%。2016～2020年，边民互市贸易分别为0.9亿元、0.4亿元、1亿元、2.2亿元、0.05亿元。其中，2020年边民互市贸易进出口总值为0.05亿元，下降97.58%，其中出口0.02亿元，下降97.45%，进口0.03亿元，下降97.66%。

（三）城乡流通体系不断健全

西藏政府正确处理加快城市发展与提高农牧区基本公共服务能力的关系，大力推动商贸流通体系向农牧区延伸，研究形成了《西藏自治区面向供给侧改革的物流业降成本、补短板战略与政策研究》，为补齐现代物流业发展短板提供政策支撑。2021年建成自治区级仓储物流中心1个，地市级仓储分拣中心3个，县级运营网点43个（其中边境县16个，覆盖率76.2%），乡镇村服务点273个，村级服务站点817个[①]。

大力实施电子商务进农村，截至2021年6月底，西藏自治区西藏网商总数38790家，其中，应用型网商数38057家，占网商总数的98.11%；服务型网商数698家，占网商总数的1.80%；平台型网商数35家，占网商总数的0.09%。2021年1～6月，西藏网络零售额实现74.2亿元，同比增长66.2%，增

---

① 《西藏自治区边贸物流产业专项推进组2021年工作总结及2022年工作计划》。

速较全国高出 43 个百分点，在全国占比较去年同期小幅提升①。

（四）农牧区供给得到有效保障

西藏不断探索农牧区流通体系建设和物资保障供应新路径。在班戈、申扎、措勤、八宿、错那、仲巴等县开展偏远乡村果蔬配送工程试点工作，有效解决了偏远农牧区果蔬配送困难的民生问题。针对偏远乡村农牧民加油难问题，实施《西藏自治区农牧区乡镇加油站建设指导意见（试行）》，适当放宽偏远乡镇加油站建设标准，全力保障偏远乡村生产生活油品供应。2016～2019年，西藏全区社会消费品零售总额实现 2229.64 亿元，年均增速约为 12.33%，高于全国平均水平，消费在西藏全区生产总值中的比重由 2015 年的 39% 提升到 2019 年的 54%，消费对经济增长的拉动作用进一步增强。

第三节　物流绩效促进西藏区域经济高质量发展效应分析*

"十三五"时期西藏进一步解放思想、更新观念，立足新发展阶段，坚定不移地贯彻"创新、协调、绿色、开放、共享"新发展理念，全面融入以国内大循环为主体、国内国际双循环相互促进的新发展格局，西藏区域物流不断助力促进和提升区域经济

---

① 2021 年上半年西藏电子商务发展表现强韧_西藏自治区商务厅［EB/OL］.（2021－07－01）. http：//swt. xizang. gov. cn/xxgk/dzsw/202107/t20210716_250692. html.

* 刘妍. 贯彻新发展理念　全面推进高质量发展——"十三五"西藏边贸物流产业发展纪实［EB/OL］.（2021－04－01）. http：//m. tibet. cn/cn/news/yc/202104/t20210415_6990919. html.

高质量发展。

一、创新：提升交通设施畅通道

"十三五"期间，综合交通运输网络加速形成。拉林高等级公路建成通车，川藏铁路拉林段即将建成，雅安至林芝段开工建设，青藏铁路格拉段扩能改造工程建成投运，国内外航线达到130条。西藏建成和在建一级以上高等级公路总里程超过1000公里，公路通车里程达11.66万公里，其中高速公路通车里程达688公里，创造了平均每年建设7660公里公路的高原奇迹；边境县公路里程达到2.27万公里，所有边境县、边防团通油路，一线乡（镇）通公路，建制村通畅率达86%；实施农村公路建设项目3123个，新改建农村公路3.82万公里，解决了286个乡镇、2905个建制村、391个集中易地扶贫搬迁安置点（区）道路连接线通畅问题，全国最后一个通公路的县墨脱县通了硬化路，全区最后一个通公路的乡镇墨脱县甘登乡通了公路。不断完善的交通物流设施，为区域经济系统提供了有力的支撑。

二、协调：优化产业结构聚动能

"十三五"期间，西藏产业建设驶入快车道，七大产业实现增加值超1900亿元，发展效益逐步显现。西藏全区高原生物产业，农牧业产业龙头企业达162家；旅游文化，文化产业示范基地（园区）234家；绿色工业，24个绿色工业扶贫光伏项目实现并网；清洁能源，工业企业达152家；现代服务，上市公司20家；高新数字，软件和信息技术服务企业超过300家；边贸物流，19家大型全国性电商和物流快递企业陆续落户。七大产业快速发展的背后，是西藏立足资源优势和区位优势，以"一带一路"倡议为指引，以互联互通为着眼点，在"特"和"优"上下功夫，大力推进七大产业上规模、增效益，使得产业结构不断优化，产业布局更加合理。

三、绿色：严守生态红线护屏障

"十三五"期间，生态安全屏障日益坚实，美丽西藏建设步伐加快。西藏先后制定了《西藏生态安全屏障保护与建设规划（2008－2030）年》《西藏自治区主体功能区规划》《西藏自治区区域空间生态环境评价暨"三线一单"编制项目文本（2020－2035）》等一系列生态领域的制度和措施，全区45%的区域列入最严格保护范围，将生态文明建设纳入制度化、规范化、科学化轨道。5年来累计造林39.73万公顷、比"十二五"增长15.5%，森林覆盖率达到12.31%，草原综合植被盖度达到47%，地级城市空气质量优良天数比率99%以上，地表水水质达标率100%。西藏仍是世界上生态环境最好的地区之一。物流产业发展建设强度大，影响面广，统筹物流产业发展和生态环境保护的关系，确保产业建设和发展活动在生态环境承载力范围内，加快建设资源节约型、环境友好型社会。

四、开放：融通内外市场促循环

"十三五"期间，西藏不断探索农牧区流通体系建设和物资保障供应新路径。在班戈、申扎、措勤、八宿、错那、仲巴等县开展偏远乡村果蔬配送工程试点工作，有效解决了偏远农牧区果蔬配送困难的民生问题。大力实施电子商务进农村，2019年西藏以整区推进形式开展 47 个县综合示范工作，西藏成为全国唯一获批以整区推进形式开展电子商务综合示范工作的省区。"十三五"期间，西藏全区网上零售额实现井喷式增长，年均增长达 94.43%。较"十二五"末增长 2678.57%，增长了近 27 倍。作为面向南亚开放的重要通道、"内联外接"的战略枢纽以及"一带一路"的重要节点，西藏不断加大口岸建设，大力发展边民互市贸易，外贸进出口结构持续优化，截至 2021 年 6 月底，西藏自治区西藏网商总数 38790 家，其中，应用型网商数 38057 家，占网商总数的 98.11%；服务型网商数 698 家，占网商总数的 1.80%；平台型网商数 35 家，占网商总数的 0.09%。2021 年 1~6 月，西藏网络零售额实现 74.2 亿元，同比增长 66.2%，增速较全国高出 43 个百分点，在全国占比较去年同期小幅提升[①]。

五、共享：支撑消费升级利民生

"十三五"期间，西藏积极贯彻落实中央促消费工作部署，推动内循环，突出内需对经济增长的引领作用。通过促进重点消费支撑消费升级，补齐短板弱项挖掘农村消费潜力，强化政策保障，优化消费环境，打通经济循环的"堵点""断点"，助推富起来的西藏人民实现消费升级。"十三五"期间，西藏人均地区生产总值超过 50000 元，年均增长 8.97%，其中 2020 年地区生产总值突破 1900 亿元，居民人均可支配收入达 21744 元，较 2015 年增长 77.4%。由此西藏全区社会消费品零售总额也进入了快速增长阶段，累计达 3388.83 亿元，较整个"十二五"时期

---

① 2021 年上半年西藏电子商务发展表现强韧_西藏自治区商务厅［EB/OL］.（2021 - 07 - 01）. http://swt.xizang.gov.cn/xxgk/dzsw/202107/t20210716_250692.html.

增长 82.18%。西藏农牧民群众人均消费粮食下降 126 千克、消费蔬菜提高 23 千克、衣着消费增加 584 元，交通和通信支出增加近 1 倍，医疗保健支出增长 160.9%，人均文化娱乐服务支出增长 167.6%，消费作为经济增长主引擎作用进一步巩固。

第四节　促进西藏区域物流发展的对策建议

从"十三五"时期的效应分析可以看出，区域物流绩效对西藏区域经济发展具有重要促进作用，但整体上拉动力依然不足，政府应加大政策扶持力度，促进西藏物流产业发展。

一、出台培育现代物流产业政策与措施

新形势下，抓紧出台中远期物流产业发展规划和近期实施方案，确定发展重点和任务。优先建设拉萨、日喀则、昌都三大物流区域；重点建设拉萨物流中枢、那曲物流中心、日喀则物流中心、昌都物流中心四大物流节点，逐步培育和引进一批服务水平较高、竞争力强的区内外物流企业；发展工业、涉农、商贸、会展等物流，促进物流产业与各产业融合互动。通过这些政策与措施的推行，为西藏物流产业健康发展奠定基础。

二、出台完善物流基础设施体系的相关政策与措施

包括加强以公路网为基础的综合交通运输体系政策与措施、完善城乡物流配送体系政策与措施、推进信息网络建设以及提高

物流标准化现代化水平、推广应用物流新技术的政策与措施等。通过出台这些政策与措施，加快社会物流资源整合，提升物流产业市场化社会化服务能力，为西藏区域经济可持续发展提供物流基础设施保障。

三、出台支持和保障区域物流产业振兴的专项政策与措施

包括加强组织协调政策与措施、加大财政及金融等资金扶持政策与措施、落实税费优惠政策与措施、支持物流设施投资政策与措施、保障物流项目建设用地政策与措施等。尤其要在国家重点投资建设的物流产业项目上，以优惠政策和措施支持项目申报及落地发展。

四、加快物流人才队伍建设

人才是物流发展的决定性因素。西藏服务业人才相对集中于公共事业服务领域，面向现代物流业的懂信息技术和现代物流管理的人才少，两者兼备的复合型人才更是严重匮乏。物流人才培养工作滞后，西藏区内各高校均没有开设物流管理专业，区外高校培养输送的物流专业人才更是寥寥无几。加快物流业人才培养，要采取长期培养和短期培训相结合，正规教育和在职培训相结合的方式，全方位推进物流人才教育工程，培养市场急需人才。

| 第四章 |

西藏区域物流与区域产业
结构优化研究

本章在分析西藏区域产业结构及主要特征的基础上，从时间序列演变规律及空间变化两方面探讨西藏产业结构优化与区域物流发展的关系，并提出促进西藏产业结构优化的区域物流一体化发展策略，为西藏培育内生动力，提升经济社会发展水平提供一定的理论参考。

2016 年 12 月 31 日，西藏自治区党委、政府召开全区经济工作会议，深入贯彻落实中央经济工作会议和自治区第九次党代会精神，提出"要坚持用新发展理念统领全局，着力优化产业结构布局，着力培育内生发展动力，坚定不移促进经济社会发展"。为了更好地解读和贯彻落实会议精神，本章试图从以下几个方面探讨西藏产业结构优化和区域物流发展问题，为培育内生动力、促进产业结构优化的区域物流一体化发展提供参考。

第一节　西藏区域产业结构及主要特征

一、三次产业结构状况

从西藏和平解放至 2014 年，西藏产业结构的变化基本符合产业结构的演进规律，即 GDP 规模稳步上升，三次产业的规模也不断提高，总体呈现正相关的演进态势。从各产业间的比较来看，西藏第二产业和第三产业发展速度明显快于第一产业。随着不同产业的发展，各产业的比重次序也发生了明显的变化。1965年以前，西藏三次产业结构为"一三二"的欠发达结构。1966～1978 年，西藏三次产业结构从"一三二"转向"一二三"结构。1979～1996 年逐步转向"一三二"，1997～2002 年又转向"三一二"。2003 年后进入"三二一"产业结构高级化的形态。而从表 4－1 来看，西藏产业结构的演进特征是根据其比较优势的选择所带来的发展结果：一方面，西藏第一产业比重逐渐下降，第二、第三产业产值比重逐渐上升。这充分说明了西藏通过 50 多年的发展，经济实力不断增强，产业基础不断夯实，结构不断优化和升级。但是另一方面，第三产业在没有经过第二产业充分发展的基础上逐渐超越第二、第一产业。这种产业结构的升级虽然在一定时期内可以带来经济增长，但是过分依靠资源禀赋，难以形成内生发展动力和竞争优势。因此，要完成对传统产业结构调整，就必须优先考虑市场的引导和产业发展的选择。

表 4－1　　　　　　西藏部分年份三次产业生产值及其构成变化情况

指标	1965 年	1978 年	1994 年	1997 年	2000 年	2003 年	2010 年	2013 年	2014 年	2017 年	2018 年	2019 年	2020 年
GDP（亿元）	3.27	6.65	45.99	77.24	117.80	185.09	507.46	815.67	920.83	1310.92	1477.63	1697.82	1902.74
一产产值（亿元）	2.32	3.37	21.14	29.23	36.39	44.30	68.72	84.68	91.64	122.72	130.25	138.19	150.65
二产产值（亿元）	0.22	1.84	7.88	16.88	27.05	52.47	163.92	292.92	336.84	513.65	628.37	635.62	798.25
三产产值（亿元）	0.73	1.44	16.97	31.13	54.37	123.30	274.82	438.07	492.35	674.55	719.01	924.01	953.84
第一产业占比（%）	70.9	50.7	46.0	37.8	30.9	20.1	13.5	10.4	9.9	9.4	8.8	8.1	7.9
第二产业占比（%）	6.8	27.7	17.1	21.9	23.2	23.9	32.3	35.9	36.6	39.1	42.5	37.4	42
第三产业占比（%）	22.3	21.6	36.9	40.3	45.9	56.0	54.2	53.7	53.5	51.5	48.7	54.5	50.1

资料来源：《西藏统计年鉴》（2021）。

二、主要特征："一产弱、二产散、三产层次低"

（一）第一产业以高原特色农牧业为主

农牧业一直作为西藏国民经济的基础产业。1959~2020 年，西藏的农林牧渔业总产值从 14.4 亿元增加到 233.53 亿元，按现价计算增长了 16.22 倍，平均每年增长 26.59%。从第一产业内部结构来看，牧业和农业占据着绝对的主导地位（见表 4-2）。西藏农牧业在产业发展中具有重要的基础性战略地位，为特色食饮品、藏药、特色手工业、皮革毛纺等行业发展提供所需的原材料保障。

表 4-2　　　　　　　　西藏第一产业分行业产值动态数　　　　单位：万元

年份	农林牧渔业总产值	农业	林业	牧业	渔业
2005	677408	298887	56997	300498	136
2006	704765	304974	60191	316975	1762
2007	798309	359382	63078	349108	1073
2008	884518	396962	67971	389629	2804
2009	933807	390575	71155	442880	2049
2010	1007685	462822	24602	488612	2268
2013	1280000	579840	26880	641280	1280
2014	1387200	632563	26357	693600	1387
2017	1781603	784369	29475	29475	3271
2017	1781603	784369	29475	964488	3271
2018	1954700	880800	32000	983600	3500
2019	2128100	949000	35400	1084100	3600
2020	2335300	1039900	36800	1196900	1500

资料来源：国家统计局（2021）。

（二）第二产业以建筑业为主，工业化发展不充分

从表4－3中的统计数据可以看出，西藏的工业和建筑业均保持着持续快速的增长，建筑业的占比大于工业的占比数额。2014年建筑业的生产总值占到第二产业生产总值的80.4%，工业则占19.6%；2017年建筑业的生产总值占到第二产业生产总值的80.1%，工业则占19.9%。2020年建筑业的生产总值占到第二产业生产总值的81.8%，工业则占18.2%。这些反映了西藏近年来仍是国家投资拉动以基础设施建设为主驱动第二产业增长。

表4－3　　　　　　西藏第二产业分行业产值动态数　　　　单位：亿元

年份	第二产业生产总值	工业	建筑业
2005	63.52	17.48	46.04
2006	80.10	21.71	58.39
2007	98.48	27.62	70.86
2008	115.56	29.48	86.08
2009	136.63	33.11	103.52
2010	163.92	39.73	124.19
2011	208.79	48.18	160.61
2012	242.85	55.35	187.50
2013	292.92	61.16	231.76
2014	336.84	66.16	270.68
2017	513.65	102.16	411.49
2018	582.72	126.97	455.75
2019	635.62	131.72	503.90
2020	798.25	145.16	653.09

资料来源：《西藏统计年鉴》（2021）。

（三）第三产业以旅游业为特色

第三产业目前已经成为西藏第一大产业，是对 GDP 贡献最大的产业。据统计，西藏第三产业生产总值在 1978 年时仅 1.44 亿元，2017 年已经达到 674.55 亿元，按现价计算增长 468.4 倍，在 GDP 中占比 51.5%。其中旅游业增长最为显著，2017 年西藏全区接待游客达 2561 万人次，旅游收入增长至 379.37 亿元；旅游业已经占到西藏 GDP 的 28.9%、第三产业生产总值的 56.2%（比 2014 年提高了近 15 个百分点）。与此相关的商贸服务业，也在不同程度的增长，2020 年受新冠肺炎疫情影响，旅游业、对外贸易出口、边境贸易均呈下降的状态，社会消费品零售依然保持增长态势，如表 4-4 所示。

表 4-4　　　　　　　西藏第三产业分行业产值动态数　　　　单位：亿元

年份	第三产业生产总值	旅游业	对外贸易进出口总额	边境贸易总额	社会消费品零售总额
2005	137.24	19.35	16.64	9.89	73.23
2006	159.76	27.71	25.62	13.74	90.01
2007	188.82	48.52	28.74	18.18	112.59
2008	219.64	22.59	53.18	16.64	129.99
2009	240.85	55.59	27.45	16.98	156.58
2010	274.82	71.44	56.59	33.88	185.3
2011	322.57	97.06	85.60	58.62	219
2012	377.80	126.48	216.72	106.74	254.64
2013	438.07	165.18	205.58	119.15	322.21
2014	492.35	204	138.48	121.74	364.51
2017	674.55	379.37	59.19	23.38	523.31

年份	第三产业 生产总值	旅游业	对外贸易 进出口总额	边境贸易 总额	社会消费品 零售总额
2018	837.33	490.14	47.52	24.12	597.58
2019	924.01	559.28	48.76	29.33	773.4
2020	953.84	366.41	21.33	9.67	745.78

资料来源:《西藏统计年鉴》(2021)。

第二节　西藏区域物流发展的时序性对产业结构变迁的影响

西藏物流产业的发展历程,与西藏的产业经济结构有着密切的联系。本节依据西藏经济社会体制改革以来产业结构的变迁过程,将物流产业大致分为以下四个时期①。

一、初创开辟时期

1951~1965年,西藏三次产业结构为"一三二"。西藏工业生产和交通运输基本空白,这一时期,基础设施建设是重点为打通青藏公路,以及沿线附属设施设备的建设,体现了以重点突破为主,全方位推进为辅物流产业链发展特征。1954年,青藏、川藏公路建成通车,作为西藏物流服务的主动脉,85%以上的进出藏物资和80%以上的客运靠公路运输。截至1965年,西藏国内

---

① 本节资料来源:各年度《西藏统计年鉴》。

生产总值仅为 3.27 亿元，第一产业占比超过 70%，第二产业占比不到 10%，民用货运供给仅为 29.6 万吨。

二、蹒跚前行时期

1966～1978 年，西藏三次产业结构由"一三二"向"一二三"过渡。计划经济下，三大产业差距开始缩小，第二产业占比提高。由于"文化大革命"时期很多行业停产停工，致使 1969 年进藏物资比 1967 年下降 53%。直到 1971 年后西藏物流才有了明显改观。1976 年随着滇藏公路全线通车，公路通车里程比 1965 年增加 8.5%，全区 97% 的县和 75% 的区通了公路。这一时期，物流产业供应链体现了计划经济主导下的，物流资源的配送计划特征。截至 1978 年，西藏国内生产总值 6.65 亿元，第一产业占比约为一半；二三产业占比各超过两成，第二产业略微高于第三产业，西藏全年完成货运量 82.4 万吨。

三、探索建设时期

1979～1996 年，西藏三次产业结构从"一二三"转向"一三二"。1984 年，第二次西藏工作座谈会决定实行市场调节为主的一系列符合西藏实际生产经营的政策。这一时期，川、青、新、滇至西藏的公路全线贯通。青藏铁路一期工程西宁到格尔木段建成通车以及邦达机场工程顺利验收，这些无疑都加速了西藏物流供应链发展的步伐，以市场需求为目的的共同配送的物流产业供应链特征也初步显现。在经济体制改革的影响下，第三产业有所发展。1994 年，西藏国内生产总值 45.99 亿元，第一产业占比为 46%，第三产业占比接近四成，全年西藏货运量达 187 万吨。

四、迅速发展时期

1997 年至目前，西藏三次产业结构从"一三二"到"三一二"逐步转向"三二一"。第三产业在 GDP 构成中逐步居于首位。截至 2008 年，相继投资建成了川藏、青藏、新藏、滇藏、中尼五条干线公路和 14 条航道；乡镇、行政村通车率分别达到 92% 和 72%，公路总里程达到 5.13 万公里；2006 年 7 月青藏铁路通车；2007 年 9 月，那曲物流中心正式开工建设；2008 年底，阿里机场全部建设完成；2009 年 9 月 8 日，西藏快递协会成立。2010 年，西藏全年货运量为 209 吨，第三产业占 GDP 份额的54.27%。不得不说物流产业的发展催生了第三产业的崛起，繁荣了商品流通业。2013 年，在"一带一路"国家倡议的促进下，西藏加快构建面向南亚开放的国际大通道，对接丝绸之路经济带。这一时期，物流运营供应链呈现出以市场需求为主的物流配送多样化的发展特征，已基本形成了以公路、铁路、航空为主体的综合立体交通网络，基础设施建设有了质的改变。2019 年，实现地区生产总值（GDP）1697.82 亿元，按可比价计算，比上年增长 8.1%。其中，第一产业增加值 138.19 亿元，增长 4.6%；第二产业增加值 635.62 亿元，增长 7.0%；第三产业增加值 924.01 亿元，增长 9.2%。人均地区生产总值 48902 元，增长6.0%，西藏全年完成货运量 2608.02 万吨。

第三节　区域物流对西藏产业结构的优化影响

一、有利于优化产业发展格局

从西藏产业结构的变迁历程中可以看出，西藏在没有充分工业化的基础上，以物流产业的发展为先导，带动了手工业、旅游业、餐饮业、通信业、边境贸易等特色产业和商贸服务业的发展，第三产业率先获得了快速发展。产业结构的升级又促进了第一、第二产业降低成本。由此可见，通过物流产业的不断发展，可以促进产业发展格局优化。

（一）物流基础设施的建设，交通运输成本的下降，为区域经济产业空间的集聚和扩散提供了可能性

青藏铁路及其延长线的建成通车，极大地改善了西藏的交通条件和投资环境，完善了西藏地区的交通体系，把西藏完全带进了全国统一的大市场。西藏"十三五""十四五"规划明确指出要构建和完善互联互通综合交通运输体系。这些规划的实施将极大地促进西藏边疆市场的发展，对内融入国内市场，对外拓展南亚市场，从而形成开放的市场格局。

（二）物流发展对增强农牧产品竞争力的影响

西藏的农牧产品具有独特的价值和地域特色。首先，推进农牧业产品物流公共设施建设，可以降低农牧业产品物流成本，提

高农牧产品流通效率。其次，利用信息技术整合现有资源，通过构筑物流信息平台为农牧业产品市场提供支撑，以此提升农牧业产品物流信息化、标准化程度，从而整体上提升农牧业产品交易水平和交易效率。最后，物流的发展为特色农牧业产品的外运提供了条件，使得西藏地区原来狭小的市场得以扩大到全国范围，以此来完善物流产业链经营。

（三）物流发展对特色资源和优势资源工业化的影响

西藏是我国资源安全保障的重要储备区和开发的接替区。金属矿采矿，尤其是清洁能源，水能、太阳能、风能、地热能及潜在生物智能等，西藏在全国均名列前茅。这些资源面临的主要问题是资源储量的勘探和可持续发展开发、生态环保等。对于金属采矿业，从优势矿产资源开发的时空优先序列来看，首先选择易采选、易运输、产值高的矿产，随着西藏物流基础设施的加强，尤其是交通条件的好转，可选择矿量大的矿石内运，如铜矿、铁矿等，逐步扩大矿产开发的广度和深度。其次，从污染治理和环境保护的角度来看，在物流管理的过程中借助节能环保技术可以进行采矿、冶炼的前期控制，以此降低对生态环境的影响。最后，从矿产资源的有效利用来看，也将随着物流管理的推进和相应制度的健全而且可能将其产业链向后延伸，提高其附加值和资源的利用效率。而对于新能源，一方面，西藏物流的发展需要能源供应量的提高和能源消费结构的转变。另一方面，具有节能环保特征的现代物流可以快速推进西藏新能源的建设和能源供应结构的转变，使经济发展能够有相应的能源保障，同时对生态环境优化产生正面作用。

(四) 物流发展对第三产业提升的影响

物流产业的发展，交通运输瓶颈的打破为西藏旅游业注入新的活力，使旅游业成为西藏目前的主要支柱产业之一。随之极大地带动了商贸服务业旅游、汽车、住房、餐饮、休闲娱乐等消费需求的不断增长。社会消费品零售总额由 1978 年的 2.45 亿元增加到 2019 年的 649.33 亿元，年平均增长 16.51%。20 世纪 90 年代中后期以来，随着对外贸易通道的增设，西藏的边境贸易呈现持续增长趋势，边境进出口贸易总额由 1997 年的 361 万美元增加到 2014 年的 198190 万美元，年均增长 110.43%。必须说明的是，2014 年西藏边境贸易额为近几十年来最高值，2015 年遭遇尼泊尔大地震至 2020 年新冠肺炎疫情影响仍未恢复至 2014 年水平。未来在"一带一路"倡议的指引下，随着通往南亚大通道的筹建，不仅能带动区内的商品流通，扩大西藏地区产品的国内市场，也能极大地促进对外开放的加快发展。

二、有利于优化城镇化格局

现代物流主要解决的是国民经济和社会生活中物品的制造、使用及回收过程中的时间与空间的匹配。因此，物流根据实际需要，在实现用户要求的过程中，在整个供应链上实现运输、储存、装卸、搬运、包装、流通加工、配送、信息处理等功能的整体优化。即现代物流从系统优化的角度对国民经济和社会生活起到支撑和保障作用。

西藏"十三五"规划指出要构建"一圈两翼三点两线"的城镇化空间格局，见图 4-1。西藏新型城镇化就是要打造结构合理、层次有序、辐射力强、功能互补的城镇体系，中心城市、中小城市、小城镇就要分别发挥辐射带动、增加数量和增强服务功能，这就不仅需要提供简单的运输和仓储服务，还要拓展到提供包括运输、仓储、装卸、搬运、包装、流通加工、配送、信息处理等功能的综合物流服务，即通过提供增值服务和系统优化服务从整体上优化城镇化格局，提升城镇化水平。

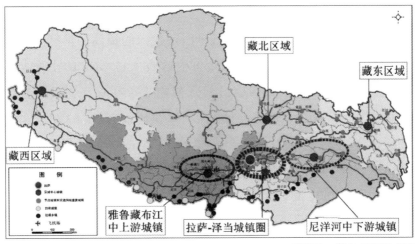

审图号：藏S（2022）020

图 4 - 1　西藏城镇化战略格局示意图

资料来源：2014 年《西藏自治区主体功能区规划》。

三、有利于提高财政收入、居民收入以及缩小城乡居民收入差距

首先，高效、畅通的物流系统会提高三大产业的生产效率和经济效益，进而增加政府财政收入和以当地居民为主体的从业人员的收入。其次，在推进现代物流的过程中所衍生的相关产业，比如交通运输业、仓储业、快递业、物流园区，其利润增长速度经相关数据验证远远高于特色的传统产业，对于政府增收、企业

增利、居民增收也有明显的正向作用。最后,现代物流所带来的城镇化、信息化、现代化,有利于改变人口的城乡结构、农牧民收入的来源结构,进而增加农牧民收入并缩小城乡居民收入差距。面对西藏居民收入尤其是农牧民收入较低的状况,更亟待通过物流战略的实施,促进西藏特色产业和相关产业实现集约化的发展,从而推动西藏居民人均真实收入的快速增长。

从表 4-5 中可以看出,西藏区域物流时序的发展、产业结构的变迁以及地方财政收入和城乡居民收入的提高,具有高度的同步性。1965~2017 年,西藏地方财政收入占 GDP 的比重大幅度提高。2008 年西藏地方财政收入只有 28.59 亿元,只占当年 GDP 的 7.2%;2012 年地方财政收入迅速增加到 95.63 亿元,比 2008 年增长 2.35 倍,年均增长 35.2%,占 GDP 的比重迅速提高到 13.64%。2017 年地方财政收入增加到 259.11 亿元,比 2012 年增长 2.71 倍,占 GDP 的比重 19.8%。2020 年西藏地方财政收入为 220.986 亿元,比 2017 年减少了 38.12 亿元,下降的原因一方面是受新冠肺炎疫情影响,另一方面是由于减税降费政策推行,2020 年全区全年税收收入比去年下降 4.8%。全年新增减税降费达 1051 亿元①,导致政府一般公共预算在有所减少。西藏城乡居民收入方面,不论从全区城镇居民还是农牧民收入也都有较大幅度提高。2012 年全区城镇居民人均可支配收入达 18028 元,比上年增长 11.3%;农牧民人均可支配收入 5719 元,增长 16.6%。2017 年全区城镇居民人均可支配收入 30671 元,比 2014 年增长 39.3%;农牧民人均可支配收入 10330 元,比 2014 年增长 40.4%。2020 年全区城镇居民人均可支配收入 41156 元,

---

① 西藏自治区人民政府网,http://www.xizang.gov.cn/xwzx_406/shfz/202101/t20210118_188325.html.

表 4 - 5　　　西藏部分年份财政收入及居民收入

指标	1965 年	1978 年	1994 年	2000 年	2005 年	2011 年	2012 年	2013 年	2014 年	2017 年	2020 年
地区生产总值（亿元）	3.27	6.65	37.42	117.80	248.80	605.83	701.03	815.67	920.83	1310.92	1902.74
第一产业（亿元）	2.32	3.37	18.30	36.39	48.04	74.47	80.38	84.68	91.64	122.72	150.65
第二产业（亿元）	0.22	1.84	5.49	27.05	63.52	208.79	242.85	292.92	336.84	513.65	798.25
第三产业（亿元）	0.73	1.44	13.63	54.37	137.24	322.57	377.80	438.07	492.35	674.55	953.84
货运量（万吨）	8.1	82.4	187	209	370	1044	1144	2314	2398	2216.58	4206.51
地方财政收入（亿元）	-0.22	-0.16	1.56	6.33	14.33	64.53	95.63	110.42	164.75	259.11	220.99
财政支出（亿元）	1.13	4.57	21.60	61.61	189.16	775.68	933.97	1049.1	1240.3	1768.2	2210.92
城镇居民人均可支配收入（元）	456	565	2348	6448	8411	16196	18028	20023	22016	30671	41156
农村居民人均可支配收入（元）	108	175	706	1331	2078	4904	5697	6553	7359	10330	14598

资料来源：《西藏统计年鉴》（2021）。

比 2017 年增长 34.2%；2017 年农牧民人均可支配收入 10330
元，比 2014 年增长 40.4%。2020 年农牧民人均可支配收入
14598 元，比 2017 年增长 41.3%。城乡收入差距也从 2005 年起
逐年缩小。

第四节　西藏区域物流一体化发展选择与对策建议

一、物流一体化对区域产业结构的优化作用机理

　　区域经济增长，促使物流需求增加，而物流需求又成为推动
物流一体化的重要外部动力。物流产业在自身传导机制作用下，
输出物流一体化体系，包括物流基础设施一体化、物流信息技术
一体化与物流产业链一体化，用以匹配物流的产业属性并满足相
应的物流需求（见图 4-2）。因此，作为现代物流产业的高级形
式，物流一体化主要通过完善的物流基础设施布局，先进的物流
信息技术手段和一体化的物流产业链，促进区域经济产业结构的
优化布局，从而推动区域经济一体化的发展。

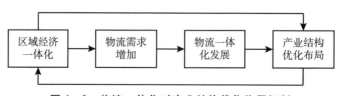

图 4-2　物流一体化对产业结构优化作用机制

西藏区域物流网络空间特征、形成机理及优化研究

二、西藏区域物流一体化的发展选择

（一）产业发展规律要求

受我国经济"新常态"影响，物流业也在进入"新常态"的发展阶段，必须以质量和效益为中心，寻找战略突破口，培育竞争新优势，全面打造物流"升级版"，以转型升级应对物流"新常态"。西藏区域物流的发展也要遵循这一产业发展规律，有助于推动产业转型升级，寻求可持续发展的内生驱动，促进西藏区域物流发展的阶段性跨越。

（二）宏观政策机遇难得

新常态背景下，国家陆续提出丝绸之路等一系列区域经济规划，发展跨区域大交通大物流，就是为了物流转型升级应对经济新常态。"一带一路"倡议给西藏带来了新的发展契机，自身的战略优势提供了政策保障，四通八达的交通网络又畅通了渠道，西藏区域物流的发展成了重中之重。

（三）产业竞争力提升需要

虽然目前西藏物流有了长足的发展，但是和我国其他省份物流业态的发展相比较仍属于全国物流布局的下边缘地带。全面提升物流产业竞争力，不仅有助于推动微观意义上的物流企业绩效提升，中观尺度上的西藏区域物流快速发展，而且有助于推动宏观意义的我国物流产业增长。

三、基于产业结构优化的西藏区域物流一体化发展对策建议

（一）完善物流一体化基础设施

主要包括物流基础设施的完善和运营管理的完善两个方面。在遵循区域经济发展规律的前提下，根据不同运输方式的特点，调整通道资源，优化交通运输布局和大型基础设施，包括运输道路、桥梁、港口等。通过建立现代化的物流基础设施、合理规划和设计物流区域，将西藏区域内物流与交通基础建设进行高效的衔接，推动多种形式联运的发展，并与网络信息建设有机地结合在一起，逐步形成便捷、通畅、高效、安全的综合运输体系，为区域内经济可持续性发展提供物流上的设施保障。

（二）提升物流网络信息化建设

主要包括物流网络的标准化、物流网络软件、通信及信息化建设方面。在西藏实行物流网络建设的标准化可以避免重复开发与建设成本，大大降低物流网络系统开发成本；合理规划物流网络和物流节点的布局软件建设能够整合西藏区域内的有限资源，形成自主的知识产权；在通信及信息化方面，力争西藏全区实现乡乡通光缆，基本建成区地县政务网络平台，建立区地县公共事件预警信息发布系统。推进"三网融合"建设中小企业信息服务平台和电子商务、安全生产监控、物流配送等信息平台。

（三）加强第三方物流企业建设

主要包括西藏货运站场内的物流企业、物流配送中心内的物

流企业以及快递企业。物流企业有助于加速物流节点的衔接化和合理化，推动物流产业链一体化进程的形成。由于西藏的物流企业仍然停留在传统运输服务的原地，这就需要培育现代物流产业，鼓励物流企业和社会资本对接。构建以城市物流枢纽、物流中心及城乡配送系统为主的现代物流服务体系，以此获得规模经济和集约化运作。另外，政府应进一步支持物流行业和第三方物流企业发展，合理规划布局物流园区或物流中心，发展电子商务、物联网，建立物流信息平台，督促已出台政策的有效落实。

（四）优化农产品流通模式

西藏地处青藏高原人口稀少、经济落后、交通滞后。农产品流通与区域经济发展水平和产业布局密不可分，需要根据西藏现有区域经济发展特点，结合农业战略布局规划，优化农产品流通模式。首先，突破行政区划界限建立流通圈，优化网点布局，降低农畜产品物流成本。其次，提升农畜产品物流信息化、标准化程度，提高农畜产品流通效率。最后，完善农畜产品物流功能性建设，提升农畜产品物流过程增值能力，充分发挥各种运输方式的整体效益和系统服务。

（五）构建绿色物流体系

努力构建循环型社会经济模式，通过政府与物流企业、地方经济团体、科研部门等的共同合作，科学合理地配置再生资源物流据点，实现区域内物资流通的良性循环。例如通过绿色物流对区域经济可持续性发展的贡献度评价，找到适合该区域物流运输的主要模式，构建海运、铁路运输、公路运输的合理比例，调节物流系统的合理性。

（六）完善相关物流政策扶持力度

城乡物流一体化建设是一项跨行业、跨地区、跨部门的综合性工作，需要各级政府和有关部门加强领导，提高认识，协调配合，形成合力关心支持发展。首先，政府要深化体制改革，制定和颁布有利于物流一体化发展的法规政策。其次，政府要加大物流建设的投入，拓宽投融资渠道，加大资金支持力度，保障物流项目建设用地，完善土地政策。最后，出台相关税收政策，落实税费优惠，切实减轻物流企业及相关企业的税收负担，积极为物流一体化发展创造良好的政策环境、投资环境和市场环境。

第二篇
空间分析篇

第五章

西藏区域物流与区域经济
空间关联特征及可视化研究

本章通过获取不同维度下西藏区域物流与区域经济发展的相关数据，依据基础理论，从区域物流集聚与经济集聚、区域物流联系与经济联系空间分异两个方面，获取西藏区域物流与经济发展的关联特性，并运用空间计量软件实现可视化。结果表明：西藏区域物流集聚与经济集聚存在明显的正相关性，但是两者存在着一定的时空差异性。西藏地区物流联系空间分异程度高于经济联系的空间分异程度，经济联系空间分布均衡程度强于物流联系空间分布均衡程度。

随着物流地域系统在区域经济发展进程中的基础性作用日益显现，如何统筹区域物流空间规划布局，提升现有资源的有效利用率逐渐成为当前学术界关注的热点问题。从省域层面看，西藏地处我国西南边陲，毗邻尼泊尔、印度、不丹、缅甸等国，作为连接东亚与南亚唯一的陆路口岸，对南亚区位优势明显。但西藏城镇化率不足全国平均水平的一半，且城乡之间、腹心地区与边境地区、资源富集地区与资源贫乏地区的发展差距较大，区域发展不协调，空间结构不合理，空间利用效率低等问题突出。随着"一带一路"的深度融合，西藏迫切需要统筹城乡协调发展，优化布局城镇空间结构，加快提升与其他周边省区及国家交通运输基础设施的互联互通水平，充分发挥区域物流的基础性、先导性、服务性作用。这对西藏现代物流体系的建设和区域物流竞争力的提升有着更高的战略要求。基于此，本章针对西藏区域物流网络空间结构展开深入研究，对于促进建立合理有序的区域物流地域系统，促进提升区域城乡协调、协作发展的长效机制，促进保证区域经济的开放性可持续均衡发展，都具有一定的参考意义和实用价值。

第一节　分 析 框 架

20世纪90年代以克鲁格曼（Krugman，1991）为首的新经济地理学理论[①]认为，市场需求的空间分布通过厂商的流动来实现，直接导致资源的空间分异，这也使得工厂选址成为区域物流空间布局的核心要素。而区域物流作为区域经济要素流动的动力与支撑，与区域经济增长具有重要关联关系。对二者的空间关联特性进行研究是区域物流空间分析的基础性工作。

本部分基于新经济地理学，从区域经济空间关联的视角，利用多源数据反映西藏区域经济与区域物流的发展情况，通过使用

---

① 这里需要指出的是，新经济地理学区别于新古典经济理论，从供给与需求相互促进形成的累积循环角度描述了一国内部各地区间的经济增长发生极化的机制，并将这一机制产生的效应成为"空间效率"，或称"空间外部性"。空间外部性大小取决于供需双方交易的密度和频度、交易成本的节省状况，而交易成本的节省又取决于地理空间位置、基础设施状况等有形因素与制度、文化、习俗等无形因素。

空间计量工具对区域物流与区域经济的关联特性进行研究，从空间集聚与空间分异两个方面对西藏区域物流与区域经济空间集聚和空间分异的特性进行分析，为统筹区域物流网络规划及政策制定提供参考依据和决策支持。

一、研究对象

根据 2018 年《西藏统计年鉴》，2007～2017 年西藏 GDP、货物运输量以及公路运输量的相关数据可知，三者整体呈稳定上升的发展趋势，且货物运输量与公路运输量保持着高度的同步性，十年间公路运输量占货物运量的平均值高达 95.5%，这说明西藏经济发展水平与货运量有着高度的相关性；且公路货运因其在全区综合运输体系中占绝对的主导地位，能显著反映西藏交通运输的发展状况。因此，本书以西藏 7 地市作为实证分析对象，城市 GDP 和公路货运量以及相关数据为基础数据，表征西藏区域内各地市的经济与物流相关指标。

二、数据来源

选取多源数据作为主要数据来源，包括统计数据和分析测定数据。本章所用到的统计数据主要以 2017 年为主，包括 7 地市货运量、7 地市国民生产总值、7 地市土地面积及第一、第二、第三产业值，主要来源于《2018 年西藏统计年鉴》《2017 年日喀则市国民经济和社会发展统计公报》《2017 年山南市国民经济和社会发展统计公报》《2017 年林芝市政府工作报告》《2017 年昌都交通运输工作综述》等。本章所用到的分析测定数据包括通过市县级公路运网货运量转换交通量方法测定货运车辆运输趋次，通过百度地图查询城市间最短运输距离（如图5-1所示），通过全国里程数网站查询城市间理论最短运输时间等。此外，需要指出的是，2017年拉萨市、那曲市以及阿里地区的货运量数据无法获取，计算所用值为推算值。

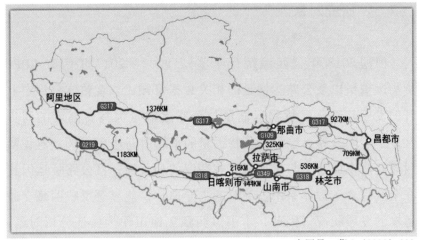

审图号：藏 S（2022）020

图 5-1　西藏各地市运输距离示意图

资料来源：《2018年西藏统计年鉴》《2017年日喀则市国民经济和社会发展统计公报》《2017年山南市国民经济和社会发展统计公报》《2017年林芝市政府工作报告》《2017年昌都交通运输工作综述》等汇总而成。

三、相关集聚指标及联系强度模型

（一）集聚度

选用物流区位熵 Q 和经济密度 D 两个指标，分别表示区域物流与区域经济的集聚程度。物流区位熵 Q；区域经济密度指标 D，计算公式分别为式（5-1）和式（5-2）：

$$Q_i = F_i / F \qquad (5-1)$$

式中，Q_i 为城市 i 的物流区位熵，F_i 为城市 i 的运输量，F 为运输总量。

$$D_i = GDP_i / A_i \qquad (5-2)$$

式中，D_i 为城市 i 的经济密度，GDP_i 与 A_i 分别为城市 i 的 GDP 与土地面积。

（二）联系强度

1. 经济联系强度模型

以城市第一产业、第二产业、第三产业产值与城市间的地理距离作为衡量城市间经济联系强度的指标，构建区域经济联系强度模型。

$$R_{ij} = \left(\sqrt[3]{I_{1i} I_{2i} I_{3i}} \sqrt[3]{I_{1j} I_{2j} I_{3j}} \right) / D_{ij}^2 \qquad (5-3)$$

式中，R_{ij} 表示两个城市的经济联系强度，I_{1i} 和 I_{1j} 为两城市间的第一产业值，I_{2i} 和 I_{2j} 为两城市的第二产业值，I_{3i} 和 I_{3j} 为两城市的第三产业值，D_{ij} 为两个城市的理论最短距离。

2. 运输联系强度模型

从货运量的角度，选取货运量、货运车辆运输趟次、城市间最短运输时间 3 个指标，反映区域间空间运输联系强弱程度，构建运输联系强度模型。

$$I_{ij} = \frac{\sqrt{P_i \times V_i} \times \sqrt{P_j \times V_j}}{T_{ij}^2} \qquad (5-4)$$

式中，I_{ij} 表示城市间的空间运输联系强度，P_i、P_j 分别表示城市 i、城市 j 的运输总量，V_i、V_j 分别表示城市 i、城市 j 的运输流量，T_{ij} 表示两城市间的最短运输时间。

3. 城市首位联系度

本部分以西藏地区货运联系强度与经济联系强度作为衡量城市联系程度的指标值，通过两城市指数 S_2、4 城市指数 S_4、6 城市指数 S_6 3 个指标反映西藏地市间物流与经济联系的紧密度。

$$S_2 = R_1/R_2 \qquad (5-5)$$

$$S_4 = R_1/(R_2 + R_3 + R_4) \qquad (5-6)$$

$$S_6 = R_1/(R_2 + R_3 + R_4 + R_5 + R_6) \qquad (5-7)$$

虽然西藏近年来立体化交通体系、互联互通水平和综合保障能力总体大幅提升，但受地理及自然环境影响，区域经济水平相对滞后，物流产业发展尤为不足。

第二节 西藏区域物流与区域经济集聚特征及可视化分析

一、区域物流与区域经济空间集聚特征

依据式（5-1）与式（5-2），通过代入相关数据可以分别计算得到西藏地区 7 地市的物流区位熵与经济密度值，并运用空间计量软件进行可视化处理，反映出西藏 7 地市经济与物流聚集程度在空间地理上的位置分布情况，如图 5-2 所示。

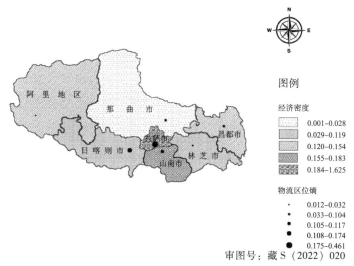

图例

经济密度
- 0.001–0.028
- 0.029–0.119
- 0.120–0.154
- 0.155–0.183
- 0.184–1.625

物流区位熵
- 0.012–0.032
- 0.033–0.104
- 0.105–0.117
- 0.108–0.174
- 0.175–0.461

审图号：藏 S（2022）020

图 5 - 2　西藏各地市经济密度与物流区位熵空间分布图

　　分别计算出西藏 7 地市物流区位商平均值为 0.143，经济密度的平均值为 0.338。建立横坐标为物流区位熵指标，纵坐标为经济密度指标的象限图，并选取物流区位熵和经济密度的平均值作为参考指标。将 7 地市物流与经济的集聚程度划分为 4 个等级区，分别为Ⅰ区、Ⅱ区、Ⅲ区以及Ⅳ区，依次标注西藏 7 地市所在相应位置，从整体上得到 7 地市物流聚集与经济聚集程度相应状况，如图 5 - 3 所示。拉萨市处于Ⅰ区，不论是区域物流集聚程度还是区域经济集聚程度都相对较高，指标均大于平均值。日喀则市处于Ⅳ区，物流区位熵指标大于平均值，但经济密度值小于平均值，说明该地区物流集聚的程度大于经济集聚的程度。其他 5 地市均处于Ⅲ区，物流区位熵与经济密度值均小于对应指标平均值，这说明物流集聚程度、经济集聚程度均处于较低水平。

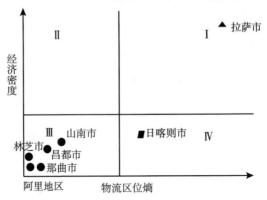

Ⅰ区：经济密度值、物流区位商值均大于平均值。
Ⅱ区：经济密度值＞平均值，物流区位商值＜平均值。
Ⅲ区：经济密度值、物流区位商值均小于平均值。
Ⅳ区：经济密度值＜平均值，物流区位商值＞平均值。

图 5 – 3 西藏各地市经济与物流集聚程度

二、区域物流与区域经济空间集聚特征可视化分析

分析发现，西藏区域物流与区域经济在空间上的表现为较强的相关性，主要集聚特征表现为：拉萨市整体表现为地区物流与地区经济发展水平均较高，集聚的区域化特征明显，基本形成以"拉萨—泽当城镇圈"为核心圈，包括日喀则市桑珠孜区为中心的雅鲁藏布江上游城镇、八一镇为中心的尼洋河中下游城镇的一定的区域规模效应；而以昌都镇为中心的藏东区域、以那曲镇为中心的藏北区域以及以狮泉河镇为中心的藏西区域，区域物流与经济发展较为欠缺，且平均水平低于全区平均水平。

（一）区域物流集聚与经济集聚存在明显的正相关性

分布在高高聚集区（Ⅰ区）、低低聚集区（Ⅲ区）的地市有6个，占总体的85.7%。即经济集聚程度较高的地市相应的物流集聚的程度也较高，如拉萨市；反之，经济集聚程度较低的地市

相应的物流集聚程度也较低，如山南市、昌都市、林芝市、那曲
市以及阿里地区，如图 5 - 4 所示。

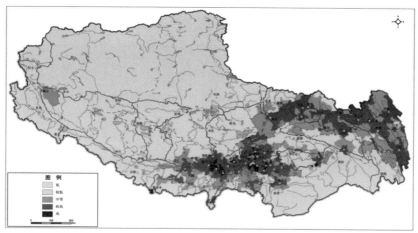

审图号：藏 S（2022）020

图 5 - 4　西藏经济发展水平空间评价图

资料来源：2014 年《西藏自治区主体功能区规划》。

**（二）尽管物流集聚与经济集聚存在着高度的相关性，但是
数据显示两者存在一定的时滞性**

区域经济的发展会促进区域物流的发展，物流水平的提升会
进一步为经济的发展提供更有力的支撑。但并不表示说两者是同
步的，会有一定的时空差异。比如，日喀则市处于Ⅲ区，物流区
位熵为 0.174，经济密度值为 0.119，物流区位熵大于平均值，
而经济密度值小于平均值，也就是说物流集聚的程度就目前来看
大于经济集聚的程度。拉萨市的物流区位熵为 0.461，经济密度
为 1.625，经济密度值大于平均值（0.338）的程度远远高于物
流区位熵大于平均值（0.143）的程度。

（三）物流与经济集聚程度高的区域，还会对其临近区域产生一定的物流临近效应和经济溢出效应

例如，因日喀则市、那曲市、山南市与拉萨市地理位置临近，在一定程度上促进了日喀则市、山南市、那曲市的物流发展，数据显示三地的物流区位熵为 0.174、0.117、0.104，仅次于拉萨市分别位居第二、第三、第四位，使物流在此区域形成一定的集聚格局。

（四）经济密度高区对经济密度低区的物流发展存在剥夺效应

以林芝市为例，山南市、昌都市的经济密度远高于林芝市，林芝市位于山南市、昌都市之间，受经济极化效应与回流效应影响，林芝市的经济发展呈扩散效应，且由于林芝市地理位置特殊，处于多山地区，物流发展受到一定制约，致使林芝市物流区位熵仅为 0.032，经济与物流发展受到严重剥夺。

第三节　西藏区域物流与区域经济分异特征及可视化分析

一、区域物流与区域经济空间分异特征

根据式（5-3）和式（5-4），代入相应数据可以计算得到西藏地市间的经济联系强度与运输联系强度结果；根据式(5-5)、式(5-6)及式（5-7），代入相应数据计算得到西藏地市物流联系首

位度与经济联系首位度结果（见表5-1）。使用空间计量软件，将计算结果代入进行可视化处理，分别得出图5-5、图5-6关于西藏各地市经济联系与物流联系的空间分布状况。

表5-1　　　　西藏7地市物流联系首位度与经济联系首位度

指标	城市物流联系首位度	城市经济联系首位度	参考数
2城市指数	2.22	1.6	2
4城市指数	1.52	1.04	1
6城市指数	1.48	1.01	1

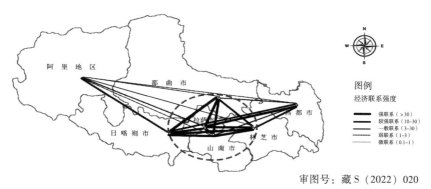

审图号：藏S（2022）020

图5-5　西藏区域经济联系强度示意图

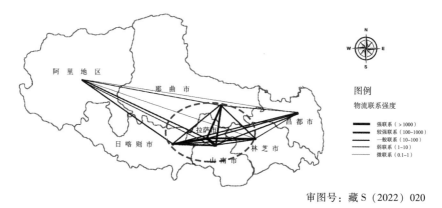

审图号：藏S（2022）020

图5-6　西藏区域物流联系强度示意图

可以发现，《西藏自治区主体功能区规划》中的西藏经济发展水平空间评价图（见图5-4）与西藏7地市经济联系强度示意图（见图5-5）、西藏7地市物流联系强度示意图（见图5-6）以及《西藏自治区主体功能区规划》中的西藏交通优势度空间格局图（见图5-7）具有高度的一致性。这在一定程度上验证了计算结果的可信度。

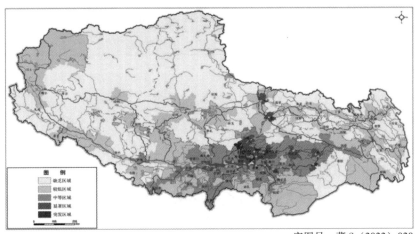

审图号：藏S（2022）020

图5-7　西藏交通优势度空间格局图

资料来源：2014年《西藏自治区主体功能区规划》。

二、区域物流与区域经济空间分异特征可视化分析

进一步分析发现，西藏地区经济联系与物流联系在空间分布格局上具有高度耦合性。主要表现为：以拉萨为中心，包括山南、日喀则、那曲是西藏物流与经济的主要联系圈，而藏东区域和藏西区域物流与经济联系强度均较低。两者空间分异特征主要表现在以下两个方面。

西藏区域物流网络空间特征、形成机理及优化研究

（一）西藏地市物流空间联系分异程度高于经济空间联系分异程度

从物流联系首位度和经济联系首位度可知，城市物流联系和经济联系的两城市指数分别为 2.22 和 1.60，超过或接近参考值 2，这说明不论是城市物流联系还是城市经济联系均呈现出拉萨为主的中心格局，但拉萨市作为物流联系的中心地位更为突出。从西藏地市间物流联系与经济联系程度可知，在拉萨、山南、日喀则、那曲四城市间，经济联系均表现为强联系，而物流联系表现为强联系和较强联系，如拉萨到那曲、日喀则到山南、那曲到山南物流联系均表现在较强联系。以上均说明物流联系强度和空间联系强度在空间上表现出一定的分异性。

（二）西藏地市经济联系在空间分布均衡程度高于物流联系均衡程度

从西藏地市物流联系与经济联系的 6 城市指数值可知，地市物流联系指数和经济联系指数分别为 1.48 和 1.01，超过 1 且略小于 4 城市指数，总体表明西藏地区地市物流和经济的一般联系、弱联系分布较为均衡。而从表 5-1 可知，西藏地市经济的一般联系、弱联系区域在空间分布上更为均衡；相对于物流联系，西藏地区经济联系均衡现象在空间上表现较为显著，主要是由于西藏地区高原海拔、气候恶劣等因素导致地理分异、空间分割对地市间物流联系的阻碍大大高于对地市间经济联系的阻碍。

第四节 研究结论

通过空间集聚与空间分异两个角度，对西藏区域物流与经济发展进行关联分析，得出以下主要结论：

一是西藏区域物流与区域经济在空间上的集聚特征主要表现为：西藏区域物流集聚与经济集聚存在明显的正相关性，高经济集聚地区表现为高物流集聚；低经济集聚地区相应地表现为低物流集聚。尽管物流集聚与经济集聚存在着高度的相关性，但是两者并不是同步的，存在着一定的时空差异性。此外，物流与经济集聚程度高的区域，还会对其临近区域产生一定的物流临近效应和经济溢出效应。经济密度高区对经济密度低区的物流发展存在剥夺效应。

二是西藏区域物流与区域经济在空间上的分异特征主要表现为：西藏地区经济联系与物流联系在空间分布格局上具有高度耦合性。西藏地区物流空间联系分异程度高于经济空间联系分异程度，经济联系空间分布均衡程度强于物流联系空间分布均衡程度。这主要是由于西藏地区高原海拔、气候恶劣等因素导致地理分异、空间分割对地市间物流联系的阻碍大大高于对地市间经济联系的阻碍。

本章从省域层面，地理空间视角研究了西藏区域物流与区域经济的关联特性，再次验证了两者的高度相关性。下一步工作将从空间效率或真实市场潜能即从衡量西藏地区各地市市场规模大小，包括地区自身的市场需求能力和周边地区的市场需求能力，主要从需求与供给两个角度切入，探讨区域物流发展与区域经济发展之间关联程度的影响机制。

| 第六章 |

西藏区域物流空间运输联系
特征及形成机理研究[*]

　　本章基于地理空间视角出发，运用空间分析技术，选取多源数据对区域物流网络空间进行多角度、多层次分析与测度，挖掘区域物流网络空间的潜在信息，剖析西藏区域物流空间运输联系特征及形成机理，为区域物流资源的合理配置另辟蹊径。结果表明：藏中南经济圈一体化促使藏中南空间运输圈一体化；对外运输联系密切城市及特色城镇向"交通廊道"沿线集聚归因于交通运输基础设施硬件的改善提升；其他地市与区域经济中心取得首位联系根源于市场需求的空间分异。

　　为了合理布局区域物流空间，优化资源配置效率，需要对区域物流空间自身特征进行研究。空间交通运输联系作为区域经济联系的主要标志，一直都是区域物流空间分析的重要内容。它通过货物之间的相关联系，能够从供给和需求两个方面对区域内部经济发展造成影响，进而反映区域内不同地区经济发展水平和产

---

　　* 本章内容为本书阶段性成果，发表在 CSSCI《西藏民族大学学报（哲学社会科学版）》2019 年 9 月。

业结构差异特征等。对空间运输联系①的特征及其形成机制研究，有助于把握区域物流空间网络发展过程和阶段，有利于促进科学建设层次分明、规划合理、运行高效的区域物流空间网络，支持区域内、区域间产业要素的合理流动，提高商品流通效率，促进区域经济可持续发展。

第一节　分析框架

本章基于新经济地理学，以西藏为典型示范案例，运用空间分析技术，选取多源数据对区域物流空间运输联系进行多角度、多层次分析与测度，通过空间数据和空间模型的联合分析挖掘区域物流空间运输联系的潜在信息，呈现区域物流空间运输联系特征及其空间格局并揭示其形成机理，为西藏区域物流资源的合理配置另辟蹊径，为区域物流管理提供更加精细、更加智慧的决策支持。

一、研究对象

西藏位于中国西南边境，毗邻尼泊尔、印度、不丹、缅甸等国家。它是连接东亚和南亚的唯一陆路枢纽，是国家面向南亚对外开放的重要通道。根据 2007～2017 年西藏区域经济 GDP 与货

---

① 空间运输联系是指为保障区域经济活动的正常运行，城市之间存在物质、能源、人员的交换和联系。对空间运输联系的研究，是在承认既有运输网络的前提下，对客、货运生成、演变、分布、交流在空间上反映的研究，且能直观反映出区域间的运输交流情况以及运输联系演化过程。

运量的相关数据可知，两者整体呈现出逐年同步稳定上升的发展趋势，且全区公路货运量占总货运量的平均值高达95.5%。这说明西藏经济发展水平与货运量有着高度的相关性；且公路货运在全区综合运输体系中占绝对的主导地位，道路货运能显著反映西藏交通运输的发展状况。因此，本章以西藏区内道路货运为研究对象。

二、数据来源

本章所用到的统计数据主要以2017年为主，包括西藏7地市货运量、7地市国民生产总值、7地市土地面积及第一、第二、第三产业值，主要来源于《2018年西藏统计年鉴》《2017年日喀则市国民经济和社会发展统计公报》《2017年山南市国民经济和社会发展统计公报》《2017年林芝市政府工作报告》《2017年昌都交通运输工作综述》等。本章所用到的分析测定数据包括通过市县级公路运网货运量转换交通量方法测定货运车辆运输趟次、通过百度地图查询城市间最短运输距离，通过全国里程数网站查询城市间理论最短运输时间等。此外，需要指出的是，2017年拉萨市、那曲市以及阿里地区的货运量数据无法获取，计算所用值为推算值。

三、研究模型

从区内公路运输可达性与对外运输联系空间耦合关系出发，分析交通运输网络的改善是影响物流空间区位选择的重要因素。引入公路运输可达评估、对外运输联系总量概念、运输联系强度模型以及测度地区名义市场潜能，来表征两者之间空间上的耦合关系及形成机制。

（一）对外运输联系总量

对外运输联系总量的计算公式如下：

$$I_i = \sum_{\substack{j=1 \\ j \neq i}}^{n} I_{ij} \qquad (6-1)$$

式中，I_i 表示区域 i 对外运输联系总量，I_{ij} 表示城市间的空间运输联系强度（即公式（6-2）），n 表示区域数量。

（二）运输联系强度模型

运输联系强度模型的计算公式如下：

$$I_{ij} = \frac{\sqrt{P_i \times V_i} \times \sqrt{P_j \times V_j}}{T_{ij}^2} \qquad (6-2)$$

式中，I_{ij} 表示城市间的空间运输联系强度，P_i、P_j 分别表示城市 i、城市 j 的运输总量，V_i、V_j 分别表示城市 i、城市 j 的运输流量，T_{ij} 表示两城市间的最短运输时间。

（三）公路运输可达性评估模型

综合考虑西藏 7 地市节点的区内公路可达性，构建区内公路运输可达性评估模型：

$$A_{ix} = \frac{\sum_{j=1}^{n} T_{ij} \cdot M_j}{\sum_{j=1}^{n} M_j} \ (x = 1, 2, 3, 4, 5, 6) \qquad (6-3)$$

式中，A_i 表示城市节点 i 的区内公路运输可达性，A_{i1}、A_{i2}、A_{i3}、A_{i4} 分别代表城市节点 i 的公路区内运输可达性，T_{ij} 表示城市 i 与城市 j 之间的最短运输时间距离，M_j 代表城镇 j 的质量，表示为 $\sqrt{P \times GDP}$（P 为城镇 j 的总人口数）。

（四）地区市场潜能

这里采取哈里斯（Harris）关于地区市场潜能的计算方法，度量西藏 7 地市名义市场潜能，计算公式如下：

$$MP_i = \sum_{j=1}^{n} Y_i / d_{ij} \qquad (6-4)$$

式中，MP_i 是 i 地区市场潜能，Y_i 是各地市的地区国内生产总值，d_{ij} 是指两个地级市 i 和 j 之间的距离。而对于各地市内部距离的计算，则主要依据以下公式：

$$dist_{ii} = \frac{2}{3} \sqrt{\frac{area}{\pi}} \qquad (6-5)$$

式中，$area$ 代表该区域内的土地面积。

第二节 西藏区域物流空间运输联系特征

一、藏中南地区空间运输联系呈现出区域化的显著特征

根据 2017 年公路货运量和国民经济相关数据，按照式（6-1）、式（6-2）计算西藏 7 地市的物流联系强度和对外运输联系总量，并使用空间分析工具进行可视化，如图 6-1 所示。拉萨、山南以及日喀则 3 个城市的对外联系总量位居前 3 位，呈现出藏中南地区对外运输联系最为密切的区域化特征，对外运输联系比例高达 90% 以上。进一步分析可以发现，藏北地区和藏东地区对外运输联系比例为 6.01% 和 2.09%，而藏西地区仅为 0.069%。

图 6-1 表明，空间运输联系强度明显在藏中南地区集聚，藏北地区和藏东地区正在开始发育，藏西地区运输联系明显滞后，整个西藏区域空间运输联系处于不均衡状态。

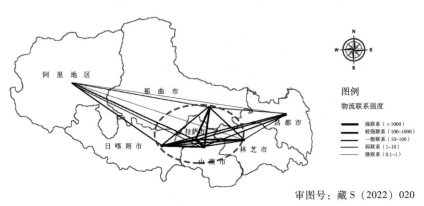

审图号：藏 S（2022）020

图 6-1　西藏区域物流联系强度示意图

二、对外联系密切城市及特色化的城镇集聚于"交通廊道"的发展特征

根据 2017 年公路货运量和国民经济相关数据，按照式（6-1）与式（6-2）及式（6-3）计算得到西藏地区 7 个地市的对外运输联系总量和公路运输可达性指标，并使用空间分析工具对数据进行可视化处理，可以得到西藏区域公路可达性与对外运输联系空间耦合图，如图 6-2 所示。从货物空间运输联系强度特征和公路运输通达耦合程度分析，运输联系强度较强的城市，公路运输可达性指标较高，如拉萨市、山南市、日喀则市；运输联系强度较弱的城市，公路运输可达性指标往往也较低，如昌都市和阿里地区。

随着西藏全区城镇化水平的稳步提升，西藏"十三五"关于空间格局规划中提出充分发挥交通引导城镇发展的作用，强化经

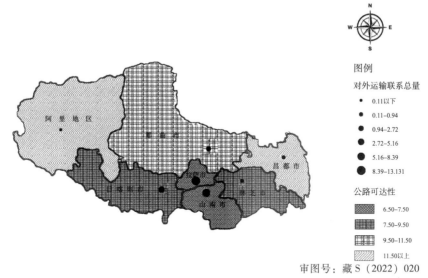

审图号：藏 S （2022）020

图 6 - 2　西藏区域公路可达性与对外运输联系空间耦合图

济联系和城镇功能分工，凸显轴线地区城镇集聚效应。依托拉萨这个全区最大的综合交通枢纽，发展拉萨区域城镇，依托国道349 发展山南区域城镇，基本形成了"拉萨—泽当城镇圈"；依托国道 318 线和国道 562，发展雅鲁藏布江中上游城镇；依托国道 318，发展尼洋河中下游城镇。此外，拉萨"十三五"规划也提出培育川藏、青藏、拉（萨）林（周）、当雄城镇三大发展走廊。依托川藏交通通道协调沿线墨竹工卡、达孜、曲水县及甲玛乡、章多乡、邦堆乡、聂当乡、才钠乡、吞八乡等城镇的特色化发展，发展壮大川藏城镇走廊。依托青藏交通通道提升当雄的拉林城镇发展走廊，强化中心城区对市域北部的辐射带动作用。

三、主要地市与拉萨取得物流首位联系，呈现出"中心—外围"的物流特征

基于式（6 - 1）和式（6 - 2）可以计算得到物流运输联系

和对外运输总量并使用空间分析工具对数据进行可视化处理，如图 6-3 所示。可以发现，西藏以拉萨市为核心，已经形成了一个向心的包括山南市、日喀则市以及那曲市的发展圈层，且该圈层向东昌都市、向西阿里地区辐射能级随着距离的增加而衰减。基于拉萨市的区位条件、综合交通枢纽、产业基础等方面的优势条件，拉萨市已经作为西藏区域物流产业集聚发展的核心，且西藏各地市趋向于与区域经济中心拉萨取得首位联系。核心发展圈中，山南市、日喀则市以及那曲市表现出对外联系运输比例较高、运距较长的特征。与其他市区不同，由于山南市紧邻拉萨市，与拉萨市的一体化态势明显。核心发展圈外，从图 6-3 中可以看出，东部林芝市、昌都市以及西部阿里地区随着运输距离的增加，区内货运交流比例递减。但随着外向型经济发展动力下，林芝市、昌都市可以联动川渝；而西部阿里地区，距核心圈层遥远以及受运输成本制约，运输条件不便，产业规模分散布局，逐渐成为腹地的现状特征。

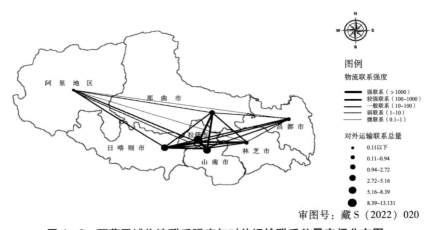

审图号：藏 S（2022）020

图 6-3 西藏区域物流联系强度与对外运输联系总量空间分布图

第三节　西藏区域物流空间运输联系特征形成机理

一、藏中南地区经济圈促使藏中南地区空间运输联系区域化特征的形成

纵观西藏 20 年来经济布局的优化进程以及《西藏自治区"十四五"时期国民经济与社会发展规划纲要》提出的经济布局规划（见表 6 – 1），可以发现西藏区域空间布局在充分考虑区域资源禀赋、环境承载能力的基础上，不论是在开发格局上还是利用效率上都在认识的深度和广度上不断提高，经济布局更趋点、轴、面相结合的开发方式。2014 年颁布的《西藏自治区主体功能区规划》作为上位规划更是强调指出，藏中南地区已经正式成为国家层面的重点开发区域。规划中确认要把藏中南地区逐步培育形成产业聚集布局、人口集中居住、城镇较为密集分布具有自我发展能力的若干增长极。由此可以看出，以拉萨为核心的藏中南地区已经成为西藏的经济发展集聚区，经济增长的空间由中向东和向西、由南向北拓展。以此为重要依据促使全区资源向藏中南地区聚集，从而推动便捷的公路网络及道路货运枢纽等进一步形成，呈现出藏中南地区空间运输联系区域化的趋势。

规划来源	"十五"（2006～2010年）	"十一五"（2006～2010年）	"十二五"（2011～2015年）	"十三五"（2016～2020年）	"十四五"（2021～2025年）
主要特征	构建"一点三线四区"新布局①	构建东、中、西三大经济区②	构建"一江三河"区域产业集群区③	构建"一圈两翼三点两线"的城镇化空间格局④	构建"一核一圈两带三区"发展新格局⑤
核心城区	拉萨为主	拉萨、日喀则、山南、林芝、那曲五地市为主	拉萨、日喀则、山南、那曲、林芝为主	拉萨—泽当城镇圈、雅鲁藏布江中上游城镇、尼洋河中下游城镇和青藏铁路沿线城镇	拉萨作为核心增长极

表 6-1　　　　　　　　西藏区域经济布局优化进程

注：①"一点"是以拉萨市为中心的核心区；"三线"即对沿边、沿路、沿江地带进行重点开发建设，形成沿边的开发型经济轴线，沿路的商贸流通型经济轴线，沿线的农业、矿业开发轴线，各轴线向两侧延伸，逐步形成几条特色产业带。
②构建东、中、西三大经济区的新思路是指，藏中经济区以拉萨、日喀则、山南、林芝、那曲五地市为主，要建成辐射全区的核心经济区。以昌都为主的东部经济区，要加强与中部经济区的联系，积极融入成渝经济区，共同建设"大香格里拉生态旅游经济区"。以阿里为主的西部经济区，要发挥连接新藏及边贸优势，构建西部战略通道。
③构建"一江三河"区域产业集群区，是指拉萨至日喀则、山南、那曲、林芝4小时经济圈。
④构建"一圈两翼三点两线"的城镇化空间格局，是指形成以"拉萨—泽当城镇圈"为核心圈，雅鲁藏布江中上游城镇和尼洋河中下游城镇为东西两翼，藏东昌都镇、藏北那曲镇和藏西狮泉河镇为三个节点，边境沿线和交通沿线重要小城镇为两线的空间布局。
⑤构建"一核一圈两带三区"发展新格局，"一核"是指拉萨核心增长极；"一圈"是指以拉萨为中心，辐射日喀则、山南、林芝、那曲的3小时经济圈；"两带"是指边境沿线发展带、铁路经济带；"三区"是指藏中南重点开发区、藏东清洁能源开发区、藏西北生态涵养区。

二、交通运输基础设施的改善推动对外运输联系密切城市及特色化发展城镇集聚于"交通廊道"的沿线

从交通运输的空间可达性分析，随着西藏经济总量的持续快速增长，促进了交通基础设施的提升；从而使得西藏地区综合运

西藏区域物流网络空间特征、形成机理及优化研究

输可达性大大增强，直接导致交通运输成本的减少或降低。伴随着这种交易成本的降低，会使得各种要素资源在交通运输干线集聚，并进一步向更大的空间范围汇聚，从而形成对外运输联系密切的城市以及城镇的发展集聚在"交通廊道"沿线。

"十三五"期间，综合交通运输网络加速形成。据《中国日报网》报道："西藏累计完成交通运输固定资产投资 2516 亿元，超计划完成投资 128 亿元，为西藏自治区'十三五'规划目标的 105%，是'十二五'期间 680 亿元的 3.7 倍。拉林高等级公路建成通车，川藏铁路拉林段即将建成、雅安至林芝段开工建设，青藏铁路格拉段扩能改造工程建成投运，国内外航线达到 130 条。西藏建成和在建一级以上高等级公路总里程超过 1000 公里，公路通车里程达 11.66 万公里，较'十二五'末增加 5.96 万公里。其中高速公路通车里程达 688 公里，创造了平均每年建设 7660 公里公路的高原奇迹；新改建农村公路 3.82 万公里，解决了 286 个乡镇、2905 个建制村、391 个集中易地扶贫搬迁安置点（区）道路连接线通畅问题。"[①] 随着西藏交通运输硬件设施大幅提升，大大缩短了地市及城镇之间的运输时间，降低了区域内部的运输成本，使得地市之间及城镇之间对外运输联系密切，推动"交通廊道"沿线城镇发展。

三、市场需求的空间差异启动城市与区域经济中心取得首位联系

根据新经济地理学相关理论，资源的空间分异产生了市场需

---

① "十三五"以来西藏交通运输发展综述：织密团结线铺就幸福路 [EB/OL].（2021 – 03 – 12）[2021 – 07 – 01].中国日报网，https：//baijiahao.baidu.com/s？id = 1693085513592118102&wfr = spider&for = pc.

求的空间差异，这直接导致市场需求的空间差异，即空间效率的地区差异，从而成为启动城市与区域经济中心取得首位联系的重要诱因。根据这一理论，地区需求的空间差异大小可以用地区市场潜能来衡量，根据式（6-1）、式（6-2）及式（6-4）计算得到西藏7地市对外运输联系总量与地区市场潜能，并进行相应排序，如表6-2所示。可以看出，拉萨市对外运输联系总量明显高于其他地市，居全区首位，表明拉萨作为全区的政治、经济、文化发展中心，是全区货运资源重要聚集地，全区多数城市主要以拉萨作为首位联系城市。而藏西阿里地区距离藏中南较远，处于辐射能力的边缘，对外运输联系总量明显低于其他地市，逐渐成为藏中南地区的腹地。这使得西藏全区整体呈现出"中心—外围"的物流特征。

表6-2　西藏各地区对外运输联系总量及地区市场潜能一览

地区	对外运输联系总量	位次	地区市场潜能	位次
拉萨市	8.396	1	10.15	1
日喀则市	2.780	3	4.20	3
昌都市	0.120	6	2.32	6
林芝市	0.261	5	3.30	4
山南市	5.547	2	6.11	2
那曲市	1.095	4	2.96	5
阿里地区	0.013	7	1.58	7

此外，根据表6-3，可以发现西藏全区对外运输联系总量除林芝和那曲外，不论在指标还是在位次上都与地区市场潜能指标具有基本的一致性。由此可以说明空间效率的地区差异是启动城市与区域经济中心取得首位联系的重要诱因。而根据式（6-3）

计算发现，那曲的公路运输通达性高于林芝，这恰好解释那曲市场潜能比林芝小，但对外运输联系总量比林芝大。

综上分析，影响西藏地区对外运输联系特征的因素，不仅只有市场需求空间差异启动因素，还有藏中南地区经济经济圈的经济布局形成因素以及交通基础设施的提升因素等多种因素共同作用而成。

第四节 研 究 结 论

本章运用空间分析技术，以西藏为例，选取多源数据对区域物流空间运输联系进行多角度、多层次分析与测度，从而弥补单一数据维度下定量分析的不足；并通过构造空间计量模型分析挖掘数据背后的潜在信息，为西藏区域物流网络的空间布局合理规划另辟蹊径。通过建立空间运输联系强度模型，可视化反映西藏区域物流空间运输联系特征；进一步引入城市对外运输联系总量概念、建立运输可达性评估模型以及地区名义市场潜能模型，表征西藏区内运输联系总量与运输可达性指标的空间耦合关系并通过测度名义市场潜能衡量各地区市场规模大小从而揭示空间运输联系特征的形成机制。结果表明：藏中南地区经济圈一体化促使藏中南地区空间运输圈一体化；对外运输联系密切城市及特色城镇向"交通廊道"沿线集聚归因于交通运输基础设施硬件的改善提升；其他地市与区域经济中心取得首位联系根源于市场需求的空间分异。

| 第七章 |

西藏区域物流空间演化特征
及形成机理研究

西藏区域物流网络空间呈现出极化集聚式发展特征，以拉萨市为中心的核心节点开始发育形成，物流网络空间联系强度呈现出不均衡状态。分析表明，制约西藏区域物流网络空间处于起步阶段的根本原因在于真实市场规模的发展滞后，使得西藏工业企业整体集聚程度较低。通过基础设施驱动、人力资本驱动以及经济转轨驱动扩大西藏真实市场规模从而加快提升西藏物流产业发展。

第一节　分析框架

本章基于新经济地理学框架下的区域物流网络空间演进理论关于四阶段特征划分理论，通过计算物流区位熵和物流联系强度，提取西藏区域物流网络空间演化特征，并使用空间分析工具对数据进行可视化处理。在此基础上，从空间需求视角出发，通过 HHI 指数测度西藏工业企业空间集聚程度，反映区域真实市场规模以此揭示西藏区域物流空间网络特征形成机制。最后，提出基础设施驱动、人力资本驱动以及经济转轨驱动从而扩大西藏真实市场规模，加快提升西藏区域物流产业发展。

一、区域物流网络空间演化理论

区域物流网络演化是通过经济吸引力推进物流系统内外部影响因素相互作用，使得区域物流网络空间结构各节点和线路不断出现序列组合，空间表现为聚集与扩散，即通过点的聚集和线的扩散表现出的空间形态变化过程，如图 7 - 1 可以将区域物流网络空间发展划分为四个阶段：低水平均衡阶段①，极化集聚发展阶段②，辐射扩展发展阶段③以及高水平均衡阶段④。

---

①　低水平均衡阶段以物流节点相对孤立，在节点内部进行生产循环为特征，基本没有空间集聚和扩散效应的影响，只有少数的由于生产和生活需要形成的小的物流节点（集市），其影响辐射范围也较小，物流设施简单，对外的通路也很少，体现出较为原始的社会经济特征，属于自给自足的准封闭的农业经济发展阶段。各节点之间的依存性很低，节点之间没有等级结构且物流量有限，在空间上的影响是均衡，处于相对稳定的原始状态。

②　极化集聚式发展阶段为起步阶段，由于社会分工明确且规模化生产初步形成，各节点贸易往来增多。但由于各节点的交通区位、产业布局不同等因素，导致各节点的发展速度不同，逐渐发展出经济相对活跃、辐射半径较大的节点，形成早期物流网络中的"核心"结构，呈现聚集式发展，是区域物流网络发展的极化阶段，对应网络空间结构形态为聚集形态。这个阶段区域内的"核心"节点数量有限，网络结构较为松散，交通基础设施薄弱，使得"核心"节点的辐射强度和广度有限，区域物流网络结构体现为非均衡发展的阶段。

③　辐射扩展式发展阶段枢纽节点的聚集和扩散作用增强，是从极核的聚集功能为主的阶段向枢纽节点的扩散和物流网络均衡化的方向发展的阶段。区域物流网络中不同层级"点"和"轴"，相互衔接形成排列有序的"点—轴"网络结构，其中枢纽节点与次级节点联系紧密形成区域物流域面。可以这样说，这个阶段是区域物流枢纽形成规模化物流产业的关键期。

④　高水平均衡阶段，该阶段是成熟阶段，以多层级、多中心、均衡化、网络化为主要特征。随着低等级节点不断受到高等级节点的辐射，物流基础设施不断完善，等级较低的节点之间的道路不断发展，各域面之间沟通顺畅，不断突破行政边界的限制，城市物流枢纽形成可持续发展的稳定性，整个域面的物流网络结构发展向高等级发展，呈现出多层次物流中心、道路网络发达的区域物流网络结构。该阶段区域物流系统各个节点分工合理、配套基础设施完善，区域物流高效、稳定、有序地运行。

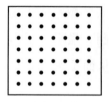 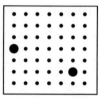 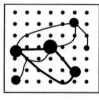 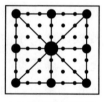

（a）低水平均衡阶段　（b）极化集聚发展阶段　（c）辐射扩展发展阶段　　（d）高水平均衡阶段

图7-1　区域物流空间结果演化阶段

二、新经济地理学框架下的空间需求理论

新经济地理学区别于新古典经济理论，主要体现为以下两个假设前提：

假设7-1：单个厂商水平上的规模报酬递增与垄断竞争的市场结构。

假设7-2：制成品跨区域流动存在运输成本。假定一单位的某种产品从 i 地区运输到 j 地区后，只有 $1/T_{ij}$ 单位的数量到达（T_{ij} 大于1）。

由上述两个假设可以推出内生的工厂选址决策与地区的市场准入差异。而市场准入实际上反映的是各地区真实市场规模或称真实市场潜能。从这一理论出发，市场需求通过工厂选址来完成，工厂选择的空间布局内生决定区域物流网络空间的特征。本章通过测度西藏工业企业的集聚情况，以此分析西藏区域物流网络空间所处的阶段的形成机制。

三、数据源和研究方法

（一）数据源

本章所用到的统计数据主要来源于《2018年西藏统计年鉴》

西藏区域物流网络空间特征、形成机理及优化研究

《2017 年日喀则市国民经济和社会发展统计公报》《2017 年山南市国民经济和社会发展统计公报》《2017 年林芝市政府工作报告》《2017 年昌都交通运输工作综述》等，包括 2017 年西藏 7 地市的货运量，地市国民生产总值，土地面积，第一、第二、第三产业值，规模以上、规模以下工业总产值，单位数，主营业务收入以及全部从业人员年平均人数等数据。

此外，本章所用到的分析测定数据包括通过市县级公路运网货运量转换交通量方法测定货运车辆运输趟次，通过百度地图查询城市间最短运输距离，通过全国里程数网站查询城市间理论最短运输时间等。需要指出的是，2017 年拉萨市、那曲市以及阿里地区的货运量数据无法获取，计算所用值为推算值。

（二）研究方法

1. 区位熵指标

本章采用物流区位熵指标衡量西藏地区物流空间集聚的程度。其计算公式为：

$$Q_i = F_i / F \qquad (7-1)$$

式中，Q_i 为城市 i 的物流区位熵，F_i 为城市 i 的货运量，F 为货运总量。

2. 运输联系强度模型

从货运量的角度，选取货运量、货运车辆运输趟次、城市间最短运输时间三个指标，反映区域间空间运输联系强弱程度，构建运输联系强度模型。

$$I_{ij} = \frac{\sqrt{P_i \times V_i} \times \sqrt{P_j \times V_j}}{T_{ij}^2} \qquad (7-2)$$

式中，I_{ij} 表示城市间的空间运输联系强度，P_i、P_j 分别表示城市 i、城市 j 的运输总量，V_i、V_j 分别表示城市 i、城市 j 的运输流量，T_{ij} 表示两城市间的最短运输时间。

3. 引入赫芬达尔 – 赫希曼（HHI）指数

该指数测度西藏工业企业的集聚情况。本书拟采用 HHI 指数测度西藏工业企业集聚情况，用来表征西藏真实市场需求的空间分布，其计算公式为：

$$HHI = \sum_{i=1}^{k} R_i^2 = \sum_{i=1}^{k} \left(\frac{s_i}{s} \right)^2 \qquad (7-3)$$

式中，HHI 代表赫芬达尔 – 赫希曼指数；R_i 代表每个企业的市场份额的一个权重，通常对大企业给予的权重较大；s 代表产业市场总规模（产值）；s_i 代表企业 i 的规模；k 代表该产业内企业数。

从式（7-1）可知，HHI 的取值在 $0 < HHI \leqslant 1$ 的范围内变化。数值越大，表明企业规模分布的不均匀度越高，产业市场集聚程度越大；数值越小，表明企业规模分布的不均匀度越低，产业市场集聚程度越小。

第二节　西藏区域物流网络空间演化特征

根据式（7-1）和式（7-2）结合 2017 年相关西藏统计数据，可以计算得到物流区位熵和物流联系强度，并使用空间分析工具对数据进行可视化处理，并基于区域物流网络空间演进理论关于四阶段特征划分理论，可以对西藏区域物流网络空间特征做出以下基本判断。

西藏区域物流网络空间特征、形成机理及优化研究

一、西藏区域物流网络空间核心节点逐步开始形成

从图 7 - 2 可以看出，拉萨市物流区位熵指标为 0.461，明显高于其他地市，位居第一层次；日喀则市、山南市、那曲市以及昌都市，具体物流熵指标略有差异，但总体同属第二层次，区位熵指标为 0.1 ~ 0.174；林芝市和阿里地区，位列第三层次，区位熵指标为 0.1 ~ 0.011。而从图 8 - 2 同样可以看出，以拉萨市为中心包括山南市、日喀则市、那曲市是西藏物流的主要联系圈，且物流强联系、较强联系主要在拉萨市、山南市、日喀则市、那曲市四者间，拉萨市作为物流联系的中心地位开始显现。西藏各地市趋向于与区域经济中心拉萨市取得首位联系。藏中南地区倾向于与拉萨市取得首位联系，藏东地区倾向于与昌都市昌都镇取得首位联系，藏北地区倾向于与那曲市那曲镇取得首位联系，藏西地区倾向于与阿里地区的狮泉河镇取得首位联系。

审图号：藏 S（2022）020

图 7 - 2　西藏各地市物流区位熵示意图

二、西藏区域物流网络空间联系强度呈现非均衡状态

如图 7-3 所示，可以看出，西藏以拉萨市为核心，已经形成了一个向心的包括山南市、日喀则市以及那曲市的发展圈层，但该圈层向东与昌都市、向西与阿里地区辐射能级随着距离的增加而衰减。基于拉萨市的区位条件、综合交通枢纽、产业基础等方面的优势条件，拉萨市逐渐成为物流产业集聚发展核心；山南市紧邻首府拉萨市、日喀则市面向南亚以及那曲市依托青藏铁路优势区位表现出对外联系运输比例较高、运距较长的特征；东部林芝市、昌都市以及西部阿里地区随着运输距离的增加，区内货运交流比例递减，且距核心圈层遥远以及地理分异、空间分割等因素对地市间物流联系的阻碍效应明显。从运输量、城市运输联系强度和对外运输联系比例来看，货物空间运输联系的区域化态势率先在藏中南地区显露，在藏北及藏东地区正在发育形成，西藏区域物流网络结构发展体现非均衡发展状态。

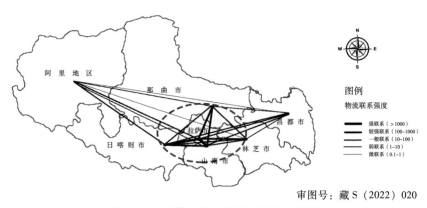

审图号：藏 S（2022）020

图 7-3 西藏区域物流联系强度示意图

三、西藏区域物流网络空间发展阶段处于极化集聚式阶段

如图 7 - 2 和图 7 - 3 所示，可以进一步分析，拉萨市已经成为区域物流网络中的"核心"，逐渐发展成物流相对活跃，辐射半径较大的节点，并呈聚集式发展。但区域内的"核心"只此一个，使得这个"核心"节点的辐射强度和广度有限。其他各节点由于交通区位、产业布局不同等因素，发展速度也不同，且网络结构较为松散，交通基础设施薄弱。基于四阶段演进理论，可以基本判断西藏目前处于第二阶段，即从低水平均衡阶段开始起步，对应网络空间结构形态为聚集形态。该阶段需要加强枢纽节点的聚集和扩散作用，从极核的聚集功能为主的阶段逐步向枢纽节点的辐射扩展式发展阶段迈进。

第三节　西藏区域物流网络空间演化特征形成机理

根据前文，市场需求的空间分布通过工厂选址的完成，企业空间布局反映区域物流网络空间的特征。而真实市场规模的空间分布内生决定企业空间布局，从而揭示区域物流空间特征形成的内在机制。以此为基础，首先通过 HHI 指数测度西藏工业企业空间集聚程度，反映西藏区域物流网络空间所处的演化阶段，继而通过反映区域真实市场规模相关指标揭示西藏区域物流空间网络特征形成机制。地区的真实市场规模的大小包括两个组成部分：一是地区间的运输成本，反映地区间的地理距离关系或者人为的贸易壁垒；二是市场需求容量，综合反映各个地区的购买能力与

制成品价格指数。也就是说真实市场规模或真实市场潜能是否增大取决于运输成本的降低、市场化程度的提升、消费支出的增加以及制成品价格指数的下降等因素。

一、西藏工业企业空间分布反映区域物流网络空间特征

根据式（7-3），引入赫芬达尔－赫希曼（HHI）指数测度西藏工业企业的集聚情况。通过对《2018 年西藏统计年鉴》数据整理，代入 2017 年西藏分地市规模工业企业主要经济指标数据（见表 7-1）计算可以得到 HHI 结果（见图 7-4）。计算过程中，规模工业企业分为规模以上和规模以下工业企业，工业总产值即产业市场总规模（产值）；主营业务收入即企业 i 的规模；企业单位数即该产业内企业数。

由图 7-4 可知，HHI 最大的地市是拉萨市，HHI 指数为 0.004832138，最小的那曲市几乎为 0，第二是昌都市 HHI 为 0.001773276，第三是山南市 HHI 为 0.000559169，第四是日喀则市 HHI 为 0.000376111676，第五是林芝市 HHI 为 0.0003052777，第六是阿里地区 HHI 为 0.0000104895。排名第一、二的拉萨市和昌都市均属于第一级，排名第三、四、五的山南市、日喀则市以及林芝市同属于第二级，排名第六、七的阿里地区和那曲市位列最后一级且与第二级城市差距较大。根据 HHI 的取值原则，可以看出西藏整体产业市场集聚程度较低，且集聚不均衡，影响买卖双方交往的密度和频度，制约西藏物流产业发展，使其处于起步阶段，形成了西藏区域物流网络空间呈现出极化集聚式的特征。

表7-1

2017年西藏分地市规模工业企业主要经济指标

	指标	合计	拉萨	日喀则	昌都	林芝	山南	那曲	阿里
分地市规模以下工业企业主要经济指标	企业单位数（个）	1133	435	250	104	127	146	35	36
	期末从业人数（人）	12111	3977	2866	1522	893	1888	388	577
	工业总产值（当年价）	268897	124051	44388	32496	16802	32841	11795	6524
	主营业务收入（亿元）	266235	122823	43949	32174	16636	32516	11678	6459

	指标	合计	拉萨	日喀则	昌都	林芝	山南	那曲	阿里
分地市规模以上工业企业主要经济指标	企业单位数（个）	116	83	15	4	3	10	0	1
	全部从业人员年平均人数（人）	19998	15340	1669	1264	425	1139	0	161
	工业总产值（当年价）	2119213.0	1501042.7	169561.8	175209.1	76225.5	189514.8	0	7659.1
	主营业务收入（亿元）	2149773.6	1511435.5	179050.2	201029.0	72225.5	178374.2	0	7659.2

资料来源：2018年《西藏统计年鉴》。

图 7 – 4   2017 年西藏 7 地市工业企业 HHI 指数

二、扩大真实市场规模是加快提升西藏物流产业的内生动力

（一）西藏地区市场化发展相对落后

根据《中国分省份市场化报告（2016）》，反映出西藏市场化程度发展滞后的现状。2008～2014 年西藏的市场化总指数方面排名均为 31 位。在市场化五个方面的进展状况表明，西藏 6 年间政府与市场的关系方面排名均为 31 位；非国有经济的发展方面排名 2008 年的 27 位降至 2014 年的 31 位；产品市场的发育程度方面排名由 2013 年的 31 位上升至 2014 年的 29 位；要素市场的发育程度、市场中介组织的发育以及法律制度环境等方面排名均为 31 位。可以明显看出，西藏除 2014 年产品市场的发育程度方面略有提升外，其他反映市场化的四个特定方面均处于垫底状况，且市场化总指数排名居全国末位。此外，西藏作为重要的国家安全屏障和重要的生态安全屏障，除了有较高的生态门槛外，还要承担防卫国土的重要任务，一定程度上也制约着市场化程度的提升以及市场需求容量的扩大。

西藏区域物流网络空间特征、形成机理及优化研究

（二）　运输成本相对高昂制约西藏真实市场规模扩大

西藏自治区总面积约为全国的1/8，是我国人口密度最小的省份，目前仅有六市一地区。首先，西藏地质条件极为复杂和不稳定，为交通运输网络设施的建设带来了极大的建设难度和高昂的建设成本。以青藏铁路为例，全长1956公里，总投资330多亿元，历时48年，且开通运营以后，每年亏损12亿元。其次，西藏高原地旷人稀，造成交通基础设施实际利用率低，又受气候和地形影响，设施的维护维修成本极高。此外，西藏公路货运在全区综合运输体系中占绝对的主导地位，"十三五"时期，公路货运量占总货运量的平均值高达95.5%以上。目前仅有京藏高速那曲—拉萨段、拉萨绕城高速、雅叶高速等高速线路通车，区内高速公路网络建设处于起步阶段。这些都使得西藏交通运输成本相对较高，导致西藏真实市场规模扩大受限。

（三）　西藏地区市场需求容量增长相对缓慢

西藏地广人稀，区域内劳动力的流动性不足，且生产、流通和消费服务的物流需求小而分散。根据第七次人口普查数据，2020年西藏仅有364.8万常住人口，分布在约占全国1/8的广袤地区，尽管近年来西藏人口始终保持着高增长，随着机械化的推进，产生了大量剩余劳动力，但是西藏宗教氛围较为浓厚，至今仍对当地的生产生活方式有着重要影响，加之观念和技能限制，造成大部分闲置在家，较少外出务工。根据《西藏统计年鉴》，2011～2020年10年间全区从事第二产业的就业人口从12.2%上升至15.5%，10年增长了3.3个百分点，年均上涨仅为0.33个百分点。统计表明，大量剩余劳动力隐形在第一产业和第三产业。而且，来藏经商、务工的大多数外来人口因地处高原海拔，无法适应和长期居留，采取夏来冬回的候鸟式迁徙方式。此外，物流需求总体上呈现单向发展的态势，即从外省进入西藏的物流需求大，而从西藏流向外省的物流需求小。这些都成为西藏劳动力流动性不足的重要原因。

第四节　研究结论

通过前文所述，本章可以基本判断西藏真实市场规模的发展滞后使得西藏工业企业整体集聚程度较低，制约着西藏区域物流网络空间处于起步阶段。目前西藏区域物流网络空间呈现出极化集聚式发展特征，以拉萨市为中心的核心节点开始发育形成，并伴随着各节点的发展速度不同，区域物流网络空间联系强度呈现出不均衡状态。扩大西藏真实市场规模是加快提升西藏物流产业的内生动力。而影响西藏真实市场规模的主要因素有三个方面：贸易壁垒因素、交通成本因素以及需求容量因素。

一、西藏区域物流网络空间应遵循"小区域集中、大区域均衡"的发展模式

根据物流网络空间演化理论，即遵循"分散、集聚、再扩散、再集聚"的循环过程，结合《西藏自治区主体功能区规划》关于国土空间布局的开发原则，本章认为西藏物流产业亦应遵循"小区域集中、大区域均衡"的发展模式，即在较小空间尺度的区域集中发展、密集布局；在较大空间尺度区域，形成若干个小区域集中的增长极。

（一）发展物流核心圈层，形成增长极

作为重点开发区的藏中南地区基础设施基本完善，产业布局聚集，人口集中居住，城镇较为密集，具备物流产业优先集中发展的优势。以拉萨市作为核心枢纽城市，联动山南市、日喀则市、那曲市以及林芝市的部分节点重要城镇形成核心圈层，作为增长极的主要支撑点。

（二）培育物流中心节点城市，形成增长点

根据前述内容，昌都镇的 HHI 指数仅次于拉萨，位于四省（西藏、四川、青海、云南）交界处，是商贸往来的枢纽地区。随着川藏铁路的开工建设、特色产业的初具规模，藏东地区的昌都镇可以培育成为带动本区域发展的重要增长点。

（三）畅通支线通道及边贸通道

在此基础上，使物流发展的空间由中间向东西南北拓展，依托公路、铁路交通通道，畅通支线物流。依托边贸通道，畅通面向尼泊尔、印度等周边国家的多边国际物流。

二、扩大西藏真实市场规模，有利于促进西藏区域物流网络发展

扩大西藏真实市场规模有利于加快提升西藏物流产业发展的内生动力，而影响西藏真实市场规模的主要因素有三个方面：贸易壁垒因素、交通成本因素以及需求容量因素。

（一）科技创新驱动，强化"扩散效应"，降低运输成本

基础设施的建设更多地依赖于技术水平的提升和科技研发的投入，为物流过程中的各项作业环节提供有力支撑，从而强化扩散效应。例如，减少物流过程障碍，加速物流网络信息平台建设，推动交通枢纽设施共建和共享，加强支线与干线的互联互通，提升运输效率，从而保障物流产业发展，推动全产业全面进步。

（二）人力资本驱动，重视"溢出"效应，扩大市场容量

劳动力流动是产业集聚的重要决定因素。但是由于守土有责、生态门槛、地理条件以及固有观念等多种原因所限使得西藏保持相对分散的人口分布格局。通过市场吸引，辅之以政策导向与空间管制，有序引导人口集聚，转移农村剩余劳动力，可以缓解西藏劳动力流动的数量性不足。此外，通过稳步提升各地市中高等学校学生及专任老师的数量，以满足本地人才的需求，可以缓解西藏劳动力流动的质量性不足。

（三）经济转轨驱动，弱化"马太"效应，减少贸易壁垒

在市场经济的转轨大潮中，西藏也不可避免的纳入进来，区域非公有制经济的占比指标成为衡量该区域经济活力和经济增长速度的风向标。"一带一路"机遇下，西藏肩负历史重任，应加速对内对外开放水平，依托地缘优势，开展对外贸易，加强生产要素区域间流动，带动产业发展，早日实现"输血"到"造血"的转变。

第三篇
空间优化篇

第八章

西藏区域物流网络空间
构建及优化研究

为了进一步推进我国面向南亚的通道建设，提高西藏区域物流网络的运营效率，优化空间布局。以轴辐理论为基础，构建西藏地市物流竞争力指标评价体系，确定轴心城市和辐点城市并计算各个节点的辐射范围，在此基础上构建西藏轴辐式物流网络的空间形态，对西藏区域物流网络空间结构进行优化，为西藏面向南亚建设物流大通道提供了一定的参考依据。

随着物流地域系统在区域经济发展进程中的基础性作用日益显现，如何统筹区域物流空间规划布局，提升现有资源的有效利用率逐渐成为当前学术界关注的热点问题。从省域层面看，西藏地处我国西南边陲，毗邻尼泊尔、印度、不丹、缅甸等国，作为连接东亚与南亚唯一的陆路口岸，对南亚区位优势明显。"一带一路"背景下，西藏肩负建设国家面向南亚通道的历史重任，需要充分发挥区域物流的基础性、先导性、服务性作用。本章通过构建轴—辐式物流网络，优化西藏区域物流网络空化，将区域物流的研究思路拓展到空间经济学的新领域。

第一节 分析框架

一、研究对象

　　国内外学者关于轴辐式物流网络①的研究主要针对网络枢纽的选址、设计及优化。国内学者金凤君（2001）较早把轴辐式网络理论引入我国，运用该理论分析了我国内陆航空客流的网络体系问题。李文博和张永胜（2011）以浙江省为例、唐建荣和张鑫等（2016）以江苏省为例、李明芳和薛景梅（2015）以京津冀地区为例，分别基于轴辐理论，运用主成分分析法确定出物流枢纽的节点城市，利用引力模型计算出枢纽节点的辐射范围确定以及联系强度，据此构建物流网络并提出优化对策建议。此外，郝京京（2015）、王佩佩（2016）、刘杨（2017）和祝新（2017）等也分别从不同程度对云南、新疆、江西、广西的轴辐式区域物流网络进行了构建和优化研究。可以发现，中西部关于轴辐式物流网络的区域物流研究还比较少，更鲜有学者针对整个西藏区域的物流网络进行研究。基于不同省份物流差异性，一些发展模式不能盲目借鉴，应根据西藏自身特点扬长避短，走具有西藏特色的物流发展之路。

---

　　① 轴辐式网络结构是一种类似于"自行车轮子"的网络模式，是由轴心、腹地、链接线路（轴—轴之间为干线，轴—辐之间为支线）等要素组成。它能够整合各种物流资源，并提高物流资源的利用率，进而降低物流总成本，已经广泛应用于现代物流网络空间布局的优化。

二、研究方法及数据来源

（一）轴心城市的甄选

通过构建城市物流竞争力测度指标体系，运用主成分分析法[①]，测度西藏 7 地市的物流综合竞争力，从而确定不同层级的物流节点。本章从经济发展水平、物流需求水平、物流供给水平及信息化水平 4 个维度，构建了西藏地区城市物流竞争力测度指标体系，以此确定一级轴心城市节点，二级节点城市。

经济发展水平一定程度制约物流发展程度。西藏地处我国西南边陲，面积达 120 多万平方公里，约占全国国土面积的 1/8；高原海拔形成特有的地貌类型；地广人稀，人口聚集较为分散；建设成本相对高昂，经济相对滞后。GDP、人均 GDP 以及固定资产投资等指标可以作为衡量西藏经济总体发展现状、人均生产现状以及社会再生产条件的核心要素。

物流的需求水平和供给水平能够衡量物流市场规模大小。需求水平反映物流市场规模的"活跃"程度，除了社会消费品零售总额和规模以上工业总产值销售收入两项指标外，鉴于旅游业是西藏经济发展的支柱产业，本章把西藏各地市旅游人数指标也纳入进来，三项指标分别反映西藏消费水平、工业发展水平以及旅游市场发展水平。供给水平反映物流市场规模的"吸引"程度，分别使用公路总里程、货运量以及交通运输仓储和邮政人员固定资产投资来表征

---

　　① 主成分分析法主要利用降维的思想，把多指标转化为少数几个综合指标，其中每个主成分都能够反映原始变量的大部分信息，且所含信息互不重复。这种方法在引进多方面变量的同时将复杂因素归结为几个主成分，使问题简单化，同时得到的结果更加能够科学有效地反映数据信息。

物流基础设施建设、货运市场规模以及交通支撑条件。

信息化程度能够反映区域物流发展的技术进步水平。本章从数据可得性原则出发，选取西藏 7 地市邮政业务总量、交通运输仓储和邮政人员从业人数以及信息传输、计算机服务和软件业固定资产投资指标作为评价依据。

通过构建西藏地区城市物流竞争力测度指标体系，如表 8－1 所示，选取拉萨市、日喀则市、昌都市、山南市、那曲市、林芝市以及阿里地区 7 个地市作为研究对象，根据 2018 年《西藏统计年鉴》《2017 年日喀则市国民经济和社会发展统计公报》《2017 年山南市国民经济和社会发展统计公报》《2017 年林芝市政府工作报告》《2017 年昌都交通运输工作综述》等相关数据，获得 12 项具体指标数据，并借助 SPSS 软件，运用主成分分析方法，对西藏 7 地市物流竞争力进行测度。需要指出的是，2017 年拉萨市、那曲市以及阿里地区的货运量数据无法获取，计算所用值为推算值。

表 8－1　　　　　　　　城市竞争力测度指标体系

一级指标	二级指标	三级指标
经济发展水平	经济总体发展现状	GDP
	人均生产现状	人均 GDP
	社会再生产条件	固定资产投资
物流需求水平	旅游市场现状	旅游人数
	消费市场现状	社会消费品零售总额
	工业市场现状	规模以上工业总产值销售收入
物流供给水平	物流基础设施	公路总里程
	货运市场规模	货运量
	交通支撑条件	交通运输仓储和邮政固定资产投资

续表

一级指标	二级指标	三级指标
信息化水平	邮政业务发展现状	邮政业务总量
	物流从业人数现状	交通运输仓储和邮政人员从业人数
	网络基础设施发展现状	信息传输、计算机服务和软件业固定资产投资

（二）辐射范围的确定

依据式（8-1）引力模型和式（8-2）物流隶属度，通过代入相应数据计算确定城市辐射范围。该方法目前被广泛用于经济学的物流领域，如李明苏（2009）、曹炳汝（2016）、王佩佩（2016）等，引力模型公式如下：

$$L_{ij} = ph_i h_j d_{ij}^{-\beta} \qquad (8-1)$$

式中，L_{ij} 为城市 i 对城市 j 的物流引力强度；p 值为城市间物流引力系数常量，取值为 1；h_i 和 h_j 分别代表城市 i 和城市 j 的"质量"大小，通过物流竞争力来表示[①]。d_{ij} 表示两个城市 i 和 j 间的距离，β 一般取值为 2。

仅通过物流引力模型还不能清晰确定城市的辐射范围，本章依据相关文献，如戢晓峰（2016）、祝新（2017）等，通过引入物流隶属度，测度物流往来的影响范围。

$$P_{ij} = \frac{L_{ij}}{\sum_j L_{ij}} \qquad (8-2)$$

式中，P_{ij} 为物流联系隶属度，表示辐心城市 i 归属于轴心城市 j 的概率；L_{ij} 为城市 i 对城市 j 的物流引力强度。

---

①　这里需要说明的是，由于主成分分析法得到的城市物流综合能力得分存在负值，不能够表现"物流质量"这一定义，因此将各个城市的物流综合能力得分均线性平移三个单位作为调整城市物流质量数据。

此外，边境口岸也是一种特殊的国际物流结点，与周边城市间的对外贸易货物流量存在很强的联系。鉴于西藏特殊的地缘和区位特征，7个边境陆路口岸中，除位于阿里地区的普兰口岸，6个主要口岸均在日喀则市。而西藏最主要的边贸口岸——樟木口岸（90%以上的中尼贸易量由其承担），受2015年"4·25"尼泊尔大地震影响，截至2017年仍处于暂停通关状态。因此，本章主要通过地理位置、交通条件以及边境贸易等方面定性分析拉萨和日喀则两城市对边境口岸的辐射范围，主要以《2017年西藏边境小额贸易进出口情况报告》中数据为依据。

第二节　西藏轴辐式物流网络构建分析

一、确定枢纽节点城市

根据表8－1所建立的城市物流水平评价指标体系，收集西藏7地市相关原始数据，并利用SPSS 16.0对其进行标准化处理。从表8－2可以看出，经过处理后从12个现有指标中提取了前2个公因子，且累积的方差贡献率大于85%，为91.009%，说明所选取的2个公因子原始数据尽可能地包含了原始数据信息。

表8－2　　　　　主因子旋转后方差贡献率

主成分	方差贡献率	方差累积贡献率	旋转后方差贡献率
1	79.121	79.121	65.096
2	11.888	91.009	25.913

表 8 - 3 通过方差极大值正交旋转，从而明确每个因子所代表的经济意义。可以看出第一主成分与 9 个变量的相关性较高，分别为 GDP、固定资产投资、旅游人数、社会消费品零售总额、规模以上工业总产值销售收入、货运量、物流固定资产投资、邮政业务总量以及物流从业人数。它总体反映了西藏物流发展的规模水平，可以命名为物流规模因子。第二主成分与 3 个变量的相关性较高，分别为人均 GDP、公路总里程以及信息化固定资产投资。它具体反映了西藏物流发展的绩效水平，可以命名为物流成效因子。

表 8 - 3　　　　　　　　　旋转后主因子载荷矩阵

分类	成分	
	1	2
GDP	0.954	0.292
人均 GDP	0.294	0.875
固定资产投资	0.940	0.270
旅游人数	0.867	0.482
社会消费品零售总额	0.952	0.291
规模以上工业总产值销售收入	0.905	0.371
公路总里程	- 0.207	- 0.955
货运量	0.970	0.225
物流固定资产投资	0.956	0.192
邮政业务总量	0.923	0.321
物流从业人数	0.813	0.544
信息化固定资产投资	0.209	0.577

注：提取方法：主成分。旋转法：具有 Kaiser 标准化的正交旋转法。

表 8 - 4 进一步得出主成分系数矩阵，并且利用表 8 - 2 中方

差贡献率作为各主因子权重，得出因子得分函数。

表 8 - 4   因子得分系数矩阵

分类	成分	
	1	2
GDP	0.148	- 0.063
人均 GDP	- 0.144	0.433
固定资产投资	0.150	- 0.072
旅游人数	0.082	0.068
社会消费品零售总额	0.148	- 0.063
规模以上工业总产值销售收入	0.118	- 0.005
公路总里程	0.184	- 0.501
货运量	0.168	- 0.105
物流固定资产投资	0.173	- 0.121
邮政业务总量	0.134	- 0.038
物流从业人数	0.055	0.117
信息化固定资产投资	- 0.092	0.282

注：提取方法：主成分。旋转法：具有 Kaiser 标准化的正交旋转法。

最后运用 SPSS 计算综合因子得分，见表 8 - 5。对西藏 7 地市的评估结果进行分析，将西藏区域物流网络划分为三级层次。

表 8 - 5   西藏 7 地市城市物流竞争力水平得分

地区	第一类因子得分	第二类因子得分	综合得分	排名
拉萨市	1.926	0.915	1.817	1
日喀则市	0.364	- 0.697	0.129	2
昌都市	0.022	- 0.780	- 0.148	4

续表

地区	第一类因子得分	第二类因子得分	综合得分	排名
林芝市	− 0.960	1.542	− 0.750	6
山南市	− 0.395	0.456	− 0.056	3
那曲市	− 0.077	− 1.192	− 0.177	5
阿里地区	− 0.880	− 0.243	− 1.302	7

第一层次（I≥1.0）：拉萨市综合得分为1.817，排名第一，物流竞争力水平远远高于其他地市。作为"一带一路"节点城市和面向南亚开放中心城市的战略定位，拉萨市具备区位条件、综合交通枢纽、产业基础等方面的优势条件。根据《西藏自治区拉萨市现代物流业发展规划（2012—2020）》，拉萨市物流通道体系规划为市域物流通道、区域及区际物流通道、国际物流通道三个层次。其中，市域物流通道即拉萨市市域范围内物流节点间的货物运输通路；区域及区际物流通道即拉萨市与自治区其他地区以及外省市间的货物运输通路；国际物流通道即依托拉萨市物流节点与自治区相关口岸间的联动，与周边国家进行货物流转的通路。

目前拉萨市以对外合作开放为切入点，重点建设保税物流园区，围绕铁路运输、公路货运、空地联运、保税物流、国际物流、公共仓储、物流信息交易等多角度积极招引外贸、物流等企业入驻，努力打造成为拉萨物流产业集聚发展核心圈以及自治区级物流产业发展核心动力引擎。在2015年《全国流通节点城市布局规划（2015－2020）》中，拉萨市被列为区内唯一国家级流通节点城市。因此，将其定位为一级轴心城市。

第二层次（0≤I≤1.0）：日喀则市综合得分为0.129，排名第二。整个评价体系中，物流竞争力水平得分为正值的仅有日喀则市和拉萨市。日喀则市作为我国面向南亚地区开放合作的前沿，境内公路四通八达，318 国道、日亚公路（日喀则—亚东）、拉普（拉萨—普兰）公路、中尼公路（中国—尼泊尔）贯通东西南北。随着 2014 年拉日铁路建成通车，立体化的现代交通体系进一步完善。

此外，日喀则市境内有 6 个陆路边境口岸，即樟木、吉隆、日屋、陈塘、里孜和亚东（待恢复）。口岸自日喀则市南部沿喜马拉雅山脉向西北方向呈扇形分布，依次位于日喀则市的吉隆县、聂拉木县、亚东县、定结县和仲巴县。各个口岸之间相距约 300～450 公里不等。亚东口岸通往印度，相邻印度锡金邦。日屋、樟木、吉隆、陈塘、里孜 5 个口岸均通往尼泊尔，日屋、陈塘口岸靠近尼泊尔东北部（与印度锡金邦西北部相隔），樟木、吉隆、里孜口岸靠近尼泊尔中北部。通过 60 余年的建设发展，日喀则市已经列为区域级流通节点城市，成为面向南亚地区的开放前沿，可以将其定位为轴点城市。

第三层次（I≤1.0）：山南市、昌都市、那曲市、林芝市以及阿里地区综合得分均为负值，物流竞争力水平依次递减，处在第三层次，但具备发展空间与潜力。其中，那曲市、昌都市和阿里地区连接西藏和青海、云南、四川、新疆等省区，可以作为连接西藏和我国其他省份物流运输的重要节点城市；山南市和林芝市临近拉萨市，可以促进山南市和拉萨市、林芝市一体化发展，提升拉萨物流产业集聚发展核心圈地位。在此基础上，努力建设那曲市、昌都市、山南市、阿里地区四地物流中心，使其成为骨干物流网络节点的重要补充和本地区域性物流的组织中心，与轴心城市和轴点城市共同形成覆盖自治区的物流服务网络体系。因此，这些城市可以发展成为辐点城市。

二、确定辐射范围

(一) 轴心城市辐射范围

将相关数据代入，根据式 (8-1) 中引力模型计算得出一、二轴心城市即拉萨市和日喀则市以及辐点城市昌都市、林芝市、山南市、那曲市以及阿里地区的物流引力强度。如表 8-6 所示，由于西藏地处高海拔地区，地理位置对轴心城市的辐射能力有着很大的影响，各城市之间受地形地貌制约，轴心城市对周边辐点城市的物流引力介于 2~4 之间，轴心城市的辐射范围归为对应隶属度最大的辐点城市，介于 0.3~0.7 之间，整体呈现出偏低的特点。根据式 (8-2) 计算得出表 8-6 结果，轴心城市为拉萨市和日喀则市，拉萨市辐射那曲市、昌都市以及山南市；日喀则市辐射阿里地区。

表 8-6　　　　　城市间物流引力强度和物流隶属度情况

城市	轴心城市	
	拉萨市	日喀则市
昌都市	3.269/0.520	3.019/0.480
林芝市	2.362/0.433	3.097/0.567
山南市	3.101/0.508	3.007/0.492
那曲市	3.321/0.523	3.023/0.477
阿里地区	1.365/0.301	3.168/0.699

注："/" 前面的数据为两城市的物流联系强度，"/" 后面的数据为物流联系隶属度。

（二）城市与边境口岸辐射分析

1. 口岸地理环境

位于日喀则市吉隆县吉隆镇的吉隆口岸，与尼泊尔热索瓦、廓尔喀两县接壤。对应尼方口岸为热索瓦口岸，距日喀则市560公里，距拉萨市818公里，距尼泊尔加德满都131公里，与博卡拉、东郎等尼泊尔经济较发达市县和经济开发区相近，交通相对便利。

位于日喀则市聂拉木县樟木镇的樟木口岸，东南西三面与尼泊尔辛杜帕尔乔克、多拉卡两县接壤，对应尼方口岸为科达里口岸，距日喀则市478公里，距拉萨市736公里，距尼泊尔加德满都市128公里。现为国际性陆路口岸。樟木口岸公共设施相对完善，行政职能机构和经营性服务机构相对健全，受尼泊尔"4·25"地震影响，暂时中断运行。

位于日喀则市亚东县下司玛镇的亚东口岸，向南呈楔状伸入印度和不丹之间，与印度锡金邦接壤，距日喀则市300公里，距拉萨市525公里。由乃堆拉山口出境至甘托克48公里，继续南下至印度铁路交通枢纽城市西里古里不足140公里，再从西里古里经铁路南下至印度港口加尔各答约370公里，是中国西部部分省区特别是西藏距离印度洋出海口最近的口岸。该口岸曾是西藏最重要的对外通商口岸。目前，该口岸待恢复开放，默认为国家一类口岸，主要对印度开放，边民互市贸易为主。

位于阿里地区普兰县普兰镇的普兰口岸，在中、尼、印三国交界处。距阿里地区所在地噶尔县狮泉河镇360公里，距拉萨市1350公里。普兰口岸现为国家二类口岸，异于单通道的口岸类型，是以县为区域的特种口岸，有陆路通道和水路通道，包括21个通外山口、水道桥道和相关边贸市场。

位于日喀则市定结县日屋镇的日屋口岸，与尼泊尔塔普勒琼、桑库瓦沙巴两县接壤，与尼泊尔对应口岸为瓦隆琼果拉口岸。距定结县 75 公里，距陈塘镇 70 公里，距日喀则市 310 公里，距拉萨市 585 公里，现为双边性陆路口岸。

陈塘口岸位于定结县陈塘镇，距日屋镇约 70 公里，距定结县 150 公里，距日喀则市约 373 公里，距拉萨市 554 公里。现为双边性陆路口岸。"十三五"期间，日屋、陈塘口岸拟以扎西热卡—车布达山口通道和扎西热卡—陈塘通道，"一口岸两通道"模式开放。由于中、尼两国在此没有公路连接，只有边境互市贸易。

位于仲巴县西南部亚热乡的里孜口岸，距县城 58 公里，距边境一线曲旦玛布通道 6 公里，距尼泊尔洛满塘镇近 30 公里。里孜口岸是正式开放的双边性陆路口岸，目前仅对尼泊尔开放且只有边境互市贸易。

2. 口岸交通条件

西藏现有的 7 个陆路边境口岸，普兰、吉隆、樟木 3 个口岸都在喜马拉雅山的大裂谷里，险要的地势、恶劣的气候是这 3 个口岸所在区域的共同特征。普兰县地处中、印、尼三国交界，平均海拔 4000 米，除 6～10 月外，其余时间大雪封山，无法通行，虽有 219 国道通过，但尼泊尔、印度境内没有公路通达对方的口岸或边贸通道，仍然是以人背畜驮的方式开展边民互市贸易为主，出入境人员以边民、游客和朝圣者为主。吉隆口岸海拔 2100 米，中尼双边都有公路通达口岸，交通相对便利，但受地震等灾害困扰较多，每年大雪封山三四个月。樟木口岸海拔 2400 米，虽有 318 国道和中尼国际公路通过，但地处高山且自然灾害频发，不利于口岸建设和市场规模的扩大。

日屋、里孜口岸均海拔较高，只能季节性开放，且无公路连接口岸，运输方式主要靠人背马驮。陈塘口岸平均海拔 2200 米，但地势险峻，只能徒步以物易物的方式互通有无。只有亚东口岸海拔 2800 多米，气候宜人，开放时间为每年 5～11 月，地势较为开阔，中印双边都有公路通达乃堆拉山口。由此可见，除了亚东口岸交通相对便利外，其余 6 个口岸受气候条件、地理条件所限制约明显，且至今没有铁路从藏区内部直达边境口岸。

3. 口岸辐射效应

积极发展西藏边境陆路口岸的建设，能够促进和带动中国西藏与印度、尼泊尔、不丹等国之间的经济联系，但由于受地理环境、气候条件和交通条件所限，加之受"4·25"尼泊尔大地震影响，日喀则、拉萨等城市与边境陆路口岸的辐射相对较弱。据海关统计，2017 年西藏自治区边境小额贸易进出口额 23.39 亿元，较去年同期（下同）减少 21.67%，占全年西藏进出口总值的 39.75%，比重较 2016 年减少 18.04 个百分点。边境小额贸易实现顺差 22.97 亿元[①]。且 2017 年西藏边境小额贸易呈现如下主要特点：

首先，边境小额贸易集中在吉隆口岸。樟木口岸 2017 年仍处于暂停通关状态，而吉隆口岸虽及时承接了原樟木口岸的相应进出口功能，但由于吉隆口岸仍处于建设中，使得边境小额贸易短期内难以恢复到震前水平。

其次，本地外贸主体规模较小。西藏边境小额贸易的主力军为民营企业，但企业集中度过高，2017 年有进出口贸易权的民营企业共计 31 家，贸易值前 10 位的企业占民营企业整体贸易值的 93.46%[②]。

---

① 中华人民共和国拉萨海关官网。
② 西藏自治区商务厅官网。

最后，拉萨市属企业进出口处于绝对主导地位。2017 年，西藏边境小额贸易方式项下，拉萨市企业进出口贸易值为 22.76 亿元，减少 16.49%，占全年西藏边境小额贸易进出口总值的 97.31%；日喀则市企业进出口贸易值为 0.63 亿元，占全年西藏边境小额贸易进出口总值的 2.69%①。

通过以上分析，可以发现西藏城市与边境陆路口岸确实存在着辐射相对较弱的问题，甚至在地市与个别口岸之间存在屏蔽效应。

三、西藏轴辐式物流网络分析

根据上文结果，将轴心城市间的通道设置为干线通道，轴心城市与辐点城市间的通道设置为支线通道，结合西藏各地市的地理位置，建立如图 8 - 1 所示的西藏辐轴式物流网络结构图：

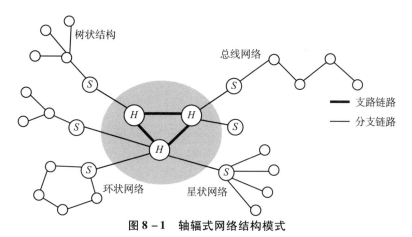

图 8 - 1　轴辐式网络结构模式

注：轴辐式网络结构是由"轴心"和"辐网"组成，各节点的供货需要全部运送到轴心处，然后再进行干线运输到达需求站点，由此产生了集聚效应，干线流量大幅增加，规模经济的优势得以发挥从而降低了网络运输成本，提高了运输效益，实现物流资源利用的最大化和网络运作成本的最优化。在轴辐式物流网络中，轴点城市间的通道为干线通道，而轴点与辐点城市间的通道为支线通道。该辐轴网络主要通过优化干线通道和支线通道来降低物流运输成本。

---

① 西藏自治区商务厅官网。

（一）轴—轴干线通道分析

干线通道主要是指拉萨和日喀则两个轴心城市之间的通道，其构成了西藏地区轴—辐式物流网络的支柱。在"一带一路"大背景下，考虑到西藏幅员辽阔，各轴心城市之间联系相对较弱，应加强干线通道基础设施建设，优化西藏物流网络空间布局，尤其要发挥一级物流枢纽的作用。即沿国道318线、拉日铁路，联动日喀则市打造轴辐系统的核心部分，将拉萨市打造成综合性的物流枢纽，日喀则市为区域性物流枢纽，形成我国面向南亚开放的国际物流产业发展轴。

（二）轴—辐支线通道分析

支线通道在整个物流网络体系中起到物流补给和支撑的作用。加强拉萨—那曲、拉萨—昌都、拉萨—林芝、拉萨—山南等支线通道形成，以轴带辐，带动周边城市快速发展。以拉萨市为中心，沿国道317、318线，联动林芝市、昌都市；沿国道109线、青藏铁路，联动那曲市；沿国道349线，联动山南市。

（三）物流圈网络分析

结合前文拉萨市辐射范围包括那曲市、昌都市以及山南市，日喀则市辐射范围包括阿里地区的研究结论，构建拉萨—那曲、昌都、山南物流圈以及日喀则—阿里物流圈（见图8-2）。以拉萨为中心，畅通日喀则干线物流通道。并沿着支线物流通道，依托既有公路、铁路交通通道，畅通那曲、昌都、山南、阿里等地区的支线物流通道。在此基础上，结合自治区综合交通运输网络体系，强化多种运输方式的融合联动，形成综合物流通道网络，有效支撑物流服务体系的高效运转。

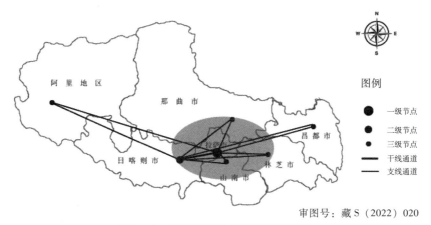

审图号：藏 S（2022）020

图 8 – 2　西藏区域物流圈空间示意图

对于边境口岸，尤其是吉隆、樟木、亚东、普兰，应加强日喀则市与口岸之间的支线通道建设，充分发挥众多边境口岸的外贸优势，建立城市与边境口岸相结合的区域物流中心。重点针对面向南亚开放的国际通道，依托吉隆、樟木等边境口岸及边贸通道条件，畅通面向尼泊尔、印度等周边国家的多边国际物流通道，相互带动，共同发展，如图 8 – 3 所示。

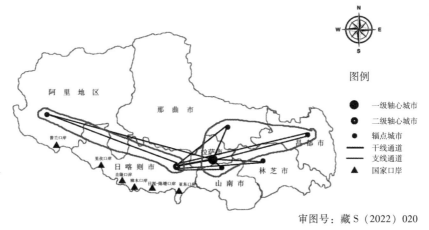

审图号：藏 S（2022）020

图 8 – 3　西藏区域轴辐式物流网络空间示意图

第三节　西藏轴辐式物流网络优化分析

依据《西藏自治区国民经济和社会发展"十四五"规划（2021～2025年）》《西藏自治区"十三五"时期物流业发展规划》《西藏自治区"十三五"时期综合交通运输发展规划》《拉萨市国民经济和社会发展第十三个五年规划纲要》《日喀则市"十三五"时期国民经济和社会发展规划纲要》《西藏自治区山南市"十三五"时期国民经济和社会发展规划纲要》《昌都市国民经济和社会发展第十三个五年规划及2030年远景目标纲要》《那曲地区国民经济和社会发展第十三个五年规划纲要》《阿里地区"十三五"时期国民经济和社会发展规划纲要》，结合前文研究，从轴心城市未来物流建设、城市间物流设施规划建设、区域子物流网络构建以及物流系统保障措施等方面提出西藏区域物流网络空间优化建议。

一、目标任务与空间布局

（一）优化目标

《西藏自治区国民经济和社会发展"十四五"规划（2021～2025年）》（以下简称规划）提出："'十四五'期间着力推动边贸物流产业成为经济增长的重要引擎、转型发展的重要动力、高质量发展的亮点和标志，产业增加值年均增长10%以上。'十四五'时期，农牧民收入年均增速达到10%以上。到'十四五'

末，城乡居民人均可支配收入达到或接近全国平均水平，基本公共服务主要指标接近全国平均水平。①"

新型城镇化建设。规划指出："着力构建'一核一圈两带三区'发展新格局指引下，深入实施新型城镇化战略，城镇化率达到40%以上。在沿边、沿江、沿景区、沿交通干线推进新型城镇化建设，推进大县城和边疆明珠小镇建设工程，5年建成150个。②"

健全交通物流基础设施体系。规划指出："加强铁路、公路、航空、管道、信息、物流等基础设施网络建设，加快进出藏综合运输通道建设，促进各种运输方式有机衔接，构建以铁路、高等级公路和运输机场为骨干，普通国省道为主体的区际综合交通运输体系。③"

推进城乡物流配送网络一体化。规划指出："推动商贸流通体系向偏远乡村延伸，促进农牧区电子商务和实体商贸流通相结合，延伸农牧业产业链和价值链，'十四五'时期实现农畜产品加工业总产值年均增长10%以上。④"

全面融入以国内大循环为主体、国内国际双循环相互促进的新发展格局。规划指出："积极融入成渝地区双城经济圈、大香格里拉经济圈、陕甘青宁经济圈，发挥西藏区位优势、通道优势、经贸合作优势，对接国家西部陆海新通道；积极推动'环喜马拉雅经济合作带'、高原丝绸之路、冈底斯国际旅游合作区、跨喜马拉雅立体互联互通网络建设。⑤"

（二）重点方向

力争西藏综合交通基础设施建设取得突破性进展，运输服务

---

①②③④⑤　引自《西藏自治区国民经济和社会发展"十四五"规划（2021～2025年）》。

水平显著提升，养护、安全应急保障和信息化水平明显增强，交通运输对西藏经济社会发展的先行引领作用明显增强；现代物流体系基本形成，农牧区供给得到保障，消费水平持续提高；深度融入"一带一路"，面向南亚开放的重要通道基本建成，对外贸易结构更趋合理。重点方向包括：

1. 完善商贸物流网络

依托铁路、公路、航空等陆路交通运输大通道，推进拉萨市国家级流通节点城市和日喀则市区域流通节点城市建设，打造畅通国内、联通国际的物流组织和区域分拨枢纽，提升青藏铁路那曲物流中心功能，建成藏北物流中心。以青藏、川藏、新藏、滇藏公路铁路沿线重要城镇为中心，带动辐射沿线和周边现代物流业发展。在重要城镇健全现代物流园区、物流中心，推进智慧农贸市场、冷链物流基础设施建设。完善农牧区日用消费品、农资配送中心，加快现代商贸物流向农牧区延伸实现全覆盖，完善农牧区现代物流网络，推进农超对接。建成以县城为中心、乡（镇）为骨干、村为基础的农牧区日用消费品流通市场体系，推进农牧区日用消费品配送服务，促进农牧区"安全、便利、品质"消费环境初步形成，进一步激发农牧区的消费力。积极培育商贸物流市场主体，大力支持大型连锁企业、电商企业、农产品流通企业进藏发展。

2. 打造南亚开放通道

《西藏自治区口岸发展"十三五"规划》指出："以'一带一路'倡议为指引，以互联互通为着眼点，以经贸合作为着力点，充分发挥区位优势、通道优势等，深化西部陆海新通道合作框架，主动对接川渝经济圈、陕甘宁青经济圈、大香格里拉经济圈，融入孟中印缅经济走廊，使西藏成为面向南亚开放的重要通道，融通内外的重要渠道。进一步优化口岸开放布局，重点建设吉隆口岸，着力推进樟木、普兰、里孜、拉萨航空口岸功能提升，全力推动亚东口岸开放，形成以吉隆口岸、拉萨航空口岸和樟木口岸为重点，以普兰和里孜口岸为两翼，以陈塘、日屋口岸及亚东乃堆拉边贸通道为支点的'三重两翼多支点'口岸开放格局，使西藏成为开放型经济的新高地。"①

3. 健全城乡流通体系

以城市商业中心和区域商业中心为龙头、特色商业步行街区为主体、社区商业为基础的城市商贸服务体系基本形成，形成一批线上线下融合、具有影响力和带动力的体验示范商圈。城镇商贸中心、示范商圈、商业网点布局合理，便民利民、生产生活必需品实现有效供给。以"互联网＋"为引领，以电子商务综合示范为载体，加快本地仓储和体验店建设，促进电商和边贸物流、快递物流融合发展。以信息化、物联网技术推进工业品下乡、农产品进城，积极推进订单直销、特许经营、连锁经营配送等现代流通方式，构建现代物流配送体系。

4. 提升窗口开放水平

加快推进拉萨综合保税区、吉隆边境经济合作区（中尼跨境合作区）建设，探索边境自由贸易区试验区建设。培育外贸转型升级示范基地，支持建设面向南亚的国际营销网络，培育一批外贸骨干企业。加大口岸要镇、边贸通道仓储物流基础设施建设力度，构建口岸经济、边贸通道经济。鼓励外贸电商企业兴建"边贸仓""海外仓"，推动与邻国的经贸往来。积极打造中国西藏文化旅游国际博览会、中国西藏—尼泊尔经贸洽谈会等西藏面向南亚开放的合作平台。稳步推进中尼友谊工业园建设，为西藏企业在尼开展投资合作搭建平台。

---

① 引自《西藏自治区口岸发展"十三五"规划》。

（三） 空间布局

根据《西藏自治区"十三五"时期物流业发展规划》，着力打造西藏自治区"一核、三轴、三区、四中心"[①] 的物流产业发展格局，有力支撑全区物流服务体系的系统构建[②]。

二、轴心城市未来物流建设

（一） 一级轴心城市——拉萨市

拉萨市作为自治区首府城市、面向南亚开放中心城市、"一带一路"节点城市，区位优势日益凸显，在吸引集聚人才、资本、技术等高端要素，创建内外贸融合发展平台，加强对内对外开放，促进国内外市场互联互通，引领和服务全区发展等方面前景广阔。基于此，尤其需要突出交通物流建设以支撑首府乃至全区经济的发展。

[①] "一核"是指充分发挥拉萨市的区位条件、综合交通枢纽、产业基础等方面的优势条件，系统完善物流基础设施建设，提升物流服务功能，建设拉萨物流产业集聚发展核心圈，将其打造为自治区级物流产业发展核心动力引擎。"三轴"是指沿国道318线、拉日铁路，联动日喀则市形成面向南亚开放的国际物流产业发展轴，以尼泊尔等南亚国家的物流中轴线，与南亚国家实现深度合作发展，与"一带一路"南亚国家高效联动发展，为实现西藏对内对外开发开放提供有力支撑；依托国内面向陕甘新，沿国道317、318线，联动林芝市、昌都市形成川渝联动物流产业发展轴，实现与川渝经济圈、长江经济带沿线地区高效联动发展；沿国道109线、青藏铁路，联动那曲市、藏青工业园区，形成甘青新联动物流产业发展轴，与丝绸之路经济带沿线地区高效联动发展。"三区"是指重点建设日喀则市、林芝市和藏青工业园区物流产业集聚区，打造区域性物流枢纽，为支撑西藏物流网络高效运行提供基础设施支撑。其中，发挥核心承载南亚国际物流大通道的核心功能，通过对接吉隆边境经济合作区，打造成为西藏乃至我国面向南亚开放的重要支撑平台；重点建设林芝市面向四川、重庆等区域联动发展的物流产业集聚区，打造成为面向川渝开放的重要发展平台；重点建设面向青海、甘肃、新疆等区域联动发展的藏青工业园区，发挥物流产业集聚区功能，打造成为面向甘青新开放的重要发展平台。"四中心"是指在那曲市、昌都市、山南市、阿里地区建设四大物流中心，成为骨干物流网络节点的重要补充和本地区域性物流的组织中心，与"一核、三轴、三区"共同形成覆盖自治区的物流服务网络体系。

[②] 引自《西藏自治区"十三五"时期物流业发展规划》。

1. 打造国家物流枢纽城市

《西藏自治区拉萨市现代物流业发展规划（2012—2020）》（以下简称拉萨规划）指出："抓住拉萨被列为国家级流通节点城市有利契机，依托青藏、拉日铁路，青藏、川藏公路等重大交通路网，加快综合性物流服务建设，力争把拉萨铁路货运站改造成综合性、现代化的大型仓储物流中心。大力发展第三方物流，引进一批国内外知名物流企业，加快构建面向南亚的国际物流大通道。充分利用物联网，建设物流信息公共平台，发展物流总部经济，争取建设保税物流园区。凸显拉萨在全区乃至西部、南亚的重要交通枢纽地位。[①]"

2. 构建航空、铁路、公路为一体的快速综合交通运输体系

加快推进拉萨新机场前期工作，打通城关区夺底乡至林周隧道。加快推进拉林铁路、拉墨专用铁路建设。加快高等级公路交通基础设施建设，打造以市区为枢纽、川藏通道、青藏通道、拉林通道（拉萨—林芝）、拉山通道（拉萨—山南）为对外联系的"一枢纽、四通道"，形成"以拉萨为中心的 3 小时综合交通圈"。完成县乡道路升级改造，逐步实现自然村公里通畅。完善城乡交通运输体系，优先发展城市公共交通，优化省市际班线，完善县级班线，建立农村客运体系，加快发展邮政物流配送体系建设，实现客运"零距离换乘"、货运"有效衔接"。推进交通物流战略性结构调整，提高运输装备水平和综合运输效率，基本建成交通运输监测网络、交通基础信息联网与服务平台、交通调度与应急指挥体系，培育和完善运输市场，推动建立统一开放、

[①] 根据《西藏自治区拉萨市现代物流业发展规划（2012—2020）》，拉萨市物流通道体系规划为市域物流通道、区域及区际物流通道、国际物流通道三个层次。其中，市域物流通道即拉萨市市域范围内物流节点间的货物运输通路；区域及区际物流通道即拉萨市与自治区其他地区以及外省市间的货物运输通路；国际物流通道即依托拉萨市物流节点与自治区相关口岸间的联动，与周边国家进行货物流转的通路。

公平竞争、规划有序的运输市场。

3. 进一步加强城投物流集散中心基础设施建设

拉萨规划指出："截至 2017 年，拉萨已经建成并启动运营了城投物流集散中心、东嘎农副产品批发市场、亨通物流园等一批物流项目，已初步形成了拉萨区域中枢物流节点。东嘎农副产品批发市场是拉萨乃至全区规模最大的农副产品批发市场，在满足拉萨本地市民供应需求的同时，也辐射带动了山南、日喀则、林芝、那曲、阿里等周边地区农产品的流通。加强与各县（区）对接，争取在曲水、当雄等地谋划实施一批具有区域性辐射带动作用的物流产业项目，健全农牧区商品配送等流通机制，努力打造工业品下乡、农产品进城双向流通渠道。[1]"

（二）二级轴点城市——日喀则市

建设以铁路为骨架，以国省干线公路为主脉，以农村公路、边防公路为基础网络，以民用航空为重要节点的立体综合交通运输体系，改善日喀则的交通运输条件。

1. 推动公路建设

继续加大干线公路建设。落实《国家公路网规划》《西藏自治区省道网规划》相关要求，深入推进市域国省干线公路建设工作。加快推进 G4218 线高等级公路（拉萨至日喀则市区段）、G219 线（萨嘎县至山南市洛扎普玛江塘）贯通工程以及 G216 线、G563 线、S303 线、S516 线等重点干线公路建设进程，积极

---

[1] 根据《西藏自治区拉萨市现代物流业发展规划（2012—2020）》，拉萨市先期从立足拉萨、服务全藏、接驳西部省市的区域物流枢纽的定位出发，重点建设保税物流园区，围绕铁路运输、公路货运、空地联运、保税物流、国际物流、公共仓储、物流信息交易等多角度积极招引外贸、物流等企业入驻，逐步完善其他物流综合服务功能，引导社会闲散物流资源入驻中心，提高物流设备设施利用率，切实提高物流对商品贸易、流通、仓储的服务能力。

推进日喀则至亚东快速通道、日喀则至吉隆高等级公路前期建设工作。

加快农村地区公路网络建设。推进所有具备条件的乡镇通沥青（水泥）路，所有完善依法登记且具备条件的寺庙，具备条件的自然村通公路，具备条件的建制村通硬化路，并推进实施牧场转场、景区景点、小城镇建设、扶贫搬迁等交通扶贫攻坚项目。

强化边防公路建设。打通边防通道，提升边防公路畅通迂回能力，实现所有边防团通油路，所有边防站点通公路，保障人员及物资运输快速到达所有边防点，完成边防横向通道中段建设任务。

2. 发展铁路、航空等运输方式

提升铁路运输能力。按照国家铁路建设规划要求，继续完善铁路基础设施，提高铁路网覆盖范围，促进与邻国基础设施的互联互通，支持建设连接阿里、新疆等地的铁路交通干线。加快开展日喀则至吉隆、日喀则至亚东、日喀则至狮泉河等铁路的前期和建设工作。积极争取增加日喀则与全国铁路网的车次交流，拓展拉日铁路的运输能力和辐射范围。加强铁路客货运场站与综合保税区的功能衔接。

完善航空运输体系。完善日喀则和平机场各项配套设施，加强与拉萨、阿里机场的联系，支持国家在后藏地区的战略安全布局，通过连接援藏省（市）、朝觐客流、旅游包机等方式增加航班班次，建成功能复合型机场。推进建设亚东支线机场，开展吉隆、定日等通用机场的前期研究和建设工作。

三、城市间物流设施规划建设

（一）构建现代物流综合交通网络

通过三个层次的体系建设，整合资源、合理布局、扩大开放，加快推进城市间综合物流通道网络和物流节点建设，完善陆运通道和航空网络，形成公路、铁路、航空等多种运输方式有效衔接的物流基础设施网络。

第一层次：以拉萨为中心，沿日喀则方向（即沿国道318线、拉日铁路），延伸至吉隆口岸建设南亚国际物流通道，与南亚国家实现深度合作发展、与"一带一路"南亚国家高效联动发展，为实现西藏对内对外开发开放提供有力支撑；沿林芝、昌都方向（即沿国道317、318线），建设川渝联动物流通道，实现与川渝经济圈、长江经济带沿线地区高效联动发展；沿那曲方向（即沿国道109线、青藏铁路），延伸至藏青工业园区，建设甘青联动国际物流通道，与丝绸之路经济带沿线地区高效联动发展。

第二层次：沿着"三轴"物流通道，依托既有公路、铁路交通通道，畅通昌都、山南、阿里等地区的支线物流通道，实现区内城镇物流高效联动发展，支撑构建覆盖城乡的生产、生活保障物流体系。

第三层次：重点针对面向南亚开放的国际通道，依托吉隆、樟木、普兰、里孜、陈塘、日屋、亚东、吉太等边境口岸及边贸通道条件，畅通面向尼泊尔、印度等周边国家的多边国际物流通道，对边境贸易、边境产业发展形成有效支撑。

西藏区域物流网络空间特征、形成机理及优化研究

（二）搭建功能齐全的物流信息平台

重点搭建具有物流信息资源展示、供应链管理服务、物流业务协同、政府服务融合等主要功能的开放性、通用性、标准化"智慧物流平台"，加快推进"互联网＋电子商务"专项行动计划，以云计算、大数据技术为支撑，整合物流信息资源，帮助物流企业提高效率，降低成本。依托电子商务平台，在拉萨、日喀则等区域性中心城市打造以电商仓储基地为中心、各地市区域配送为支撑的电商物流基础设施网络。积极培育区域分拨、快递服务等电商物流运营主体发展壮大、加强跨区域协作能力，实现电商与物流协同发展，推动电商物流环境的持续改进。

（三）建成综合物流园区（中心）

以"集散全区，辐射南亚"为目标，基本建成物流园区和物流配送中心体系，不断完善西藏地区综合物流园区（中心）基础设施。推进自治区级综合物流园区、片区级物流中心、市（地）级物流集散中心（枢纽节点）和县（乡镇）级配送中心（枢纽站点）等区域物流枢纽。在那曲、昌都、山南、阿里等地建设四大物流中心，成为骨干物流网络节点的重要补充和本地区域性物流的组织中心。

（四）重点推出冷链物流产业

立足建设重要的高原特色农产品基地，充分发挥西藏特殊区位优势，搭建服务特色农畜产品生产经营、市场营销及社会消费为主的专业冷链物流，逐步构建覆盖全区的冷链仓储设施网络。按照冷链仓储设施的特征，在拉萨、日喀则、林芝等城市建设大型冷链物流中心，满足外部输入性农产品区域集散分拨的需求。

在山南、昌都、那曲、阿里等地区建设冷链仓库，满足末端配送的需求。

四、区域子物流网络构建

（一）山南市物流网络构建

完善铁路、国省干线公路网及支线机场建设。围绕拉萨山南一体化发展，加快拉林铁路建设，做好各项建设服务工作。大力加强贡泽高等级公路、拉萨山南快速通道、山南至墨竹工卡等公路建设，开展泽当—八一镇、泽当—错那高等级公路前期工作，提升山南县际公路交通干线等级，畅通泽当镇与藏中南城镇群的交通联系，构建拉萨山南"一小时经济圈"。

完善综合交通运输体系。推进综合交通运输体系建设，完善国省干线公路网络，全面提升农村公路的覆盖率和技术等级水平，打造城乡公交一体化，促进各种交通运输方式有机衔接，提升交通运输服务水平和交通信息化水平。

完善骨架农村公路网。优化由县道、乡道、村道、专用公路和边防公路组成的农村公路网络，升级改建一批连接中心城镇、农村人口密集聚居点的县道和乡道，完善县道网格局。以打通断头路为关键，以乡镇通畅、建制村通达与通畅、自然村通达及专用公路和边防公路为重点，提高县乡道路面铺装水平。

建设运输场站。结合运输场站及运输服务状况，提高全市客、货运服务水平和质量，大力开展县级客运站与乡镇客运站的新建和改扩建工作。对泽当客运站进行公交换乘改造，构筑换乘快捷方便的出行体系。继续促进以货运场站和物流中心为基础的货运体系建设，新建县级货运站、乡镇级货运站和现代物流园。

在泽当镇建设公交站点，初步形成城市公交站点网络，实现所有乡镇和85%的建制村通客车。

（二）昌都市物流网络构建

昌都市为国家规划的179个国家公路运输枢纽之一，《西藏自治区综合交通运输发展规划》中将昌都地区定位为藏东交通枢纽，西藏自治区3个次级枢纽之一。该规划明确指出："努力建设'一个枢纽（国家一级交通枢纽），两大中心（物流中心和客运集散中心），四条干线（G214、G317、G318、G349），四种方式（公路、铁路、航空、管道）'的综合交通运输体系。"

强化对外通道建设。大力实施以川藏、滇藏、青藏大通道为重点的立体交通网建设，加快国省道黑色化、昌都市同周边省区的连接道路工程规划建设步伐，提高国省道等级标准，形成连接成渝经济区和藏中经济圈的陆路通道和空中走廊，缩短与周边区域的时空距离。

完善公路交通网络。新建G317线川藏高速公路（昌都至德格段）、G317昌都镇过境线C线（东环线）、东达山隧道（G318线）；改建G349边坝县草卡镇—那曲地区嘉黎县中玉乡公路，实施业拉山、觉巴山改线工程；加快S6线昌都至邦达机场专用公路前期工作，提前实施昌都主城区至加卡段。开展昌都至云南迪庆、昌都至青海玉树高等级公路前期论证工作。

推进铁路建设。积极配合设计单位尽快开展川藏铁路康定至昌都、昌都至林芝段的前期工作，并力争早日开工建设。启动滇藏铁路德钦至邦达段、甘藏铁路玉树至昌都段项目前期论证工作。

改善空中对外通道。改扩建邦达机场及候机楼。新增航班、航线，逐步开通昌都至林芝、日喀则、西宁、香格里拉、昆明、天津、西安等航线，鼓励和协调各航空公司开辟四省区交界地区市（州）互飞航线。建设芒康通用小型机场，开展昌都新机场选址以及八宿、丁青、江达、边坝、洛隆、类乌齐、贡觉7县通用机场的前期工作。

（三）那曲市物流网络构建

那曲市是我国面向南亚开放通道上的重要物流基地，西藏开放合作的重要门户。改善与周边地区的交通条件，优化提升交通网络。重点推进公路建设，初步形成由公路、铁路、航空等运输方式构成的现代化综合交通体系，为全面建成小康社会提供畅达的交通保障。

加快城乡道路系统建设。继续实施317国道提升及延伸工程，加快农牧区公路网升级改造步伐，完善地区公路网络。加强农牧区运输体系建设，各县城均建成四级以上客运站点，开通县城至各乡镇之间的客运班线。

改善与周边地区的交通条件。加强那曲与昌都、日喀则、阿里及青海玉树等周边地市之间的道路连接。全力推进那曲—拉萨高等级公路、那曲通用机场、纳木措环湖公路和黑昌公路建设。推动开展对那曲—昌都铁路、那曲—阿里铁路、亚拉通用机场建设项目的论证工作。

（四）林芝市物流网络构建

强化公路交通主体作用，加快推进铁路建设、空港建设，构建综合交通运输体系，把林芝建设成为辐射西南、面向全国的藏东南综合交通枢纽。公路建设以增加里程、扩充路网密度和提升公路等级为重点，着力构建以八一镇为中心、各县城为次中心、乡（镇）为网点、村为域面的公路交通运输网络。建成林拉高等级公路，加强边防公路建设，大力实施乡乡通油工程和村村通工程。拓展林芝空中通道，推进林芝机场改扩建工程，增加航班航线，建设通用航空机场，把林芝打造成为西藏的航空次枢纽。建成林拉高等级公路，加强边防公路建设，加快建设川藏铁路拉萨至林芝段，开工建设川藏铁路林芝至康定段，启动滇藏铁路波密至香格里拉段前期工作。加强城乡邮政基础设施建设，提升乡镇邮政普遍服务能力。

（五）阿里地区物流网络构建

阿里地区是新疆与西藏连接的重要节点，也是我国连接南亚的重要通道，具有发展边贸、物流，搭建连接丝绸之路经济带和环喜马拉雅经济合作带桥梁的区位优势。坚持整体规划、分步实施、统筹兼顾、重点突出的原则，以公路网络为基础，以干线公路和航空运输为骨架，以农村公路和边防公路为重点，建设通达、通畅、安全的交通运输体系，为巩固边防和经济发展提供支撑。着力打造阿里地区"一核、二轴、三廊道、三片区"的边贸物流产业发展格局，有力支撑本区域物流服务体系的系统构建。

第四节　研究结论

本章通过构建指标体系，测算出西藏 7 地市物流竞争力水平，据此将西藏 7 地市划分为三个等级，以拉萨市、日喀则市分别确定为一级、二级轴点城市，以此为物流枢纽中心；其余地市作为三级辐点城市，以此为腹地。使用物流引力强度和隶属强度指标测算辐射范围和辐射幅度。经测算，拉萨市辐射范围包括那曲市、昌都市以及山南市；日喀则市辐射范围包括阿里地区。西藏地市对边境陆路口岸的辐射范围较弱，甚至存在屏蔽效应。通过构建轴辐网络，轴心城市发挥物流枢纽功能，对周边腹地形成辐射作用，腹地物流经支线向轴心城市集散，再经干线在轴心城市间流转，使得区域物流形成密切联系的空间结构。该模式能够提高运营效率，降低成本，实现合理分工，为西藏区域物流系统的优化，实现资源的合理配置提供了参考依据。

结合西藏"十四五"规划中物流产业发展的工作目标和"十三五"时期物流产业发展空间布局和系统构建，本章从目标定位、优化层次和实施抓手三个方面对西藏区位物流网络空间优化提出以下对策与建议。

一、目标定位要有高度

所谓定位，就是西藏区域网络空间优化应做什么、能做什么、应将聚力于哪个方向。西藏区位物流空间优化的目标定位具有足够的高度，一个来自中央意图，主要是从总揽全局、全国总体发展目标看，国家对于西藏的通道建设具有明确的战略指向。国家定位西藏作为对南亚地区开放的重要通道，不仅赋予西藏更加重要的战略地位，而且使西藏有了更加清晰的发展方向。西藏是重要的国家安全屏障、重要的生态安全屏障、重要的战略资源储备基地、重要的中华民族特色文化保护地，是我国同西方敌对势力和境内外敌对势力、分裂势力斗争的前沿。如何处理好维稳固边与通道开放的关系是中央和西藏地方必须面对的重大战略问题。

另一个是西藏的区位特征。在当前高质量发展的大背景下，西藏凭借区位特征借力南亚大通道和环喜马拉雅经济合作带建设，对接孟中印缅经济走廊，融入丝绸之路经济带，全面融入国际国内双循环新发展格局，历史性地赋予发展的新机遇、新空间、新动能，无疑具有丰富的时代内涵，同时对于促进西藏社会经济的快速发展，也具有重要的引领作用。

二、物流优化应有层次

所谓层次就是优化布局涵盖的内容。区域社会经济活动是分层的，物流优化布局也要分层。因此把西藏地区物流优化布局分成了四个层次。

第一层次是财政诱导。根据 2021 年 6 月 30 日西藏自治区人民政府新闻办公室发布，和平解放 70 年来，西藏财政保障能力大幅提升。历经几代财政人的传承跨越和不懈努力，西藏财政实现从无到有、从小到大、从弱到强的历史性跨越。70 年来，中央对西藏的财力补助累计达到 16335.85 亿元人民币。总体看，中央补助在全区财力结构中保持主导性地位，占全区一般公共预算财力的近 90%，是自治区各项事业平稳有序发展的坚实后盾①。可见，现阶段西藏经济发展仍然是投资驱动为特征的财政输血模式。高质量发展背景下，对政府使用资金的效率水平提出更高要求，西藏财政支出机制体制需要创新，在充分发挥财政杠杆诱导作用的同时，考虑国有投资的挤出效应，尽量减小效率的损失，加快传统物流产业的转型和升级，从而进一步促进物流产业空间结构优化。

第二层次是通道畅通。包括点线面的建设即运输通道、智慧

---

① 70 年来中央对西藏的财力补助累计达 16335.85 亿元 ［EB/OL］. （2021－06－30）. https：//www.sohu.com/a/474890376_123753.

物流以及相应配套体系建设。根据本书第七章研究结论西藏区域物流的运输联系在空间上已经呈现出向区域集聚的显著特征，具体表现在藏中南地区空间运输联系出现区域化的显著特征，交通运输基础设施的改善推动对外联系密切地市及特色化的城镇呈现出集聚于"交通廊道"的发展特征，呈现出"中心—外围"的物流特征。但是根据本章研究结论西藏区域物流目前仍处于低水平均衡开始起步阶段，以拉萨市为中心的核心节点开始发育形成，区域物流网络空间联系强度呈现出不均衡状态。因此，西藏区域物流网络在空间上应遵循"小区域集中、大区域均衡"的发展模式。首先，发展物流核心圈层，形成增长极。以拉萨市作为核心枢纽城市，联动山南市、日喀则市、那曲市以及林芝市的部分节点重要城镇形成核心圈层，作为增长极的主要支撑点。其次，培育物流中心节点城市，形成增长点。随着川藏铁路的开工建设、特色产业的初具规模，藏东地区的昌都镇可以培育成为带动本区域发展的重要增长点。最后，在此基础上使物流发展的空间由中向东向西，由中向南向北，依托公路、铁路交通通道，畅通支线物流。依托边贸通道，畅通周边国家的多边国际物流。

第三层次是产业集聚，包括产业、行业以及以此为依托的特色城镇的建设。西藏已经基本形成综合运输大通道为主骨架，内畅外通的综合立体交通网络，有力地支撑着西藏区域经济的布局和产业体系的构建。纵观 20 年来西藏区域经济布局进程，"十一五"时期构建东、中、西三大经济区①、"十二五"时期构建

---

① 构建东、中、西三大经济区的新思路是指，藏中经济区以拉萨市、日喀则市、山南市、林芝市、那曲市 5 地市为主，要建成辐射全区的核心经济区。以昌都镇为主的东部经济区，要加强与中部经济区的联系，积极融入成渝经济区，共同建设"大香格里拉生态旅游经济区"。以阿里地区为主的西部经济区，要发挥连接新藏及边贸优势，构建西部战略通道。

"一江三河"区域产业集群区①、"十三五"时期构建"一圈两翼三点两线"的城镇化空间格局②以及"十四五"时期构建"一核一圈两带三区"发展新格局③，可以明显看出西藏经济布局从经济区到经济圈不断由大到小聚焦主核心——拉萨市。这跟本书第六章、第七章的研究结论，即西藏已经形成了以拉萨市为核心的物流圈层在空间分布格局上具有高度一致性。

新阶段下，我国经济发展已由高速增长阶段转向高质量发展阶段，以创新为主要驱动力的经济增长模式正在逐步形成。但是西藏"一产弱、二产散、三产层次低"的特征仍然没有改变，"十三五"期间，西藏工业产业增加值占比 GDP 也不过由 6.8% 提升至 8% 而已。"十四五"规划提出着力推动清洁能源、旅游文化、高原生物、绿色工业、现代服务业、高新数字、边贸物流七大产业高质量发展，不得不指出的是西藏七大特色产业还是主要偏向于第三产业。作为实体经济的基础——制造业是创造国民经济效益的部门，西藏应在主体功能区规划范围内大力提升制造业和生产性服务业占比，壮大实体经济的根基。随着信息服务革命的深化，以智能化、数字化和网络化的服务业引领制造业创新，推动西藏制造业乃至所有行业的转型升级才是大势所趋。

第四层次是市场融通，包括促进要素市场和商品市场的培育以及企业的吸纳，推动对内市场的融入和对外市场的开放。市场

---

① 构建"一江三河"区域产业集群区是指，拉萨市至日喀则市、山南市、那曲市、林芝市 4 小时经济圈。

② 构建"一圈两翼三点两线"的城镇化空间格局是指，形成以"拉萨—泽当城镇圈"为核心圈，雅鲁藏布江中上游城镇和尼洋河中下游城镇为东西两翼，藏东昌都镇、藏北那曲镇和藏西狮泉河镇为三个节点，边境沿线和交通沿线重要小城镇为两线的空间布局。

③ 构建"一核一圈两带三区"发展新格局，"一核"是指拉萨市核心增长极；"一圈"是指以拉萨市为中心，辐射日喀则市、山南市、林芝市、那曲市的 3 小时经济圈；"两带"是指边境沿线发展带、铁路经济带；"三区"是指藏中南重点开发区、藏东清洁能源开发区、藏西北生态涵养区。

的融通离不开产业的发展、市场的培育、企业的吸纳，尤其离不开人聚集的地方。特别是新兴产业的发展不一定要靠近港口，也不一定要去成本低的地方，但一定要靠近人才集聚地。人口作为影响区域经济社会发展的重要因素之一，决定了未来的发展潜力。尽管根据西藏第七次全国人口普查主要数据，2010~2020年西藏人口数量增长21.52%，具有大学文化程度人口数量增长1倍，区外流入人口数增长146.11%，从数量、质量及流向上近10年来都得到不同程度的增长，将为区域经济快速发展增添助力。但是西藏地广人稀带来的劳动力流动性不足、市场容量狭小、产业发展支撑不足、就业吸纳能力弱、要素聚集能力差、空间利用效率低等问题依旧突出。在东部地区产业转移大趋势下，西藏一方面应凭借区位资源、土地成本、优惠政策等优势，吸引大量外来人口涌入应对产业转移的机遇。必须指出的是，引人只是发展的第一步，还要更好地实现"留人"和"用人"，全面摸底、动态跟踪"流动"群体状况，实现就业的精准施政。另一方面，不同区域还可以结合地方现有产业发展和承载能力，提升城镇基础设施和公共服务水平，通过户籍制度改革、异地扶贫搬迁结合乡村振兴战略，加速人口向区内、区外流动，建立起流动的产业带，进一步缩小城乡差别，促进对内对外市场融合发展。

三、实施须找到有力的抓手

抓手即为实施的动力机制，政府可为且具有杠杆效应的切入点。西藏应以改革先行示范的担当意识，用好中央及地方赋予的新优势，建立相应的变革、保障以及促进机制，处理好通道与屏障之间的辩证关系，发挥好通道与屏障之间的作用关系。

"南亚大通道"是由通道、口岸、城市和产业有机集成的西藏全面开放战略体系，依托中国西藏与尼泊尔、印度、缅甸、不丹等周边国家密切往来的城市和口岸，连接中国其他省份的经济区，形成经济交流的大通道①。南亚大通道的建设已经上升为国家战略，它的实质是打破行政区划边界，让货畅其流，物尽其用，人尽其才。国家对西藏南亚大通道的定位不仅赋予了西藏更加重要的战略地位，而且使西藏有了更加清晰的发展方向。

西藏尽管不论是政治体制还是经济基础都发生了天翻地覆的变化，但是必须正视的是西藏和其他省份的差距依然还是很大。2020年西藏GDP总额只有1900多亿元，位居全国（不含港澳台地区）最后一位，中央向西藏人均转移支付高达4.91万元，居全国第一。与其他民族地区相比，排名倒数第二位的青海省GDP为3005.92亿元，远高于西藏②。与沿海发达地区相比，根据2020年社科院发布的《全国县域经济综合竞争力100强》，排名第一的昆山市为江苏省苏州市代管县级市，2020年全年实现地区生产总值为4276.76亿元，超过西藏2倍多。原因何在？除了起点低、基础弱之外，西藏更多应该思考如何借南亚大通道建设这一时代机遇，撤除边界贸易壁垒，吸引优质生产要素，实现融通内外。这是第一个抓手。

何以突破？利用第二个抓手瞄准制度的基础结构，融入"一带一路"深度开发开放。《2020年西藏自治区国民经济和社会发展统计公报》指出西藏规模以上工业企业利润总额18.91亿元，比上年增长200.7%。而从分经济类型看，股份制企业利润7.68亿元，比上年增长153.3%。外资及港澳台企业利润10.59亿元，

---

① 南亚大通道成"一带一路"新支点［EB/OL］. http：//www. scio. gov. cn/31773/35507/35510/document/1535217/1535217. htm.

② 2020年全国31个省市自治区GDP公布［EB/OL］. (2021 - 02 - 01). http：//www. jszjxh. com/w/portal/newsDetails？ newsId = 1000007400.

比上年增长 301.0%。国有控股企业利润却亏损 10.20 亿元，亏损额增长 2.0%。由此可以看出，工业企业利润增加迅猛，但创造利润来源的企业主体性质压倒性地属于非国有企业，国有企业呈加速亏损态势。

西藏必须下大决心，继续加大力度、加快速度推进包括国企改革在内的一系列改革开放，推进从经济制度转型的市场化、社会经济结构转换的工业化、大众生活方式转型的城镇化、经济活动空间转型的开放化以及包括人们观念、文化生活乃至意识形态的转型的所有其他社会转型①的进程，才能逐步实现从"输血"援藏到"造血"兴藏的根本转变。这些转型核心宗旨或目标的实现离不开政府营造开放的营商环境，这是改革探路的第一步。搭建招商引资、暖企助企平台，把政府从微观着手吸引和培育优质企业数量、质量和规模的招商引资能力，到宏观上实现制造业和生产性服务业的一定占比，纳入评价区域政府营造开放投资环境的指标体系。图 8-4 为西藏区域物流空间优化基本思路。

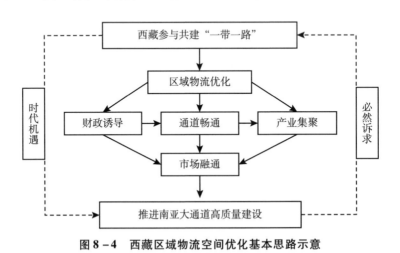

图 8-4　西藏区域物流空间优化基本思路示意

---

① 赵伟. 浙江模式：一个区域经济多重转型范式——多视野的三十年转型［J］. 浙江社会科学，2009（2）：22-31.

| 第九章 |

西藏区域物流网络空间重点
行业优化研究

　　本章基于西藏区域物流重点行业、重点领域以及重点问题展开优化研究。西藏跨境物流之边境陆路口岸特色发展研究，从跨境区域的经贸合作入手，立足边境陆路口岸建设，通过对空间布局和发展效力层面深度剖析，探寻西藏陆路边境口岸特色发展之路。

　　西藏低碳物流之交通运输业低碳化发展研究。建设美丽西藏务必统筹物流产业发展和生态保护的关系，低碳物流也无可避免地成为西藏区域物流的空间优化关键一环，通过构建西藏交通运输业碳排放量测算模型和因素分解模型，较为准确地了解了西藏交通运输业能源消耗和碳排放状况。

　　西藏商贸物流之"互联网＋共享单车"商业模式创新研究。以"互联网＋"为引领，加快促进电商和边贸物流、快递物流等商贸物流的融合发展，通过构建"互联网＋共享单车"商业模式创新模式，揭示西藏地区互联网共享单车商业模式创新影响因素，为因地制宜地制定共享单车发展保障机制提供科学依据。

西藏冷链物流之农畜产品流通体系构建研究。为了增加农牧区农牧民对日常生活必需品的有效供给，立足西藏农业战略格局和农畜产品流通制约因素，探讨依托区域经济发展和产业布局构建农畜产品流通体系，提出具有"本土化"的农畜产品物流发展对策。

第一节　西藏区域跨境物流：边境
陆路口岸特色发展研究*

地缘经济是在世界经济全球化和区域经济一体化不断加深的国际背景下，在地缘要素影响下，从经济地位和经济关系的角度认识、处理和定位国际关系的新学科。冷战后，从地缘空间角度出发，通过经济的对外开放及外向型发展，利用资本、技术、市场等经济威力扩大国家影响力和控制力，已经成为实现国家政治目的的主要手段。随着世界经济中心向亚太地区东移，中国和南亚次大陆地缘关系日趋突出，西藏作为连接东亚与南亚唯一的陆路口岸有着不可替代的战略地位，是国家确定的沿边地区开放开发重点区域和面向南亚开放的重要通道。中央第六次西藏工作座谈会也明确指出"要把西藏打造成我国面向南亚开放的重要通道"。但是由于西藏本身自然障区面积较大，不利于宏观层面区域开发，应着眼于微观视域，从跨境区域的经贸合作入手，"以点带面"推进南亚大通道建设，从而有效衔接"一带一路"。鉴

---

　　* 本节内容为本书阶段性成果，发表在《CSSCI西藏大学学报（社会科学版）》2018年第2期。

于此，本章在调查研究、实地考察的基础上，基于地缘经济视角，立足边境陆路口岸建设，从空间布局层面分析了西藏边境口岸地缘分布、区位条件以及贸易类型，从发展效力层面分析了西藏边境口岸的运行状况、发展瓶颈以及发展潜力，力求借助地缘优势、对外贸易基础优势和政策优势，探求边境口岸特色发展之路。这对于以边境口岸贸易活动为核心，拓宽对外经贸合作的深度和广度，发挥边境口岸对口岸地区的带动作用，提升与边境国家的贸易往来、文化交流以及关系友好从而推进南亚大通道建设具有一定的参考价值。

一、空间布局①

西藏地处西南边陲，毗邻尼泊尔、印度、不丹、缅甸等国，对南亚区位优势明显，边境总面积 34.35 万平方公里，边境线长达 4300 多公里，分布了 21 个边境县、104 个边境乡，边境通道 312 条、边贸市场 28 个、陆路边境口岸 7 个。其中，7 个陆路边境口岸自日喀则南部沿喜马拉雅山脉向西北方向呈扇形分布，依次位于日喀则地区的吉隆县、聂拉木县、亚东县、定结县、仲巴县和阿里地区的普兰县 6 个边境县境内。限于基础设施条件和政治外交关系，西藏口岸以边境公路口岸为主，航空、铁路口岸偏少。现有口岸多分布在日喀则市的对尼口岸，藏东、藏西地区对邻国的分布较少。

（一）吉隆口岸

位于日喀则市吉隆县吉隆镇，与尼泊尔热索瓦、廓尔喀两县

---

① 资料及数据来源：日喀则市商务局《日喀则市对外开放和口岸建设情况汇报》、西藏自治区商务厅口岸办《西藏自治区口岸及口岸贸易"十二五"总结》。

接壤。对应尼方口岸为热索瓦，距日喀则市 560 公里，距拉萨市818 公里，距尼泊尔加德满都 131 公里，与博卡拉、东郎等尼泊尔经济较发达市县和经济开发区相近，交通相对便利。1961 年12 月确定设立吉隆海关，1962 年吉隆口岸正式对外开放，1978年被批准为国家一类陆路口岸，2015 年正式通关，成为国际性陆路口岸。吉隆口岸曾是中国西藏与尼泊尔最大的陆路通商口岸之一，截至目前对尼开放，仅有零散的、小额的边民互市贸易。

（二）樟木口岸

位于日喀则市聂拉木县樟木镇，东南西三面与尼泊尔辛杜帕尔乔克、多拉卡两县接壤，对应尼方口岸为科达里，距日喀则市478 公里，距离拉萨市 736 公里，距离尼泊尔加德满都 128 公里。1961 年 12 月设立聂拉木海关，1962 年樟木口岸正式对外开放。1983 年经批准成为国家一类陆路口岸，现为国际性陆路口岸。樟木口岸公共设施相对完善，行政职能机构和经营性服务机构相对健全，目前对尼开放，开展的贸易类型包括边民互市贸易、边境小额贸易和一般贸易，是中尼两国经济、政治、文化交流的主要公路口岸，承担着 90% 以上的中尼贸易量。受尼泊尔"4·25"地震影响，暂时中断运行。

（三）亚东口岸

位于日喀则市亚东县下司玛镇，向南呈楔状伸入印度和不丹之间，与印度锡金邦接壤，距日喀则市 309 公里，距拉萨市 460公里，距不丹首都廷不约 30 公里，由乃堆拉山口出境至印度昌古边贸市场 7 公里，至印度锡金邦首府甘托克 100 公里，继续南下至印度铁路交通枢纽城市西里古里不足 140 公里，再从西里古里经铁路南下至印度港口加尔各答约 370 公里。加尔各答附近城镇密集，距离孟加拉国北部交通枢纽格普尔 220 公里，是中国西部部分省区特别是西藏距离印度洋出海口最近的口岸。它是我国陆上与印度贸易往来的捷径，具有突出的区位优势。亚东县与印度不存在领主争议，有发展贸易的内在需求，1894 年 5 月 1 日设关通商，1913 年 3 月闭关，此后，亚东商路依然通畅，1962 年关闭，2006 年 7 月，乃堆拉山口正式恢复开通。亚东口岸曾是西藏最重要的对外通商口岸，待恢复开放，默认为国家一类口岸，主要对印开放，以边民互市贸易为主。

（四）普兰口岸

位于阿里地区普兰县普兰镇，属于中、尼、印三国交界处。距阿里地区所在地噶尔县狮泉河镇 360 公里，距拉萨市 1350 公里。对应尼方口岸为雅犁口岸。与印度贡吉对应为强拉边贸通道。1961 年 12 月设立普兰海关，1954 年普兰口岸正式对外开放。普兰的中印通道于 1962 年关闭，1992 年中印强拉边贸通道恢复开通，1995 年批准成为国家二类口岸，现为国际性陆路口岸。普兰口岸是中、印、尼三国政治、经济、文化、宗教交流的重要口岸和通道。但因尼泊尔和印度境内未通公路，仍然是以人背畜驮的方式开展边民互市贸易为主，出入境人员以边民、游客和朝圣者为主。目前，该口岸对印、对尼开放，开展的贸易类型包括边民互市贸易、边境小额贸易和一般贸易。

（五）日屋口岸、陈塘口岸

日屋口岸位于日喀则市定结县日屋镇，与尼泊尔塔普勒琼、桑库瓦沙巴两县接壤，与尼对应口岸为瓦隆琼果拉口岸。距定结县 75 公里，距陈塘镇 70 公里，距日喀则市 310 公里，距拉萨市 585 公里。1986 年批准正式开放，1972 年批准为国家二类陆路口岸，现为双边性陆路口岸。

陈塘口岸位于定结县陈塘镇，距日屋镇约 70 公里，距定结县 150 公里，距日喀则市约 373 公里，距拉萨市 554 公里。2012年中尼签订协定，将陈塘口岸作为双边性陆路口岸，并正式开放。陈塘口岸作为日喀则市边境贸易新的陆路口岸增长点，其作用日显突出。

"十三五"期间，日屋、陈塘口岸拟以扎西热卡—车布达山口通道和扎西热卡—陈塘通道，通过"一口岸两通道"模式开放。由于中尼两国在此没有公路连接，只有边境互市贸易。

（六）里孜口岸

里孜口岸位于仲巴县西南部亚热乡，距县城 58 公里，距边境一线曲旦玛布通道 6 公里，距尼泊尔洛满塘镇近 30 公里。2012 年中尼签订协定，将其作为双边性陆路口岸，并正式开放。目前，对尼开放，只有边境互市贸易。

二、发展效力[①]

（一）发展现状

1. 边境贸易发展概况

根据表 9 - 1 可以看出，2006～2016 年西藏对外贸易增幅波动较大。西藏边境进出口贸易发展迅猛，尤其是 2009～2014 年相比西藏对外贸易，呈现出稳定快速增长势头，边境进出口贸易

---

① 因 2015 年 "4·25" 尼泊尔大地震对西藏边境口岸影响较大，本章内容相关数据主要集中在 2016 年以前。

总额从 169872 万元飙升至 1217439 万元，年均增长率为 102.78%，且占西藏对外贸易总额的比重不断攀升直至 2014 年突破历史之最 87.79%。但是受 2015 年 4 月 25 日尼泊尔大地震影响，西藏不论是对外贸易还是边境贸易持续下滑，边境进出口贸易从 2014 年 1217439 万元下降至 2015 年 302351 万元，2016 年继续恶化至 298644 万元。从以上数据可以看出，边境贸易是西藏对外贸易的主要组成部分，"4·25"尼泊尔大地震直接导致边境贸易额的下跌，深刻暴露出西藏边境贸易发展的局限性。2020 年受新冠肺炎疫情影响，西藏对外贸易及边境贸易有明显的下降趋势，对外贸易进出口总额从 2019 年 487558 万元下滑至 213286 万元，边境进出口总额由 2019 年 293321 万元下降至 96677 万元。2021 年随着新冠疫情的逐步控制，对外贸易情况开始有所好转，但边境进口总额却从 2019 年的 3264 万元下降至 2020 年的 159 万元，到了 2021 年继续下降至 0 元，说明边境进出总额受影响很大。

表 9 - 1　　　　2006～2021 年间西藏对外贸易及边境贸易情况　　单位：万元

年份	对外进出口总额	出口总额	进口总额	边境进出口总额	边境出口总额	边境进口总额
2006	256152	173332	82820	137420	133832	3588
2007	287422	238408	49014	181827	179584	2243
2008	531798	491348	40450	166391	164487	1904
2009	274507	256296	18211	169872	167468	2404
2010	565890	521942	43948	338847	336884	1963
2011	856047	745460	110587	586192	582329	3863
2012	2167236	2123587	43649	1067474	1061721	5754

年份	对外进出口总额	出口总额	进口总额	边境进出口总额	边境出口总额	边境进口总额
2013	2055765	2024588	31177	1191504	1185354	6150
2014	1384815	1290039	94776	1217439	1206826	10613
2015	565535	362364	203171	302351	299042	3309
2016	516742	312369	204373	298644	296058	2586
2017	591919	298473	293446	233807	231661	2145
2018	475188	285698	189490	241206	238486	2720
2019	487558	374534	113024	293321	290057	3264
2020	213286	129364	83922	96677	96518	159
2021	401616	225196	176420	172227	172227	0

资料来源：2020年《西藏统计年鉴》中华人民共和国拉萨海关官网。

2. 运行情况[①]

2021年西藏外贸进出口总值达40.16亿元，同比（下同）增长88.3%。其中，出口22.52亿元，增长74.1%；进口17.64亿元，增长1.1倍。其中，一般贸易进出口总值22.55亿元，增长1.0倍；边境小额贸易17.22亿元，增长78.1%。2021年，樟木口岸出口货物量为4.95万吨，贸易额8.59亿元，分别同比增长203.68%和60.86%[②]。2016～2019年普兰口岸边贸进出口贸易总额分别为8287万元、2349.22万元、4137万元、3336.11万元，2020年因疫情影响，口岸及边贸市场处于关闭状态，无交易往来。2020年吉隆口岸进出口货物总额为9.16亿元，货物总量为1.78万吨，货物总额和货物总量较2019年分别下降

[①] 西藏自治区商务厅口岸办《西藏自治区口岸及口岸贸易"十二五"总结》。
[②] 2021年西藏外贸进出口总值达40.16亿元［EB/OL］.（2022-02-08）. https://baijiahao.baidu.com/s? id=1724168910414587153&wfr=spider&for=pc.

78.9%、86.9%。2019 年亚东仁青岗边贸市场实现边贸额 0.8 亿元，2020 年至今无交易往来①。

3. 建设管理措施

西藏相继公布实施《西藏自治区"十三五"时期商务发展规划》《西藏自治区口岸发展"十四五"发展规划》《西藏自治区人民政府关于促进边境贸易发展的实施意见》《西藏自治区樟木口岸发展规划（2011—2020）》《西藏自治区普兰口岸发展规划（2011—2020）》《西藏自治区日屋口岸发展规划（2011—2020）》和《西藏自治区基隆口岸中长期发展规划（2013—2030）》，为西藏口岸建设发展奠定了基础，指明了方向。此外，检验检疫部门出台了《小额贸易检验检疫工作指南》《进口货物现场检验检疫流程及要点》等，樟木、普兰、基隆、日屋口岸也相继成立了管理委员会，人员配备到位，强化了边贸职能管理，各司其职、各尽其责，使得口岸管理体制得到进一步理顺，落实取消和下放行政审批事项，降低报关企业注册登记准入门槛，简化报关企业申请注册登记手续，实行报关企业跨关区分支机构备案制，为口岸建设发展提供了强有力的领导、组织、协调和保障作用。

4. 基础设施条件②

"十三五"期间，共规划实施中央预算内投资口岸基础设施项目 30 个，落实建设资金 6.27 亿元，加大了口岸基础设施建设力度，重点建设资金 6.27 亿元，加大了口岸基础设施建设力度，重点建设了吉隆、日屋、陈塘口岸检验配套设施、提升了口岸功能，为全面面向南亚开放奠定基础③。其中，共投入 1.76 亿元资金完成了吉隆口岸热索瓦一线出入境检验基础设施建设、樟木口

① 阿里商务局、日喀则商务局关于 2021 年《口岸工作情况简介》等调研材料。
② 西藏自治区商务厅口岸办《西藏自治区口岸及口岸贸易"十二五"总结》。
③ 西藏自治区日喀则市商务局调研资料所得。

岸检验检疫中心等 10 个口岸功能配套基础设施项目。推进亚东、陈塘—日屋以及里孜口岸建设。总投资 5500 万元和 4006 万元的亚东仁青岗边贸市场和中印乃堆拉边贸通道香客旅检楼项目相继开工；总投资 1238.33 万元的陈塘—日屋口岸一站式服务平台建设；总投资 978.6 万元的陈塘—日屋口岸以及总投资 1557 万元的里孜口岸区域出入境检查检验基础建设及附属设施等 3 个项目的前期工作也已完成。此外，加强电子口岸建设，依托平台积极推动"三互"（信息互换、监管互认、执法互助）口岸的"大通关"模式，开展"一地备案、全国报检，一地施检、全国互认，一地签证、全国放行"的全国检验检疫通关一体化改革。实施"属地申报、口岸验收""选择申报、口岸验收""属地申报、属地验收"等通关便利措施，积极参与"丝绸之路"经济带海关区域通关一体化改革。这些项目的建成运行都将进一步提升边境口岸对外发展水平，助力南亚边境陆路大通道建设。

5. 进出口贸易差额

西藏对外开放的边境口岸除普兰口岸外均为中尼口岸，中印之间主要是一条位于西藏亚东的乃堆拉边贸通道。中尼边境口岸贸易顺差明显，据聂拉木商务局对口岸货运量的统计，2014 年，经樟木口岸的中尼贸易量占双方贸易总额的 90% 以上。2015 年 1~4 月（即尼泊尔"4·25"大地震前）樟木口岸进出口货物量为 3.42 万吨，其中，进口货物量 0.10 万吨，出口货物量 3.32 万吨。在中尼双边贸易中，尼泊尔始终处于巨大的贸易逆差。而中印边境口岸贸易存在逆差。据亚东边贸管委会统计，2015 年乃堆拉山口边贸总额为 15244.38 万元，进口额为 11591.44 万元，出口额为 3652.94 万元，贸易逆差达 7939 万元。2019 年中尼边贸总额 40.89 亿元，其中进口 0.61 亿元、出口 40.28 亿元，进口仅占总额的 1.5%。2020 受新冠肺炎疫情影响，边境互市贸易场所全部关停，吉隆、樟木口岸开通单项货物通道只出不进①。

6. 进出口商品结构

随着西藏边境中尼、中印双边边贸交易的活跃和供需关系的增长，不仅交易形式由传统的"物换物"形势发展到现在的以人民币、尼泊尔卢比和印度卢比为主的现金交易等多种形式，而且双方交易的品种也在不断扩大，进出口货物由原来的以小商品和农产品为主，发展到现在的药品、服装、金属制品、小家电等多种商品，其中，中尼口岸贸易机电产品等高附加值产品的比重有所增加。但是尽管中尼、中印边境口岸（通道）的进出口商品品种不断更新，目前边境口岸进出口商品结构还是比较单一，主要集中在生活消费品方面，且中印出口总体占比不高，高附加值产品占比较小。2021 年，在商品结构中，进口机电产品 14.36 亿元，消费品 1.68 亿元，医药品 1.63 亿元。同期，西藏出口劳动密集型产品 13.73 亿元，增长 61.6%；机电产品 5.40 亿元，增长 79.3%；农产品 0.77 亿元，增长 26.2%②。

（二）发展瓶颈

1. 地理环境恶劣

西藏现有的 7 个陆路边境口岸，受地形、气候条件影响较大，建设空间普遍受限，地震、滑坡、泥石流、雪灾等自然灾害多发，建设成本较高。各边境陆路口岸均位于西藏生态屏障区内，限制开发或禁止开发的范围较大。

普兰、基隆、樟木 3 个口岸都在喜马拉雅山的大裂谷里。险要的地势、恶劣的气候是这三个口岸所在区域的共同特征。普兰

---

① 西藏自治区日喀则市商务局调研资料所得。
② 2021 年西藏外贸进出口总值达 40.16 亿元［EB/OL］.（2022 - 02 - 08）. https：//baijiahao. baidu. com/s？id = 1724168910414587153&wfr = spider&for = pc.

地处中、印、尼三国交界，平均海拔 4000 米，除 6～10 月外，其余时间大雪封山，无法通行，虽有 219 国道通过，但尼泊尔、印度境内没有公路通达对方的口岸或边贸通道。吉隆口岸海拔 2100 米，中尼双边都有公路通达口岸，交通相对便利，但受地震等灾害困扰较多，每年大雪封山三四个月。樟木口岸海拔 2400 米，虽有 318 国道和中尼国际公路通过，但地处高山且自然灾害频发，不利于口岸建设和市场规模的扩大。

日屋、里孜口岸均海拔较高，只能季节性开放。且无公路连接口岸，运输方式主要靠人背马驮。陈塘口岸平均海拔 2200 米，但地势险峻，只能徒步以物易物的方式互通有无。只有亚东口岸海拔 2800 多米，气候宜人，开放时间为每年 5～11 月，地势较为开阔，中印双边都有公路通达乃堆拉山口。由此可见，除了亚东口岸交通相对便利外，其余 6 个口岸受气候条件、地理条件以及交通条件制约明显，且至今没有铁路从藏区内部直达边境口岸。

2. 基础设施滞后

西藏的 7 个陆路边境口岸，各开放口岸监管设施基本配备到位，但口岸边贸市场、仓储物流设施、城镇市政设施尚不完善，与邻国基础设施互联互通的程度总体较低。樟木、吉隆、普兰、日屋为陆路口岸，陈塘、里孜口岸为新增陆路口岸，亚东为待恢复开放口岸。基础设施建设严重滞后，只有樟木和吉隆可实现大宗货物出入境，口岸功能仍需不断加强完善；而普兰、日屋、陈塘和里孜口岸基础设施建设基本处于空白。

受尼泊尔"4·25"大地震影响，樟木和吉隆口岸损毁严重，公路中断，交通压力增大，货物流通不畅，面临灾后恢复重建的局面。而受客观地理条件制约，西藏口岸建设难度大、成本高，西藏本身又财力薄弱，口岸建设基本上依赖于中央投资。且西藏边境口岸缺乏投资渠道，口岸条件仅满足边民互市贸易往来，口岸基础设施建设亟待加强。

另外，与西藏边境口岸对应的尼泊尔口岸基础设施也十分落后，特别是震后，尼泊尔科达里口岸（对应樟木口岸）和热索瓦口岸（对应吉隆口岸）的基础设施基本上全部毁损。尼泊尔贫穷落后，无力在短时期内完成口岸灾后恢复重建，这也将直接影响到中尼经贸往来，尤其是西藏对尼贸易的正常发展。

3. 开放国别单一

西藏毗邻印度、尼泊尔、缅甸、不丹等国，但目前西藏边境贸易仅对尼泊尔和印度开放，与缅甸、不丹等国之间还没有开放口岸。口岸进出口商品以初级农畜产品和普通轻工产品为主，产品附加值不高，出口产品单位重量货值较低，对南亚中高端市场的进入规模较小。尽管对尼贸易始终处于巨大的贸易逆差，但是尼泊尔被认为是世界上最不发达的国家之一，自身发展动力不足、印度的制裁等原因影响了尼泊尔社会经济的发展。此外，工业化程度较低、基础设施建设落后等问题也制约着中尼经贸合作的扩大。

而对印边境贸易，受中印政治关系影响，两国对中印边境的开放程度都持谨慎态度，导致中印边境口岸贸易虽发展迅速但总额偏小，且贸易逆差存在。究其原因主要是印方单方面实施贸易不对等的限制措施，表现在以下几个方面[1]：（1）贸易清单问题。2006 年中印边贸通道复通后，印度仍单方面沿用 20 世纪五六十年代的贸易（许可）清单，只有 15 种商品，使我国对印边境贸易出口的品种严重受限。（2）贸易平等问题。包括：购买限制，印方限制印方游客前往昌古边贸市场购买中方商品；车辆限

---

[1] 亚东商务局：《亚东县商务局 2016 年上半年工作总结》。

制，印方限制我方边民商户每天不超过 60 辆车前往昌古边贸市场。（3）铺面限制问题。印方新建昌古边贸市场，只向我方提供 6 间商铺。

"一带一路"倡议背景下，我国也需要加大对印的开放力度，表现在以下几个方面[①]：（1）开放亚东口岸及其对印其他通道。我国对亚东口岸还没实现全面开放。西藏对外通道总数 312 条，通往印度 85 条，目前对印只开放了 1 条乃堆拉边贸通道。（2）延长中印双方边贸市场开放时间。每年 5 月 1 日至 11 月 30 日周一至周四上午 10 点至下午 6 点的仁青岗边贸市场交易时间无法满足边民、外地游客及商户的需求。（3）提高免税额度。我方对于互市贸易的 8000 元的免税商品限额直到 2016 年才扩大至 20000 元。（4）开放亚东旅游限制。亚东旅游资源丰富，但办理边境通行证难，卡点较多、程序烦琐等问题限制了亚东旅游以及中印旅游。

（三）发展潜力

1. 交通运输潜力

西藏边境口岸要想打破封闭、扩大开放，便捷的通道是关键。西藏已明确提出要打通边境口岸的公路大通道。西藏"十三五"规划指出："打造新藏即新疆经狮泉河至普兰和吉隆、青藏即青海经拉萨和日喀则桑珠孜区至亚东和吉隆、川藏即四川和云南经昌都、林芝至亚东和吉隆等面向南亚开放公路大通道。"但是不得不说西藏边境口岸要想真正发挥地缘优势，仅靠公路通道是远远不够的。以中印贸易为例，根据联合国商品贸易统计数据库显示，2015 年中印贸易总额为 716.2 亿元，而同年中尼乃堆拉

---

① 亚东商务局的《亚东仁青岗边贸市场 2015 年度工作总结及 2016 年工作重点》。

山口的边境贸易总量为 15244.38 万元，仅占中印贸易总额的
0.212%。应该说制约中印边境口岸贸易发展的最主要原因还是
大宗货物的运输和通道问题。西藏迫切需要修建一条连接中国与
环印度洋经济圈的边界通道。规划与建设西藏的铁路尤其是边境
铁路无疑是最便利可靠的选择。

随着 2014 年 8 月拉萨至日喀则铁路开通运营，拉日铁路计
划延伸至西藏边境口岸地区（吉隆、聂拉木、亚东）。日喀则至
普兰的铁路也被提议规划。在此基础上，中国计划在 2020 年以
前将西藏的铁路延伸至印度、不丹和尼泊尔边境，修建中尼、中
印铁路。以日喀则市为起点，增加两条线路：一条通往尼泊尔边
境附近的吉隆。2014 年底，中尼两国就青藏铁路由日喀则延伸至
尼泊尔边境已达成协议，即拉萨—日喀则—吉隆—加德满都（尼
泊尔）。另一条通往印度和不丹边境附近的亚东，即铁路从日喀
则修至亚东帕里镇，该铁路将从帕里南下，与印度铁路网连接，
形成通向南亚、出印度洋走向世界的战略通道。目前提议中的中
印铁路，其中一条是从中国西藏亚东县出境，经乃堆拉山口至印
度大吉岭的铁路。即：拉萨—日喀则—亚东—大吉岭（印度）—
西里古里（印度东北和东部地区的运输枢纽）—加尔各答（印度
经济重镇）。

此外，还可以建立连接太平洋与印度洋之间的陆路铁路桥
梁，东起连云港，经西安、兰州、西宁、拉萨、日喀则，通过中
尼口岸樟木或塔托巴尼至加德满都或比尔根杰（尼印口岸），最
后抵达印度的巴特那、新德里、孟买或巴基斯坦的铁路联运。中
尼铁路如能开通，将很容易与印度铁路网相连，可使印度和孟加
拉国的铁路系统通过尼泊尔与中国连通，我国以及其他各国都将
从中受益。

从未来经济版图看，作为我国"十三五"规划纲要重点项目

川藏铁路、滇藏铁路、新藏铁路一旦修通,而且日喀则通往亚东,吉隆至尼、印的铁路也贯通的话,那么长江经济带将直接通过铁路连通南亚。届时,作为连接东亚与南亚唯一的陆路口岸,西藏也就真正成为我国通往南亚、印度洋的"桥头堡",边境口岸也将真正发挥通向南亚的"门户"作用。

2. 基础设施建设潜力

"十三五"时期,西藏切实加大资金投入力度,进一步加强口岸基础设施建设。重点建设吉隆口岸、科学恢复重建樟木口岸、提升和完善普兰口岸功能,加强里孜、日屋和陈塘口岸建设,力争实现里孜和陈塘双边性口岸对外开放。

强烈的地震给樟木口岸造成了巨大的损失,但震后重建也为樟木口岸边贸发展带来了新的机遇。樟木重建之时正是我国"一带一路"倡议实施阶段,震后樟木口岸各项基础设施的恢复或新建,对未来口岸边贸的发展将起到更好的支撑与促进作用。此外,大地震对尼泊尔基础设施造成了毁灭性的打击,震后重建更需要来自中国的大量物资,亦是樟木口岸边贸的重要发展机遇。

吉隆口岸正在逐步开放扩大,表现出强劲的发展势头。吉隆尽管距加德满都稍远,但是两国的边民都有通商的需求。在中尼公路开通之前,吉隆口岸曾是中尼间最大的陆路通商口岸,20世纪80年代后,吉隆口岸因樟木的兴盛和基础设施不健全而逐渐萎缩,仅留有零星的互市。然而,相比樟木地势狭窄险、地质灾害频发,从吉隆到尼泊尔的通道地质结构相对较为稳定。目前,吉隆边检大楼、318国道至吉隆县城的油路、吉隆县到尼泊尔边城热索瓦的公路改造,以及中尼热缩瓦友谊桥已经完工。尼泊尔"4·25"大地震后,吉隆口岸已于2015年10月13日率先恢复通关,获得了震后口岸贸易先机。

亚东边境口岸的开放也在积极恢复中。目前正以大于四倍的规模在大力推进亚东县城扩大仁青岗边贸市场建设，以取代山上的仁青岗临时边贸市场。下一步首先是尽快完成边贸市场搬迁工作。其次，积极新建印方商户铺面。2015 年新建印方商户铺面 12 间，边贸市场铺面共 46 间铺面（其中我方商户铺面 26 间、印方商户铺面 20 间）。此外，积极维修边贸市场内道路、房屋、水电、通信等配套设施，创造安全舒适的互市环境，并及时修整通往乃堆拉山口道路，保障中印互市贸易的道路畅通。这些举措必将为推动中印边境亚东口岸的全面开放起到显著作用①。

3. 开放国别潜力

樟木、吉隆、普兰、日屋、陈塘、里孜口岸都对尼泊尔开放。尼泊尔是一个典型的农业国家，国内工业基础薄弱，一直没能建立基本的工业体系。从统计数据可以看出，尼泊尔出口中国的大多是初级农产品和劳动密集型产品。而尼泊尔由于本国生产力低下、产业结构不平衡、缺乏数量的技工，所以需要从中国进口大量零部件、工业成品以及物美价廉的服装来满足经济发展和国民需求。这为中尼经贸合作带来巨大机遇，"一带一路"倡议下，尼泊尔政府积极改善投资环境，寻求与中国的经贸合作，大型中资企业参与尼泊尔航运、公路、铁路、能源和灌溉等基础建设项目将是未来趋势，这些无疑将给西藏对尼口岸建设注入新的动力。

亚东口岸连接印度和不丹，但是至今还没有全面开放。近年来，中印贸易合作加深，根据联合国商品贸易统计数据库显示，2015 年中印贸易总额为 716.2 亿元，占全球对外贸易总额的 1.8%，位居前十大贸易伙伴。西藏要建设面向南亚开放的重要通道，拥有 12 亿人口的南亚大国印度，绝对是绕不开的。如前所述

---

① 亚东商务局《亚东县商务局 2016 年上半年工作总结》。

亚东口岸的区位条件优越，除去政治因素，中印边境贸易在亚东口岸的发展极具潜力。以亚东仁青边贸市场为例，2011～2014年贸易额由4611万元增加到10026万元，年均增长41.6%①。随着边境贸易不断地发展壮大，中印双方交易供应量的需求越来越高，参与边贸的边民商户人数和经济收入也在不断增加，这些都将对中印双方通过谈判实现亚东口岸全面开放及其修订对中边境进出口货物清单产生积极的影响。

中国同不丹还没有建立外交关系，也没有对不丹开放的边境口岸和边贸市场。不丹当地居民和西藏居民基本上同种同源，有共同的文化联系，历史上边民互市也很活跃。不丹虽和中国尚未建立外交关系，但具有和中国发展经济文化关系的积极性。随着中国影响力的增加和中印关系趋于改善，中不经济文化关系有望突破，中不之间开通双边性陆路口岸的前景是光明的。

缅甸位于中国、南亚、东南亚的联结点，地理位置非常重要，是中国通往印度洋的最近通道。从经济性来讲，从中国通往印度的最佳通道也要经过缅甸。中国提出了建设"孟中印缅经济走廊"的构想，以打造串起中国、缅甸、孟加拉国、印度的经济繁荣带。察隅位于中国西藏与缅甸交接的边境地区，如果能在中缅边境新开察隅口岸，将对发展林芝市、昌都市等交通不发达地区的经济产生积极影响。

2015年中尼、中印、中缅、中不进出口贸易额如表9-2所示。

---

① 亚东商务局《亚东仁青岗边贸市场2015年度工作总结》。

西藏区域物流网络空间特征、形成机理及优化研究

表 9 - 2   2015 年中尼、中印、中缅、中不

进出口贸易额统计   单位：万美元

分类	中尼贸易	中印贸易	中缅贸易	中不贸易
贸易总额	86600	7155500	1456400	1030
出口贸易	83500	5663800	955000	995
进口贸易	3100	1491700	501400	35

资料来源：2016 年中国商务部统计数据。

三、优化布局

《西藏自治区口岸发展"十三五"规划》中指出："口岸发展应着眼于参与'一带一路'倡议、建设面向南亚开放重要通道和环喜马拉雅经济带，充分发挥西藏口岸的综合优势，把握发展机遇，全面统筹，突出重点，特色分工，构建'两重两翼多支点'口岸发展总布局，形成'四廊三区'口岸联动发展新格局，逐步推进实现陆空相应、边境互动、多点联动的全方位口岸开放远景目标。立足建设面向南亚开放重要通道、构建西藏全方位对外开放格局、形成陆空多点联动口岸群的长期目标。"[①]

（一）优化口岸开放总体布局

重点建设吉隆口岸，科学恢复重建樟木口岸，着力推进普兰、拉萨航空口岸功能提升，切实加快里孜、陈塘、日屋、阿里机场口岸开放开发，全力推动亚东口岸开放，形成以吉隆口岸和樟木口岸为重点，以普兰和拉萨航空口岸为两翼，以里孜、陈塘—日屋、阿里机场口岸及亚东乃堆拉边贸通道为支点的"两重

---

① 引自《西藏自治区口岸发展"十三五"规划》。

两翼多支点"① 口岸开放格局。

(二) 优化口岸联动发展格局

立足口岸，努力扩大国内外区域合作，构建依托通道、辐射周边的"四廊三区"② 口岸联动发展格局，最大程度地发挥口岸贸易辐射、人流物流、集散和促进开放发展稳定的作用（见表9-3）。

表9-3 西藏边境口岸发展方向和重点任务

口岸名称		发展方向	重点任务
国际性口岸	吉隆口岸	建设成为面向南亚开放大通道上的重要前沿、中国与尼泊尔全方位合作的创新试验区、环喜马拉雅经济合作先导区、边民生活必需品交换的重要平台	进一步完善基础设施，重点修复吉隆镇至热索的道路和国门区的各类设施。改善口岸管理设施，鼓励社会资本参与口岸建设，有序实施相关规划，提高综合服务功能，发展以服务业为主、与口岸贸易紧密关联的城镇经济
	拉萨航空口岸	建设成为我国出入南亚、连接区内和内地的航空枢纽。积极协同拉萨贡嘎机场区内枢纽机场和西藏空港新区建设，更深融入拉萨市经济社会发展进程。努力拓展中国对南亚开放空中通道，重点发展旅游服务贸易，扩大货物贸易规模	建设检验检疫综合实验楼及隔离中心；深化关检跨区域、跨部门通关协作；发挥连接内地与南亚航空枢纽作用，力争增开西部地区丝绸之路经济带上中心城市经拉萨至南亚的航线。实现与全国干线机场衔接，形成辐射国内国际的航天网络。加强与区内其他机场的合作，逐步开通其他机场经拉萨至南亚的航线。推进与青藏铁路及其延长线拉日铁路、拉林铁路及区内主要公路干线的航运，提升拉萨作为面向南亚枢纽城市的功能

---

① 两重指重点推进吉隆口岸创新发展；重点实施樟木口岸灾后重建和转型发展。两翼指着力推进普兰口岸提升功能；着力促进拉萨航空口岸融合发展。多支点指充分发挥里孜口岸通道作用，积极改善日屋—陈塘口岸的基础设施和互联互通条件，完善阿里机场口岸监管和配套服务设施，全力推动亚东乃堆拉边贸通道开放为国际性口岸。

② "四廊"，指那曲—拉萨—日喀则—聂拉木—吉隆的中尼发展走廊、那曲—拉萨—日喀则—亚东的中印不发展走廊、沿G214线延伸的沿边发展走廊，以及昌都—林芝—山南—拉萨并连接日喀则市和边境口岸的东部发展走廊等四条发展走廊；"三区"，指口岸—南亚合作区、口岸—其他省份合作区、口岸—藏域合作区。

口岸名称		发展方向	重点任务
国际性口岸	樟木口岸	利用灾后恢复重建的契机，着力实现樟木口岸转型发展，引导口岸向边境高端旅游、过境服务、边境管控转型。将樟木口岸建设成为中国对尼合作的重要载体、西藏口岸科学发展的示范、中尼边民生活必需品交流的平台，建设与环境承载力相适应、特色发展、安全宜居的新型口岸城镇	开展对樟木口岸地质条件的深入调查与评估工作，推进基础设施、公共服务设施和民居的恢复重建，开拓发展空间，引导仓储物流功能向县城、县内或周边其他适应区域转移。加强与尼泊尔的互联互通，加快推进对阿尼哥公路宝通项目的研究论证
	普兰口岸	建设成为冈底斯国际旅游合作区的核心、藏西地区与南亚经贸合作的重镇、中尼印三国边境地区商品交通的中心、边民生活必需品交换的平台、阿里地区经济发展的重要增长极	大力改善基础设施条件，重点加强斜尔瓦、丁喀、强拉山口的交通建设，畅通对外通道，进一步提高能源保障程度。完善口岸联检设施，研究建设普兰口岸至阿里昆莎机场的公路—航空联运和快速公路交通。努力发展边贸互市贸易，重点扩大旅游服务贸易。积极申报成为中药材进口指定口岸。研究开通新德里经拉萨至昆莎机场朝圣航线，推动普兰通用机场建设。推动援助建设尼泊尔雨莎村至西米科特的公路，提高与邻国基础设施互联互通的水平
	阿里机场口岸	建设成为冈底斯国际旅游合作区的重要空中枢纽，连接神山圣湖和南亚地区、新藏旅游线路的重要旅游集散地，西藏服务贸易发展的主要通道之一	充分发挥阿里地区旅游资源优势，积极参与冈底斯国际旅游合作区建设，推动阿里机场口岸与普兰口岸、亚东乃堆拉香客通道、拉萨航空口岸、日喀则机场的联动发展。开展多种形式的跨国交流交往，重点加强以旅游为重点的服务贸易、促进阿里机场口岸与狮泉河镇的融合发展，进一步提升狮泉河镇的综合服务功能。努力争取增开连续周边国家和内地中心城市空中航线，加强航空与公路联运，逐步筹划航空与新藏铁路、公路多式联运网络建设

口岸名称		发展方向	重点任务
国际性口岸	亚东口岸（新开）	以沟通促互信，以贸易促互利，兼顾边境贸易和香客通道，保持中国最大的对印贸易陆路通道地位，成为中国对南亚开放大通道的重要节点，环喜马拉雅经济合作带的重要支撑	改善贸易发展环境，积极促进边境贸易发展，不断扩大中印贸易规模；推动修改货物"贸易清单"，延长交易时间，增加边民每日过境车辆和人数，完善边境贸易设施条件和香客通道的配套服务水平。加强下司马镇的城镇建设，大力发展与口岸贸易相关联的服务业，全力推进亚东乃堆拉边贸通道开放为国际性口岸
双边性口岸	里孜口岸	建设成为中国对南亚开放大通道的组成部分、中尼经贸往来的重要通道、中尼两国边民生活必需品交流的平台、仲巴县经济发展的重要带动引擎	大力推动里孜口岸开放开发，着力改善口岸基础设施条件，在保持活畜出口优势的同时，扩大对尼工业品的出口规模，提高出口产品附加值，探索发展跨境旅游，开拓服务贸易领域，增强对外贸易对特色产业发展和群众致富的带动作用。合理口岸功能布局，加强与仲巴县城、日喀则市的协作和互动，构建"一区两点"空间布局结构。以里孜口岸所在的擦若为主要依托，着力形成口岸国门区域；以仲巴县城拉让乡、珠峰开发开放试验区特定功能区，形成两大支点，出境货物查验场后移至开发开放试验区
	日屋－陈塘口岸	建设成为中国对南亚开放大通道有机组成部分、中国与尼泊尔东北部地区经贸合作的主要中心、中尼两国边民生活必需品交换的重要平台、定结县经济社会发展的有力引擎	进一步改善基础设施条件，提升日屋口岸－车不达拉山口通道的道路等级，加强日屋镇市政设施和陈塘镇基础设施建设，提高服务功能，深化与日喀则市在口岸功能上的合作。增强特殊产业对口岸贸易的支撑租用，重点培育壮大农畜产品种养及加工业、民族手工业、旅游业等
后备口岸	帕里口岸	开放贸易市场	"十四五"期间应进一步完善帕里镇的基础设施条件，开展对口岸设立和建设的前期论证
	绒辖口岸	以药材交易为主边民互市贸易	"十四五"期间应积极促进边境贸易发展，改善通往边境的交通条件，确保能源供应，开展对设立绒辖口岸的研究论证工作

续表

口岸名称	发展方向	重点任务
其他口岸	积极培育成为后备口岸，形成陆空联动口岸群、实现全方位口岸布局奠定基础	重点建设日喀则市、山南市、林芝市的加驻、色乡、吉太等边境贸易点，研究论证设立拉萨铁路口岸、林芝铁路及航空口岸条件

资料来源：《西藏自治区口岸发展"十三五"规划》。

四、对策建议

（一）实现西藏边境口岸特色发展的目标定位

根据西藏自治区"十三五"规划纲要的口岸建设思路，通过发挥"依托内地、面向南亚"的区位优势，应把实现西藏边境口岸特色发展的目标定位为落实口岸发展规划和口岸城镇总体规划，进一步完善口岸及口岸城镇基础设施建设，加紧完成尼泊尔"4·25"大地震灾后各项恢复重建任务，推进口岸与城镇融合发展，加强特色产业对口岸贸易的支撑作用，构建合理分工、特色发展的口岸开放格局，逐步把吉隆、普兰、亚东、樟木等口岸建设成为我国边境地区商贸旅游特色小镇。

（二）实现西藏边境口岸特色发展的可行性路径

1. 加强各口岸基础设施建设

完善吉隆口岸基础设施条件。进一步改善与尼泊尔边境地区、中心城镇的交通联系，建设现代化、立体化、全天候的国际通道。结合尼泊尔"4·25"大地震灾后重建，抓住国家推进"一带一路"倡议实现与邻国基础设施互联互通的有利机遇，深化与尼泊尔全方位的合作关系。加快完善口岸基础设施，建设吉隆国际商贸物流中心，探索发展跨境电子商务，积极推进吉隆中尼跨境经济合作区建设。扩大边境贸易规模，提升一般贸易水平，促进工程承包、旅游服务、运输业、技术服务等服务贸易领域的发展。稳步推进吉隆镇"一镇多区"基础设施建设，完善吉隆镇镇域内的城镇功能，发展以服务业为主、与口岸贸易紧密关联的城镇经济。

实施樟木口岸灾后重建与转型发展。开展对樟木口岸地质条件的深入调查与评估工作，科学确定樟木口岸恢复重建的方案和今后发展的方向。在保留国际性口岸功能的同时，推进樟木口岸转型发展，引导扩大高附加值货物贸易规模，着重发展旅游服务贸易。加强对樟木镇的规划实施和城镇管理工作，集约高效利用土地资源，强化地质灾害预警和治理，保护珠峰国家级自然保护区，建设与环境承载力相适应、特色发展、安全宜居的新型口岸城镇。

推进普兰口岸建设。高标准建设普兰口岸唐嘎边贸市场，完善普兰口岸国门区基础设施，推进强拉山口贸易通道建设，健全贸易洽谈、商品展销、仓储运输、商旅服务、金融服务等口岸功能。完善金融、工商、公安等管理机构以及能源、通信、教育、卫生、广播、电视等配套设施和商旅服务系统。主动深入开展官方交流与会晤，增进与尼泊尔相邻地区的文化交流与经贸合作，为口岸建设和边贸发展打下良好的国际环境。积极推动昆莎机场国际航空口岸申报建设。推进什布奇边贸通道和楚鲁松杰、独木齐列边贸市场建设，不断提升贸易便利化水平。

积极推动亚东口岸恢复（扩大）开放。以增开乃堆拉山口的印度香客朝圣路线为契机，加快亚东口岸恢复（扩大）开放进程。进一步改善亚东口岸的贸易发展条件，扩大边贸市场和香客接待服务设施规模，进一步改善乃堆拉山口对外通道条件。积极

西藏区域物流网络空间特征、形成机理及优化研究

加强日喀则市、亚东县与印度边境地区政府、军方和民间的沟通、磋商和合作，增进互信，破除"贸易清单"等障碍因素，大幅增加双边贸易规模，使贸易造福两国边境人民。

加强日屋、陈塘、里孜口岸的基础建设。积极推进日屋、陈塘、里孜口岸的基础设施、口岸管理设施和边贸市场建设，大力改善贸易发展的基础条件，巩固和扩大边民互市贸易，稳步发展旅游服务贸易，深化与尼泊尔边境地区的交流与合作。

2. 完善口岸监管服务设施

加大口岸管理与服务设施投资力度，逐步完善符合标准的设施体系，提高智能化水平，建设口岸边贸市场网络，提高口岸运作的规范性。健全"一关两检"监管设施。完善各口岸国门和联检设施、封闭隔离设施，提高智能化水平，实现规范监管。建设吉隆海关应急保障中心、拉萨航空口岸检验检疫综合实验楼及隔离中心，以及普兰口岸海关应急保障中心、边检应急及信息指挥中心、检验检疫活畜隔离检验区等项目。实施日屋口岸国门及旅检设施、动植物检验检疫设施、陈塘口岸国门及旅检设施、里孜口岸国门及联检楼、亚东乃堆拉边贸通道联检楼、出入境货物查验场等项目。推进聂拉木县货物查验场建设，增强口岸与腹地中心城市的联动，扩展口岸发展空间，建设日喀则市出口货物查验场、日喀则市检验检疫技术中心。

完善口岸贸易设施。在各口岸及时配套建设边贸市场、仓储物流区等设施。推进吉隆口岸、里孜口岸、陈塘口岸边贸市场建设，实施普兰新唐嘎国际市场、日屋口岸边贸市场（二期）、亚东仁青岗边贸市场等简单项目，相应配套与口岸贸易规模相适应的仓储物流设施或物流园区。结合拉萨贡嘎机场升级改造工程，扩大拉萨航空口岸的仓储物流能力。出台与日喀则—吉隆铁路相配套的铁路接待站等建设项目。

深化电子口岸建设。进一步完善电子口岸基础设施，借助统一平台，提交标准化的数据源，一次性完成申报工作，推进"单一窗口"建设。加强电子口岸的研发、运行和维护工作。以吉隆口岸为重点，利用出入境预申报、移动短信服务、智能刷卡、指纹及脸部识别、电子车牌、GPS定位电子关锁等技术，进一步提高口岸信息化水平。

3. 推进边境贸易发展

西藏按照"积极发展边境贸易，鼓励边民互市贸易，稳定一般贸易"的外贸发展思路，贯彻落实国家和自治区制定的促进边贸发展政策措施，边贸恢复发展态势逐步确立。

从贸易发展整体情况来看，边境贸易进出口额占西藏全区外贸总额比重持续提升，以边贸为主的贸易结构不断优化，边民互市贸易实现翻番。随着国家"兴边富民"等相关政策的实施，老百姓消费能力和生活水平逐步提升，原产于尼泊尔、印度等周边国家的副食品和生活用品在边民互市贸易中持续走俏，进口数量一直保持较高增长，边民参与边贸的热情日益高涨。但受新冠肺炎疫情影响，2020年第一季度西藏边境贸易大幅下滑，其中边境小额贸易跌幅超四成。西藏边境贸易加快发展仍然任重而道远。

推进边境贸易回稳向好。大力推进边贸市场和边贸点建设。贯彻落实国家边境贸易创新发展的政策措施，推动出台西藏边民互市贸易管理规定，加大资金支持力度，进一步支持边民市场及配套设施项目建设，改善边民交易环境，有序推进边民互市贸易区（点）发展升级，积极推动更多具备条件的边民互市贸易区（点）纳入统一管理。完善管理吉隆、普兰、亚东等边民互市贸易区，进一步加快其发展。

大力推进边民互市贸易创新发展。建议国家及时修订现行《边民互市贸易管理办法》，允许边民互助合作组织作为主体开展

互市贸易，实施便利化通关监管措施。加快出台《边民互市贸易
进口商品负面清单》，包括研究动态及时调整《边民互市贸易进
出口不予免税清单》，适当放宽部分商品免税额度。探索边贸通
道管理新办法，实行差异化管理政策，适当降低调整边贸通道功
能要求，提高关闭边贸通道的门槛。

4. 加强边境特色城镇建设

着力加强吉隆镇建设与发展。实施"一镇多区"规划，进一
步完善市政设施，着重发展商贸服务业、旅游业，积极推进吉隆
中尼跨境经济合作区建设，把吉隆镇建设成为国家重要边境口岸
城镇、历史文化名镇、西藏边境地区重要商贸旅游点。

逐步扩大普兰镇人口规模。改善普兰镇市政设施条件，增强
旅游服务功能和国际商品交易功能，建成普兰口岸的贸易管理和
服务中心，阿里地区跨国商品交易中心，重要的旅游集散中心。

科学开展樟木镇恢复重建。加强樟木镇地质勘察与建设适应
性研究，科学确定樟木口岸恢复重建的方案和今后发展的方向。
在保留国际性口岸地位的同时，积极推进樟木口岸转型发展，引
导扩大高附加值货物贸易规模，集约高效利用土地资源，建设与
环境承载力相适应、安全宜居的口岸新城。

加快推进其他特色城镇建设。提升下马镇贸易服务、旅游服
务、商贸服务功能，建设成为西藏与南亚地区经济、文化交流的
重要门户口岸，西藏边境重要的商贸物流中心、生态文化旅游基
地。改善日屋镇、陈塘镇、亚热乡基础设施条件，建设成为西藏
辐射尼泊尔东北、西北部边境地区的一组中心城镇。

5. 加快边贸特色产业发展

壮大新型农牧业。壮大边境地区现代农牧业，建立农牧产品
出口基地，促进自产产品贸易发展。加快建设以岗巴、定结为主
的岗巴羊生产基地，以仲巴、吉隆县为主的绒山羊、绵羊生产基

地，以亚东、仲巴县为主的牦牛生产基地，以康马、聂拉木、定日县为主的优质牧草生产基地，以亚东、吉隆、定结为主的林下产品生产基地，以普兰县为主的优质青稞、油料作物基地等，相应建立出口基地。

大力发展旅游业。把握国际旅游业发展的新趋势，用新理念、新创意整合资源，促进国内旅游与旅游服务贸易共享资源、共同发展。完善旅游基础设施条件，提升旅游区（点）可进入性。开发多样化旅游产品，加强文化与旅游的结合，把文化内涵贯穿到吃、住、行、游、购、娱各环节和旅游业发展全过程。建立旅游综合服务系统。积极推进旅游业在发展理念、运行机制、管理模式、人才培养、硬件建设、环境质量和服务标准等方面全方位与国际接轨，提升大旅游综合竞争实力。

创造条件发展加工业。立足优势资源，重点发展面向南亚市场的、以自产产品为主的加工业，培植特色产业市场竞争力。壮大农畜产品加工业，提升民族手工业市场竞争力，促进加工业集聚发展，探索承接东部地区产业转移，构建面向南亚的产业链。以民族文化特色产品、旅游产品、高原特色农产品等特色产业为依托，推动外贸特色加工业向"高起点、规模化、长链条"方向发展，推动资源优势向产业优势转变。

6. 深化周边国家经贸合作

重点推进与尼泊尔的经贸合作。深耕尼泊尔市场，支持在尼泊尔等南亚国家建设面向南亚的国际营销网络。探索推进在尼泊尔建立西藏特色产品生产贸易基地，借助尼泊尔国际博览会、中尼经贸协调会、中尼经贸洽谈会等展会平台和机制，支持企业加大对尼经贸合作，扩大自产产品出口能力。积极推动尼泊尔饲草料、中草药等输华准入工作，扩大自尼进口。

大力推进对印工作力度。加速建立与印度政府间的官方磋商沟通机制，推动减少中印乃堆拉边贸通道印度单方面限制清单、交易人数和车辆限制，提升贸易便利化水平，促进中印边贸进一步发展。

深化与毗邻国家的海关、检验检疫、标准、认证、国境运输等方面的合作，在强化传统货物贸易合作的基础上，积极探索和推动金融、水能、环保、清洁能源等新领域的投资合作，打造双边经贸合作升级版。

注重培育边贸综合服务企业。努力推进培育一批生产规模大、技术装备先进、资源综合开发利用水平高的外贸龙头企业，重点培育西藏对尼边贸企业。

推进边民互市贸易市场的发展。在着力发展各口岸的同时，积极探索增加与印度、尼泊尔等国的边贸互市点数量，积极改善各边民互市贸易市场的贸易条件，促进各贸易市场扩大规模，更好地服务边民生产生活需要。

促进边境口岸与国防建设的相互支持。加强边境地区国防公路、部队营房、边防检查等设施建设，完善军事设施保护措施，健全涉外管理措施，构筑稳固坚实的国家安全屏障。进一步扩大边境地区对外开放范围，实现发展与稳定相互促进，富民兴藏。

（三）建立实现西藏边境口岸特色发展的保障体系

1. 畅通交通与信息通道

构建面向南亚的综合运输网络，畅通南亚交通要道。坚持内外联通、适度超前，加强与周边省份的统筹协调，构建西藏与周边骨架立体交通网络体系。以国家高速公路、国省道公路、沿喜马拉雅山边境横向国防战略通道、铁路和民航为重点，加快建设国家面向西南、西北经西藏通往南亚、西亚的陆路通道和空中走廊，北连丝绸之路经济带和陕甘宁青新经济区，东连川渝经济圈和香格里拉经济圈，南连孟中印缅（中尼印）经济走廊，提高与周边国家和地区基础设施互联互通水平，提升西藏在西部地区的交通枢纽地位，构建形成连接国内和南亚腹地的综合交通网络。

畅通国际信息通道，构建智慧产业服务平台。依托西藏连接尼泊尔的基础条件，进一步打通面向尼泊尔、印度的通信信息通道，实现互联网、云计算、大数据、物联网等信息资源的互通互联。构建南亚区域综合信息服务体系，成为推动区域互联网及信息技术深入合作的有力支撑。

2. 创新产业发展模式

创新推动西藏"贸易＋服务＋加工＋旅游"四大产业联动发展。推动国际贸易产业率先发展，以边境小额贸易和边民互市贸易为突破口，建立与南亚国家贸易具有紧密内在发展逻辑的国际贸易与国际产业链，挖掘西藏已经和将要形成的国际贸易资源潜力，支撑国际贸易相关产业扩张发展。推动创新服务产业融合发展，以国际贸易发展环境为依托，嵌入电子商务、交易结算、金融服务、现代物流等现代服务产业，形成创新服务产业与国际贸易产业融合发展。推动特色加工产业支撑发展，以服务国际贸易、国际旅游、国际物流产业为产业方向，积极发展民族特色制造、农畜产品加工、藏医药与保健品生产，打造具有国际影响力的民族特色产品制造基地、高原食品与养生产品生产基地。推动国际旅游产业扩张发展，以西藏独特旅游资源以及周边尼泊尔等国家良好的旅游资源为依托，创新性发展为游客提供一站式服务的旅游线路引导、住宿餐饮、自然体验、民俗感悟等配套服务设施和产业。

3. 探索开放开发途径

积极探索西藏创新对外开放开发与合作模式的新途径。进一步充实吉隆中尼跨境经济合作区的功能，积极争取设立吉隆国家级沿边重点开发开放试验区，加快建设日喀则综合保税区、综合物流园区以及在边境口岸和铁路、公路沿线重要节点规划建设若干具有区域辐射能力的物流仓库，主动探索在吉隆口岸设立公用型保税仓库，鼓励符合条件的企业投资建设保税仓库，面向全社会提供公共保税仓储物流服务，实现缓税、仓储、物流配送、简单加工和增值服务、商品展示等功能，为西藏其他边境口岸的开放开发积累经验。发挥两国边境地区旅游资源优势，在吉隆、里孜口岸及恢复重建后的樟木口岸，探索设立边（跨）境旅游合作区，形成国内旅游—边境旅游—出境旅游的旅游产品链，推进区域一体化进程。

第二节 西藏区域低碳物流：交通运输业 低碳化发展研究*

建设美丽西藏务必统筹物流产业发展和生态保护的关系，确保产业建设和发展活动在生态环境承载力范围内，低碳物流也无可避免地成为西藏区域物流的空间优化关键一环。本节在对西藏交通运输业碳排放量进行测算的基础上，利用 LMDI[①] 技术对该地区 2007～2017 年交通运输业碳排放驱动因素进行分解研究；并依据 DPSIR[②] 脱钩模型对该产业碳排放脱钩效应进行测度。结

---

* 本节内容为本书阶段性成果，发表在 CSSCI 西藏大学学报（社会科学版）2021 年第 1 期。

[①] LMDI 是指对数平均迪式分解模型。

[②] 经济合作与发展组织（OECD）在 1993 年提出的驱动力（driver）—压力（pressure）—状态（state）—影响（influence）—反应（response）框架（DPSIR），其中"驱动力"是指对环境造成破坏的潜在原因，是一种经济驱动因子；"压力"是指人类活动对环境造成的直接影响，也就是直接的环境压因子，例如本书中的碳排放量；"状态"是指环境在压力因子作用下所处的状态，如气候变化状况；"影响"是指研究样本在所处状态下对人类及社会发展的影响；"反应"是指人类为限制环境恶化实现可持续发展所作出的努力或积极政策。

果表明：除交通发展水平带来碳排放量的增长以外，交通能源效率、交通运输结构等均对碳排放量的增加产生不同程度的影响，且能源结构效应明显高于能源效率效应带来的产业碳排放的增加。此外，西藏交通运输业碳排放表现出一定的脱钩效应，且在2010～2017年脱钩效应存在着强弱转变。据此提出促进西藏地区交通运输业低碳化发展的对策建议。

一、研究进路与现实取向

新发展理念之绿色发展本就是物流产业实现高质量发展的应有之义，建设美丽西藏务必统筹物流产业发展和生态保护的关系，确保产业建设和发展活动在生态环境承载力范围内，低碳物流也就无可避免地成为西藏区域物流的空间优化关键一环。西藏受全球气候变暖、经济社会发展、基础设施不断改善等影响，碳排放存在一定上升空间；而交通运输业作为降低碳排放量的重要领域，是仅次于能源供应和工业生产的第三大温室气体排放部门。伴随着西藏旅游业的井喷式发展，西藏交通运输业的碳排放呈扩大态势。本节针对西藏交通运输业碳排放量进行测算和因素分解定量研究，更有利于从宏观上掌控西藏该产业碳排放量，对于改善西藏物流产业粗放型的管理模式，平衡经济发展与环境保护问题，发展低碳循环经济，筑牢生态屏障，促进区域经济的可持续发展都具有一定的理论和实践指导意义。

经过梳理大致可以分为三个方面：第一，关于交通运输业能源消耗、碳排放与行业发展的关系研究。唐建荣（2014）应用脱钩理论和LMDI理论分析了东部地区物流业碳排放与经济增长的关系。张立国（2015）以我国物流业为研究对象，利用脱钩分析技术对2003～2012年能源消耗、碳排放和行业发展情况进行了分析。以上研究主要侧重于能源消耗、环境保护与经济发展之间的平衡，为促进交通运输业的低碳发展提供依据。

第二，关于交通运输业碳排放量测评、比较及预测研究。丁金学（2012）基于交通运输碳排放因素分解模型，识别各种减排途径，并设定不同的减排情景，分析了我国交通运输部门的减排潜力。张诚（2015）基于 2004～2012 年我国 30 省市面板数据，对碳排放足迹的动态变化及区域差异进行了对比预测研究。以上研究主要侧重于为科学地制定节能减排目标的规划提供依据。

第三，关于交通运输业碳排放分解因素研究。目前运用 LM-DI 分解技术对碳排放分解问题的研究比较丰富。刘龙政和潘照安（2012）采用 LMDI 技术对 1995～2009 年我国物流产业碳排放变动的驱动因素进行分解，结果发现能源结构、能源效率和经济增长为主要影响因素。袁长伟等（2016）通过构建 LMDI 分解模型，定量分析了 2005～2013 年运输能源强度、运输结构、交通运输业发展水平对陕西省交通运输业碳排放的影响。刘妤（2018）对陕西等省份物流产业碳排放进行了 LMDI 分解研究，对区域碳排放影响因素、作用机理以及作用强度有了进一步认识。以上研究主要侧重于有效地抑制碳排放量，为各省份乃至全国的碳减排提供参考。

从以上梳理可以看到，目前研究为物流产业碳排放问题的研究提供了一定具有理论或应用价值的成果，但是，关于此问题的拓展研究还有待从产业或区域层面进一步延伸，并且纵览已有文献，由于能源数据额缺失，鲜有学者针对西藏地区交通运输业整体碳排放问题及政策层面的实际控制效果进行深入研究，基于不同省份物流产业碳排放的差异性，一些减排措施不能盲目借鉴，应根据西藏自身特点扬长避短，走具有西藏特色的低碳物流发展之路。

在此文献研究的基础上，本节对西藏地区 2007～2017 年交通运输业的能源消耗情况进行测算，并运用 LMDI 技术对碳排放进行因素分解；依据 DPSIR 脱钩模型测度该产业碳排放脱钩效应，为地方政府实现碳减排目标区域分解、明确产业减排责任以及制定产业节能减排政策提供决策依据和理论支持。

需要说明的是，本节所使用的数据主要来自 2008～2018 年《西藏统计年鉴》、2007～2017 年《铁道统计公报》、2007～2017 年《民航行业发展统计公报》、2007～2017 年《交通运输行业发展统计公报》以及 2017 年国家统计局统计数据。其中，西藏地区各交通运输方式的客运、货运周转量以及与旅游相关统计数据均来自历年《西藏统计年鉴》；铁路运输能源消耗统计数据均来源于各年度《铁道统计公报》，航空运输能源消耗统计数据均来源于各年度《民航行业发展统计公报》；公路客运和货运能源消耗统计数据除 2007～2010 年外，其他均来源于各年度《交通运输行业发展统计公报》。这里需要说明的是，本部分采取换算周转量概念①反映各种运输方式实际完成的旅客和货物的总周转量。

二、碳排放测算

（一）碳排放估算方法

本节主要通过联合国政府间气候变化专门委员会（IPCC）在 2006 年碳排放计算指南中提供的方法，以能源消费种类选取 4 种

---

① 换算周转量即将旅客周转量按一定比例换算为货物周转量。其计算公式是：换算周转量 = 货物周转量 +（旅客周转量 × 客货换算系数）。而中国交通运输客货周转量换算系数依据目前我国统计制度规定的客货换算系数按铺位折算，铁路、远洋、沿海、内河运输的系数为 1；按座位折算，内河为 0.33，公路为 0.1，航空国内为 0.072，国际为 0.075。

主要能源（柴油、汽油、电力、原煤）消费量为基准测算物流产业的碳排放量。但在实际工作中，难以获得西藏地区交通运输行业 4 种主要能源消费统计数据，因此，本节将以估算数据代替。通过对各种交通运输方式所消费的能源折算成标准煤的消费量乘以标准煤的排放系数从而对西藏交通运输产业碳排放量进行估算。这里需要说明的是根据交通运输方式各能源效率与西藏 2007～2017 年各交通运输方式周转量以及换算周转量粗略计算出各年度各交通运输方式所消耗的标准煤以及总标准煤。可以用式（9-1）表示：

$$C_t = \sum_{i=4} C_{it} = \sum_{i=4} V_{it} I_{it} \theta \qquad (9-1)$$

式中，C_t 为第 t 年物流产业的二氧化碳排放总量；V_{it} 为第 t 年第 i 种交通运输方式的换算周转量；I_i 为第 t 年第 i 种交通运输方式的能源效率；根据国家发展和改革委员会能源研究所发布的《中国可持续发展能源暨碳排放情景分析综合报告》提供的数据，θ 为标准煤的碳排放系，取值为 0.6800（单位：吨碳/吨标准煤）。

（二）碳排放估算结果及分析

依据式（9-1），估算出 2007～2017 年西藏地区物流产业主要以交通运输行业为主的碳排放数据（见表 9-4）。计算结果表明 2007～2017 年，除 2009 年、2012 年较上年略微下降外，西藏地区交通运输产业碳排放总量整体呈增长态势，2007～2017 年净增 494995.03 吨，增长 7.471 倍。而从 2013 年起西藏地区交通运输碳排放量开始迅速增长，比上年净增 114371.48 吨，增长 1.965 倍；尤其是 2017 年碳排放总量创历史新高达到 571485.83 吨，比上年净增 299898.68 吨，增长 2.104 倍。上述数据说明，随着西藏交通运输发展水平的提高，加快了碳排放量的增加。

表9-4　　　　　西藏地区不同交通运输方式碳排放量以及

碳排放总量一览　　　　　单位：吨

年份	铁路	公路客运	公路货运	航空	管道	总排放量
2007	4763.72	1838.34	59975.84	8153.44	1759.45	76490.80
2008	4927.25	1823.67	59935.88	36690.10	1759.45	105136.35
2009	6653.35	2260.09	45727.38	40343.37	2344.52	97328.70
2010	7887.08	2436.06	53121.40	45339.91	2003.99	110788.44
2011	8210.21	2542.75	59617.36	50528.13	2317.40	123215.84
2012	9735.51	2714.91	47384.44	56160.22	2464.27	118459.36
2013	10869.16	3597.18	154776.47	61285.27	2302.77	232830.85
2014	11273.53	3966.49	171916.00	66386.53	2373.77	255916.32
2015	12051.75	4372.36	172209.54	73864.22	1329.95	263827.83
2016	14815.93	3291.99	170093.16	82039.82	1346.25	271587.15
2017	13924.07	3854.34	189504.00	207062.74	1980.68	571485.83

从各交通运输方式碳排放量来看，除管道运输方式有不同程度波动外，2007~2017年铁路、公路和航空基本与交通运输业碳排放总量保持一致，表现出相对的规律性呈增长趋势。这里需要特别指出的是，航空和公路货运两种运输方式对碳排放量表现出较强的拉动性，航空碳排放量从2007年的8153.44吨上升至207062.74吨，增长了25.396倍，公路货运碳排放量从2007年的59975.84吨上升至189504.00吨，增长了3.159倍，应该说二者是10年间西藏交通运输业碳排放总量快速增长的最主要原因。由此说明，西藏以交通运输行业为主的物流产业碳排放形势不容乐观，还需进一步明确物流产业碳减排责任机制以及制定合理有效的碳减排措施。

三、碳排放因素分解

（一）碳排放 LMDI 分解模型构建

根据 LMDI 分析理论，参考相关文献，西藏地区物流产业碳排放总量可以用式（9-2）表示：

$$C = \sum_{ij} C_{ij} = \frac{C_{ij}}{E_{ij}} \times \frac{E_{ij}}{V_i} \times \frac{V_i}{V} \times V \qquad (9-2)$$

式中，C 为西藏地区交通运输业碳排放总量，C_{ij} 为第 i 种运输方式第 j 种能源的碳排放量（$i=1$，2，3，4），E_{ij} 为第 i 种运输方式第 j 种能源的消费量，V_i 为第 i 种运输方式的换算周转量，V 为西藏地区交通运输业总换算周转量。设 $F_{ij} = C_{ij}/E_{ij}$，表示为交通能源碳排放强度因素；设 $I_{ij} = E_{ij}/V_i$，表示为交通运输能源效率因素，即单位换算周转量所消耗的能源；设 $R_i = V_i/V$，表示为运输结构因素，即某种运输方式的换算周转量占总周转量的比例。由该模型可知，影响交通运输碳排放量的主要因素包括交通能源排放强度因素 F、交通能源效率因素 I、交通运输结构因素 R 和交通发展水平因素 V。其中，交通能源碳排放强度因素为一固定值；交通能源效率因素主要取决于各交通方式单位换算周转量不同能源的消耗；交通运输结构因素以各交通方式周转量的比重反映；交通发展水平因素主要通过各年度交通运输总换算周转量来反映。因此式（9-2）可以写为：

$$C = \sum_i F_i \times I_i \times R_i \times V \qquad (9-3)$$

所以，从时期 0 到时期 t（即 2007 年为基期）碳排放的变化量可以表示为：

$$\Delta C_{tot} = C^t - C^0 = \Delta C_F + \Delta C_I + \Delta C_R + \Delta C_V + \varepsilon \qquad (9-4)$$

$$D_{tot} = C^t / C^0 = D_F \times D_I \times D_R \times D_V \times \theta \qquad (9-5)$$

式中,由于标准煤的碳排放系数是固定的,故能源强度效应 $\Delta C_F = 0$, $D_F = 1$; ΔC_I、D_I 分别表示交通运输能源效率的贡献值和贡献率,即交通运输中不同能源使用效率的变化产生的碳排放变化量; ΔC_R、D_R 分别表示交通运输结构效应的贡献值和贡献率,即交通运输中不同能源使用比例的变化产生的碳排放变化量; ΔC_V、D_V 分别表示交通运输业发展水平的贡献值和贡献率,即交通运输业发展水平的变化产生的碳排放变化量; ε, θ 分别为分解余量。根据 LMDI 方法,其他 3 种效应逐年分解结果如下:

$$\Delta C_I = \sum_i W_i \ln \frac{I_i^t}{I_i^0} , \quad \Delta C_R = \sum_i W_i \ln \frac{R_i^t}{R_i^0}, \quad \Delta C_V = \sum_i W_i \ln \frac{V^t}{V^0}$$

$$(9-6)$$

其中: $W_i = \dfrac{C_i^t - C_i^0}{\ln C_i^t - \ln C_i^0}$。

$$D_I = \exp(W \times \Delta C_I), \quad D_R = \exp(W \times \Delta C_R), \quad D_V = \exp(W \times \Delta C_V)$$

$$(9-7)$$

其中: $W = \dfrac{C^t - C^0}{\ln C^t - \ln C^0}$。

(二) 碳排放驱动因素分解结果

根据式(9-2)~式(9-3)可以看出,以 2007 年为基期影响 2008 ~ 2017 年西藏地区交通运输业碳排放主要因素为能源效率效应、运输结构效应以及产业水平效应。按照公式(9-4)和公式(9-5)分别估算出 10 年间 3 种主要因素对碳排放变化量的贡献值和贡献率,估算结果见表 9-5。

西藏区域物流网络空间特征、形成机理及优化研究

表 9 – 5　　　　　2008～2017 年西藏地区交通运输业碳排放
变化量及影响因素分解结果　　　　单位：万吨

年份	碳排放量 C		能源效率 I		运输结构 R		产业水平 V	
	ΔC_{tot}	D_{tot}	ΔC_I	D_I	ΔC_R	D_R	ΔC_V	D_V
2008	2.865	1.374	0.315	1.036	2.697	1.305	-0.148	0.984
2009	2.084	1.272	0.470	1.048	2.380	1.257	-0.766	0.927
2010	3.430	1.448	1.007	1.102	2.186	1.206	0.237	1.023
2011	4.673	1.611	1.543	1.141	2.452	1.225	0.781	1.069
2012	4.197	1.549	-0.053	0.996	2.638	1.169	1.611	1.143
2013	15.634	3.044	1.264	1.078	2.792	1.121	11.578	1.982
2014	17.943	3.346	1.761	1.075	3.096	1.127	13.086	1.709
2015	18.734	3.449	1.176	1.046	3.693	1.148	13.865	1.705
2016	19.510	3.551	0.540	1.020	3.690	1.096	15.280	1.770
2017	49.500	7.471	0.489	1.020	15.089	1.846	33.903	3.965

　　首先，根据分解结果可以看出，青藏铁路开通后的 10 年间，西藏地区交通运输行业碳排放变化表现出明显的阶段性。2008～2012 年 5 年间碳排放增长缓慢，甚至在 2008 年、2009 年表现出负增长，不论是能源效率因素、能源结构因素还是产业水平因素对碳排放的贡献效应表现也均不显著。而进入 2013 年直至目前可以明显看出碳排放量整体呈快速递增态势。其中，产业发展水平对西藏地区交通运输行业碳排放的增长量贡献尤为突出，且与碳排放总量的变化显示出高度的一致性。这说明产业发展水平对西藏地区交通运输产业能源消费碳排放增长产生了持续的拉动作用。由此可见，"一带一路"背景下随着建设南亚大通道步伐的加快，西藏交通运输业得到迅速发展，促进了西藏经济社会增长的同时，也无可避免地增加了能源的消耗，加速了温室气体的排放。

其次，2008～2017 年西藏地区交通运输行业碳排放能源效率，除 2012 年外，贡献值均为正值，贡献率在 1 之间波动，虽然呈现出一定的波动性但总体对碳排放的相对影响程度较小（见图 9 - 1）。2014 年起西藏地区交通运输业碳排放能源效率有逐年上升的趋势，对碳排放的贡献率也在逐年减少，反映出西藏地区交通运输业能源利用效率有所提升。值得注意的是 10 年间唯有 2012 年西藏地区交通运输行业碳排放能源效率的贡献值为负，数据表明主要是由于当年公路货运运输能耗从 220 千克标准煤/万吨公里下降到 170 千克标准煤/万吨公里，这也是 10 年来能源消耗下降幅度最多的一年。正是由于这一年能源效率的提升使得能源效率对西藏地区交通运输产业碳排放的增长的贡献率降至 10 年间最低。这也说明提高能源效率对于促进西藏地区交通运输业碳减排有着积极的作用。

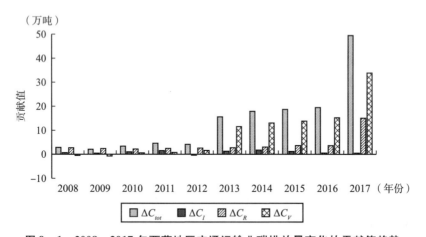

图 9 - 1　2008～2017 年西藏地区交通运输业碳排放量变化的贡献值趋势

此外，如图 9 - 2 所示，西藏地区交通运输产业运输结构的碳排放各年度效应均为正值，虽然呈现出明显的波动性，但可以看出交通运输结构的总体变动对碳排放增长产生了促进作用；尤其是 2017 年交通运输结构对碳排放的贡献效应显著突出。研究

　西藏区域物流网络空间特征、形成机理及优化研究

显示等量运输条件下，铁路运输方式产生的每吨每公里的碳排放量最低。而数据表明 2017 年西藏地区交通运输结构中，公路货运占比约为 65.3%，航空运输占比升至 3%，铁路占比仅为 29.3%。西藏地区交通运输结构中铁路占比过低，使得随着西藏经济的快速增长，进一步加快了交通运输业的碳排放量，一方面说明西藏铁路的建设方面相对滞后，另一方面也反映出西藏交通运输结构需要调整优化，受交通制约的瓶颈仍然没有打破。

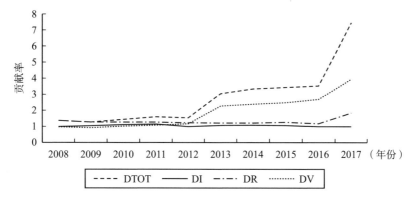

图 9 – 2　2008～2017 年西藏地区交通运输业碳排放量变化的贡献率趋势

（三）碳排放驱动因素分解结果分析

1. 产业发展效应

结合图 9 – 1 和图 9 – 2，2008～2017 年 10 年间数据显示，产业发展水平的提高是影响西藏地区交通运输产业碳排放增长的主要原因。近年来国家逐步加大对西藏交通运输行业的投资建设力度以及旅游业的蓬勃发展，仅 2017 年交通运输、仓储和邮政业投资完成 590.18 亿元，比上年增长 7.6%；全年接待国内外旅游者 2561.43 万人次，比上年增长 10.6%，旅游收入达 379.4 亿元，占全区国内生产总值的 28.95%。这使得西藏交通运输业发展迅速，如表 9 – 6 所示，尤其是 2013 年起西藏地区总换算周转量迅

表 9-6　　　　　　　西藏地区各交通方式周转量统计（Ⅴ）

年份	旅客周转量总计（万人公里）	公路	民航	铁路	货物周转量总计	公路	管道	铁路	民航	总换算周转量（万吨公里）
2007	361335	189520	—	80120	429035	374849	11548	41082	1556	528107
2008	326512	184209	79891	62412	432478	352564	11548	66980	1386	519063
2009	391630	217316	91795	82519	370349	254041	15388	99346	1574	481209
2010	429389	227669	107308	94412	417558	265607	13153	137098	1700	542463
2011	451670	225022	122821	103827	437885	270988	15210	149825	1862	573057
2012	472899	232044	138334	102521	496470	278732	16174	199524	2040	632155
2013	577963	310102	153847	114014	1063158	814613	15114	231214	2217	1219259
2014	626936	327809	175734	123393	1121801	859580	15580	244206	2435	1290628
2015	685511	347013	197621	140877	1153336	906366	8729	235411	2830	1343143
2016	606966	227034	219580	160352	1258384	944962	8836	301361	3225	1457249
2017	1059300	262200	611700	181000	1367100	1052800	13000	291900	4000	1612962

资料来源：根据 2008～2018 年《西藏统计年鉴》整理和计算而得。

　■　西藏区域物流网络空间特征、形成机理及优化研究猛增长，从 2012 年 632155 万吨公里飙升至 2013 年 1219259 万吨公里，增长率约为 193%，此后的 5 年里以年均 26.5% 的速度递增，2017 年升至 1612962 万吨公里。其中，2013 年的公路货运周转量、2017 年民航旅客周转量表现得尤为突出。数据表明 2013 年公路货运周转量 814613 万吨公里，比上年增长 292.26%，这也是 2013 年总换算周转量比上年翻倍的最重要因素。2017 年民航旅客周转量升至 611700 万人公里，较上年增长了将近 3 倍。由于航空运输是三种运输中能耗最高运输方式，直接导致这一年西藏地区交通运输碳排放创历史最高。由此可见，西藏开放水平的不断提高，旅游、贸易、投资等带动交通运输的发展不可避免地引致碳排放的增加。虽然西藏已经制定了相关方案，大力发展旅游、交通运输以及商贸物流等绿色低碳经济，努力实现经济发展与生态保护的双赢，一定程度上对交通运输产业碳排放量的增加有所抑制，但就目前数据来看，西藏地区交通运输业的碳排放呈加速扩大态势。

2. 能源效率效应

从图 9-1 和图 9-2 来看，不论是能源效率的贡献值还是贡献率，整体表现对西藏交通运输行业碳排放的相对影响程度较小，相对变化幅度也较小。从表 9-7 可以看出，各个不同运输方式能源消耗效率在 10 年间虽然呈现出不同的变化趋势，但能耗变化相对较小。管道单位换算周转量能耗相对稳定，铁路和航空单位换算周转量的耗能量均有不同程度下降，铁路运输由 2007 年的 57.8 千克/万吨换算公里下降至 2017 年的 43.3 千克/万吨换算公里，下降了 25.1%；航空运输周转量由 2007 年的 5240 千克/万吨公里下降至 2017 年 4310 千克/万吨公里，下降了 17.7%；而公路客运周转量由 2007 年的 97 千克/万人公里上升至 2017 年的 147 千克/万人公里，提高了 34%，同时，公路货运周转量耗能并无明显规律，2014～2017 年单位耗能有所下降，下降了 10%。这主要是由于短期内，要实现由技术进步带来的能源效率的提高比较困难，需要致力于长期的研究与规划。这里需要指出的是，尽管 10 年间铁路、航空、公路货运周转量能耗完全或不完全呈下降趋势，使得 2014～2017 年西藏交通运输行业能源效率对碳排放的增长开始下降，这一时期交通能源效率对碳排放的增加起到抑制作用。这说明西藏交通运输产业能源利用效率方面仍需努力，短期内能源利用效率问题依然是制约西藏低碳交通发展的一个突出问题。

表 9 - 7　　　　　　　　　各交通方式运输能源效率（I）

年份	公路客运 （千克标准煤/ 万人公里）	公路货运 （千克标准煤/ 万吨公里）	航空 （千克标准煤/ 万吨公里）	管道 （千克标准煤/ 万吨公里）
2007	97	160	5240	152.36
2008	99	170	5140	152.36
2009	104	180	4930	152.36
2010	107	200	4810	152.36
2011	113	220	4720	152.36
2012	117	170	4680	152.36
2013	116	190	4610	152.36
2014	121	200	4400	152.36
2015	126	190	4330	152.36
2016	145	180	4310	152.36
2017	147	180	4310	152.36

资料来源：根据 2007～2017 年度铁路公报、航空公报、交通公报以及相关文献资料估算所得。

3. 运输结构效应

结合图 9 - 1 和图 9 - 2，2008～2017 年 10 年间数据显示，运

输结构效应也是影响西藏地区交通运输产业碳排放增长的主要因素，这种拉动作用呈现出"减—增"的波动趋势。2008～2010年，运输结构效应对碳排放的贡献值从2.697万吨下降到2.186万吨。而2011～2017年除2016年有略微下降，其他年份碳排放量均逐年上升，尤其是2017年升至15.089万吨。从表9-8可以看出，西藏地区交通运输结构以公路货运和铁路运输为主，两者占比超过90%。2007～2012年铁路运输占比逐年增加，公路货运占比逐年减少，使得当年同期由于能源效率产生碳排放量也相应减少。而2013～2017年铁路运输占比减少，公路运输占比增加使得逐年产生的碳排放量持续增长。这里特别需要指出的是，由于西藏旅游业的井喷式发展加之铁路运输建设的滞后，使得2017年民航旅客周转量从上年的219580万人公里升至611700万人公里，增加了近2倍；航空运输占比也从2016年1.3%攀升至3%。由此大大加重了2017年能源结构效应对西藏地区交通运输业的碳排放量。由此揭示出能源结构效应对西藏地区的交通运输业碳排放量有积极的影响作用。西藏应采取积极措施调整和优化交通运输结构，加大力度提升清洁能源以及新能源的使用比重，实现西藏交通运输业发展与生态环境保护双赢。

表9-8　　　　　　　　交通运输结构（R）

年份	铁路	公路客运	公路货运	管道	民航
2007	0.230	0.036	0.710	0.022	0.003
2008	0.249	0.035	0.679	0.022	0.014
2009	0.378	0.045	0.528	0.032	0.017
2010	0.427	0.042	0.490	0.024	0.017
2011	0.443	0.039	0.473	0.027	0.019
2012	0.478	0.037	0.441	0.026	0.019

年份	铁路	公路客运	公路货运	管道	民航
2013	0.283	0.025	0.668	0.012	0.011
2014	0.285	0.025	0.666	0.012	0.012
2015	0.280	0.026	0.675	0.006	0.013
2016	0.317	0.016	0.648	0.006	0.013
2017	0.293	0.016	0.653	0.008	0.030

进一步分析各要素对西藏地区交通运输碳排放总量的贡献率（见图9-2），可以发现交通运输发展水平和交通运输结构是拉动西藏地区碳排放量增加的因素和交通能源效率是抑制碳排放量增加的因素。进一步可以看出，2012年以后，拉动因素对交通运输碳排放总量的贡献率和抑制因素对交通运输碳排放总量的贡献率之间的差距在逐步扩大，导致西藏交通运输部门碳排放总量近似指数增长。总的来说，随着经济的迅速发展，必须加大力度提升产业水平效应、能源强度效应以及能源结构效应抑制作用的发展空间，2017年数据显示西藏地区交通运输业碳排放开始呈现大幅攀升的态势。

四、碳排放脱钩效应

（一）碳排放脱钩指标构建

LMDI分解模型可以了解各驱动因素对物流产业碳排放变化量的具体影响程度，但不能衡量所在地区碳减排的实际效果。而基于DPSIR框架的脱钩理论，可以研究经济增长驱动力作用下，政府基于环境成本压力的反应，以此衡量政府碳减排措施的实际效果，从而探寻物流业实现发展与减排双赢的途径。政府的减排努力表现为能源利用效率的提高以及能源结构的改变，可以间接表示为 ΔF：

$$\Delta F = \Delta C_{tot} - \Delta C_V = \Delta C_I + \Delta C_R \qquad (9-8)$$

因此，在 LMDI 分解模型的基础上，依据脱钩理论，构建脱钩指标 P：

$$p_{tot} = -\frac{\Delta F}{\Delta C_V} = -\left(\frac{\Delta C_I}{\Delta C_V} + \frac{\Delta C_R}{\Delta C_V}\right) = -(P_I + P_R) \qquad (9-9)$$

式中，P_{tot} 为交通运输业脱钩效应，P_R 为能源结构脱钩效应，P_I 为能源效率脱钩效应。

当 $P_{tot} \geqslant 1$ 时，存在强脱钩效应；当 $0 < P_{tot} < 1$ 时，存在弱脱钩效应；当 $P_{tot} \leqslant 0$ 时，不存在脱钩效应。

（二）碳排放脱钩效应结果及分析

通过对西藏地区交通运输产业碳排放分解结果分析，可以发现整体来看，产业发展效应、能源强度效应以及运输结构效应除个别年份外对该产业碳排放的增加还是以正向驱动为主，但三者贡献效应影响程度有显著差异，产业发展效应成为主要驱动因子，运输结构效应个别年份贡献作用突出，运输能源效率多数年份抑制碳排放量增加效应增强。而三者都可以通过政府减排努力对碳排放起到一定的抑制作用。因此本节通过构建脱钩指标 P_{tot}，依据式（9-6）和式（9-7），分析产业发展与能源消耗变化之间本质关系，从而反映西藏地区交通运输业低碳发展的实际情形以及政府减排措施的实际效果，结果见图 9-3。

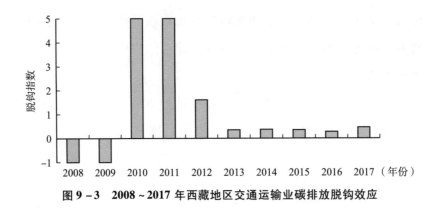

图 9 - 3　2008～2017 年西藏地区交通运输业碳排放脱钩效应

从图 9 - 3 可以看出，西藏地区交通运输业碳排放 2010～2017 年存在着一定的脱钩效应，其中 2010～2012 年 3 年连续出现了强脱钩效应，尤其是 2010 年脱钩指标值达到了 13.47，碳排放贡献值和贡献率也表现出这期间的最低值。根据 2008～2018年《西藏统计年鉴》的数据，西藏 2008～2012 年由于青藏铁路的开通运营，不论是铁路货物周转量还是铁路旅客周转量都有较大幅度提升，数据显示 2008 年铁路货物周转量从 66980 万吨公里攀升至 2012 年 199524 万吨公里；2008 年铁路旅客周转量从79891 万人公里攀升至 2012 年 138334 万人公里。这使得 3 年间西藏交通运输结构铁路运输占比从 0.427 提升到 0.478，而相应公路货运运输占比从 0.490 下降至 0.441。根据相关研究表明，等量运输条件下，铁路运输能耗最低，公路次之，航空最高。这在一定程度上解释了 2010～2012 年出现的强脱钩效应。

2013～2017 年西藏交通运输产业碳排放呈现弱脱钩效应，碳排放贡献值和贡献率也表现强劲增长势头。分析发现尽管青藏铁路以及西藏其他铁路的建成运营使得铁路周转量一直保持较快增长，但是在交通运输结构中，铁路运输占比徘徊在 0.28～0.31，而公路货运占比攀升至 0.64～0.68。这也说明了西藏地区交通运输结构需要优化，碳排放问题开始显现，面临碳减排问题。因此要实现西藏交通运输物业的强脱钩效应及低碳化发展之路，政策因素必须在三种效应方面进一步发挥效用。"一带一路"背景下西藏肩负打通南亚大通道历史使命，以交通运输业为主的物流产业面临前所未有的机遇，大跨越发展的同时，必须兼顾生态环境。近年来，西藏政府也在不断加大工作力度，着力推进绿色、循环、低碳等方面的发展，先后制定并出台了多项规划和方案①。图 9 - 3 反映出脱钩指数有所提升，说明政府的减排努力有所成效，但还未实现强脱钩效应，应继续推进实施节能循环低碳发展，为西藏青山常在、绿水长流、空气常新提供有力支撑。

五、对策建议

通过对西藏地区交通运输业为主的物流产业碳排放驱动因素分解分析，可以发现随着西藏交通运输业发展水平的提高，该产业碳排放量迅速增长，尤其是自 2012 年以后，西藏交通运输业的碳排放量近似呈指数增长。除交通发展水平带来碳排放量的增长以外，交通能源效率、交通运输结构等均对碳排放量的增加产生不同程度的影响，且能源结构效应明显高于能源效率效应带来的该产业碳排放的增加。通过对西藏交通运输业为主的物流产业碳排放脱钩效应分析，可以看出该产业的 10 年间的碳排放经历了从不存在脱钩效应到强脱钩效应再到弱脱钩效应的变化阶段。这说明西藏物流产业的发展、碳排放和政府政策之间存在密切的

---

① 包括《西藏自治区"十二五"时期节能规划》《西藏自治区循环经济发展规划（2013～2020 年）》《西藏自治区"十二五"节能减排综合性工作实施方案》《西藏自治区人民政府关于加快发展节能环保产业的实施意见》《西藏自治区 2014～2015 年节能减排低碳发展行动方案》以及《西藏自治区碳排放权交易市场建设工作实施方案》。

内在联系，而其中的关键点就在于政府如何出台有效政策平衡产业发展、能耗降低与生态良好之间的关系。

综上所述，本节从五个方面提出西藏地区交通运输业低碳化发展的对策建议：第一，应发展低碳运输，大力发展清洁能源应用于交通运输领域从而降低碳排放量，实现绿色交通发展；第二，考虑到铁路运输和管道运输具有低损耗和低碳排放等特点，应着力推进铁路运输和管道运输等低碳运输模式的发展；第三，通过提高交通运输工具能效水平，推动交通运输智能化，建立公众出行和物流平台信息服务系统；第四，制定低碳物流作业标准，实行精细化运输作业管理，并建立完善的节能减排考核与激励约束机制，强化节能减排目标责任；第五，要强化宣传教育，使得生态文明理念日益深入人心。

第三节　西藏区域商贸物流："互联网＋共享单车"商业模式创新研究

以"互联网＋"为引领，以电子商务综合示范为载体，加快城镇商贸中心、示范商圈、商业网点的空间布局合理，促进电商和边贸物流、快递物流等商贸物流的融合发展。考虑到西藏地区与内地其他省份发展的显著差异，已有的发展模式不能盲目照搬，为促进共享单车这种新经济应用形态在西藏实现可持续发展，有必要进一步研究该区域互联网共享单车企业商业模式创新发展问题。通过理论提炼—案例研究—实证分析的研究范式，创新构建"互联网＋共享单车"商业模式，揭示西藏地区互联网共享单车商业模式创新影响因素，为因地制宜地制定共享单车发展保障机制提供科学依据。

一、"互联网＋共享单车"商业模式构建基础

以"互联网＋"为引领，以电子商务综合示范为载体，促进电商和配送物流、快递物流等西藏商贸物流的融合发展，形成一批线上线下融合、具有影响力和带动力的体验示范商圈，促进西藏城市商贸服务体系基本形成。2017年4月日喀则成为雪域高原首个开始投放使用共享单车的城市。同年5月黄色、橙色的共享单车正式走进拉萨。共享单车的普及与影响即使在雪域高原也不例外，不仅能够满足广大高原民众短距离出行的需求，而且对西藏低碳城市生态文明的建设有着积极的推进作用，契合"绿色出行，健康西藏"的发展理念。

但是，考虑到西藏地区与我国其他省份发展多方面、多层次的显著差异，已有的发展模式不能盲目照搬。随着互联网共享单车在西藏更多地区提供服务，有必要在已有研究的基础上进一步丰富区域互联网共享单车商业模式创新相关问题。鉴于此，本节立足西藏地区，以促进共享单车这种新经济应用形态在西藏实现可持续发展为目标，通过创新构建"互联网＋共享单车"商业模式，揭示西藏地区互联网共享单车商业模式创新影响因素，为因地制宜地制定共享单车发展保障机制提供科学依据。

（一）"互联网＋共享单车"商业发展创新模式理论研究

1. 商业模式创新要素研究

环境包容要素，如郭海（2012）认为企业在政府政策支持和获取资源相对容易的环境中，整合资源更加从容，商业创新更容易达成目标。奥斯特瓦（Osterwalder，2005）提出经济环境、政

策环境、法律环境都会在一定程度上推动企业商业模式的创新行为。

技术进步要素，如基冈和特纳（Keegan and Turner，2001）认为外部技术的推动企业创新的关键因素之一。库斯特和梅耶（Kuusisiton and Meyer，2003）的研究结果也显示，商业模式创新的关键驱动力在于信息技术。

竞争强度要素，如姚伟峰（2013）提出市场竞争因素、外部市场对产品需求程度是考虑商业模式创新的重要外部因素。李建忠（2015）认为竞争强度和客户需求变动能够激发企业的内在动力，使其开始寻求新的发展机会。

经营能力要素，如王鑫鑫（2011）通过实证研究表明软件行业企业商业模式创新新动力主要来自于企业家创新精神和市场需求变化。郭毅夫（2012）研究得出，商业模式创新影响包括了获取金融支持、满足消费者需求、知识共享、组织愿景和开放心智等经营管理要素。

2. 商业模式创新结构研究

通过变换组合商业模式的组成要素，来实现企业商业模式结构创新。林加德（Lindgardt，2009）认为商业模式结构包含的要素分别是营运模式和价值分析，它们又囊括若干子要素，商业模式创新可以通过商业模式结构各个组成要素的创新来实现。原磊（2007）等认为在商业模式创新的构成体系中，每一个元素本身与其他元素之间关系的改变，都是创新的路径；从价值链创新角度来分析商业模式创新结构。托马斯（Thomas，2001）认为，要实现商业模式创新，必须对企业的流程、合作者、渠道、资源等价值网络的架构进行创造性连接。迪博松（Dubosson，2002）等认为商业模式是一种网络，围绕在企业价值活动展开，形成企业内、外部结构，得以使价值持续有效的传递。奥斯特瓦（Osterwalder，2004）从知识管理角度研究商业模式创新结构，研究视角强调了商业模式变革中的人的因素和企业家精神的作用。李建忠（2015）从价值创造的角度，认为在进行创新时，应当以价值定位作为突破口，依赖其内部机理，逐步扩展至价值主张、价值实现环节并通过不断挖掘价值潜力最终完成价值创造的创新过程。

（二）分析结论

前述分析不难发现，商业模式创新动力来源于价值创造的过程，商业模式创新影响要素是关键与基础，起最基础的底层作用。共享单车商业模式创新主要通过引入环境包容拟合、技术进步拟合、市场需求平拟合和运营能力拟合四个逻辑要素，以价值创造的内容与过程来整合共享单车这一经济形态的经营战略与管理的各个方面的活动，揭示出共享单车竞争力的来源在于有效整合系统的各种资源，如图 9 - 3 所示。

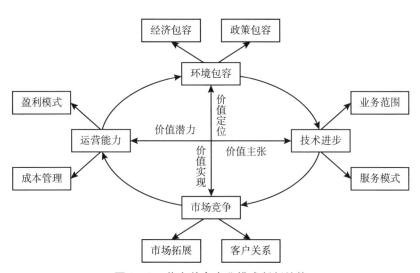

图 9 - 3　共享单车商业模式创新结构

二、"互联网+共享单车"商业模式影响因素

(一) 环境包容

环境包容是西藏地区互联网共享单车企业商业模式创新最重要的影响因素。近年来,西藏经济建设基础显著加强,表现在西藏经济社会增长迅速,增速位居全国前列。特别是"十三五"期间,全区 GDP 年均增速达到 9.0%,高出全国 3.3 个百分点,经济增速位居全国前列。地区生产总值、人均地区生产总值由 1951 年的 1.29 亿元、114 元增长到 2020 年的 1902.74 亿元、52345元①。此外,西藏地处青藏高原,大部分地区海拔超过 4000 米,被誉为"世界屋脊""地球第三级",是中国乃至亚洲重要的生态安全屏障,也是中国生态文明建设的重点地区之一。随着生态文明建设在西藏的不断深入,绿色出行日益成为受欢迎的生活方式。共享单车进入西藏日喀则市和拉萨市,已经成为老百姓日常出行的选择之一,形成了城市靓丽的风景线。它不仅能够方便市民出行、缓解交通压力,还有利于促进短途旅游的发展,带动民众观念转变,保护高原生态。因此,环境包容是推动共享单车商业模式在西藏发展创新的基础因素。

(二) 技术进步

技术进步是西藏地区互联网共享单车企业商业模式创新的主要助力之一。西藏全区信息应用技术加快发展。截至 2020 年,

---

① "十三五"期间西藏 GDP 年均增速达 9.0%,http://xz.people.com.cn/n2/2021/0823/c138901 - 34879663. html.

建设通信光缆总长度达 24.77 万公里。固定宽带家庭普及率达
85.29 部/百户。其中,固定互联网光纤宽带接入用户 93.06 万
户,增加 5.86 万户。移动互联网用户 279.11 万户,增加 11.77
万户。全年移动互联网接入流量 56444.15 万 GB,比上年增长
64.2%。农村地区宽带用户 24.75 万户,比上年增加 8.6 万户。
全区行政村光纤宽带覆盖率达99%①。根据《拉萨市国民经济和
社会发展第十三个五年规划纲要》,拉萨市要构筑全区信息服务
业高地。加快信息化发展,打造"数字拉萨",推动形成公共信
息资源共享共用和大数据产业健康发展,实施"互联网+"行动
计划,培育信息、知识型服务企业。促进信息技术与经济社会交
汇融合。而《日喀则市"十三五"时期国民经济和社会发展规
划纲要》也同样提出建设智慧城市,建立城镇综合信息系统,提
升社会领域信息化水平。推动"互联网+"行动计划,实现互
联网与文化旅游、现代物流的深度融合。从共享单车在西藏的
发展现状来看,是由拉萨市交通运输局率先主动考察引进,结
合共享单车企业开放运营的技术优势和领先经验,通过在城市
交通管理、智慧城市、低碳城市、大数据共享等方面展开合作,
为拉萨建设城市绿色慢行交通体系,助力'智慧交通,大美西
藏'服务。而日喀则市之所以能够成为首位在西藏引进共享单
车的城市,主要也归因于其信息化水平的大幅提升。可见,信
息技术的进步是西藏地区互联网共享单车商业模式创新的重要
助力之一。

(三) 市场竞争

市场竞争是西藏地区互联网共享单车企业商业模式创新的主

---

① 2020 年西藏自治区国民经济和社会发展统计公报。

要动力之一。"十二五"期间，西藏继续健全现代市场体制。"放管服"改革扎实推进。"互联网＋政务服务"超额完成"9070"目标，网上政务服务能力全国排名上升5位。"减证便民"行动有效开展，"证照分离"全面推行，企业申办时间压缩至4个工作日。市场主体发展到36.5万户，是"十二五"末的2.3倍。招商引资累计到位资金2535亿元，是"十二五"的2.4倍。组建自治区级政府性融资担保公司，2020年社会投资增长31%，招商引资、民间投资、社会投资占固定资产投资比重过半，改变了投资渠道单一的局面[①]。这为发展共享单车市场要素、培育共享单车市场主体，创造了良好的市场环境。加之随着西藏新型城镇化的发展，共享单车在西藏地区将具有较大应用前景。自行车的出行距离一般在10公里以内，共享单车基本可以满足三四线城市市民的全程出行需求，此外，随着西藏旅游的人数大幅增长，共享单车也可以充分满足部分游客用户的短途出行需求。可见，西藏共享出行市场必将呈现出普及发展的势头，这就要求一方面，西藏政府鼓励其他城镇地区引进慢行交通企业，需要通过市场机制提升服务质量；另一方面，互联网共享单车企业须通过不断的商业模式创新来适应环境，提升服务质量，才能经得起市场、消费者和时间的考验，实现可持续发展的目标。

（四）运营能力

尚未克服的运营问题是目前影响西藏地区共享单车企业商业模式创新的短板之一。与大多城市一样，西藏的共享单车也出现了车辆私人占有、使用不规范、停车点位偏少等营运问题，据了解，自2017年4月20日开始首家共享单车在日喀则市投放以

---

① 2021年西藏政府工作报告。

来，已累计投放 4200 辆。在投放初期，日喀则市出现非法私藏、私占、喷漆、盗用、损坏车辆，刮划车牌及偷运至县城等行为。自 2017 年 8 月，日喀则市公安局发布《关于严厉打击涉共享单车违法犯罪行为的通知》并进行专项整治后，此类情况有所好转。但进入 12 月后，私藏、私占、喷漆、盗用、损坏车辆，刮划车牌及偷运至县城、牧区等行为的趋势又有所抬头。此外，共享单车商家，采用的是与拉萨市交通产业集团签订战略合作协议，将运维工作外包，双方共同探索共享单车运营管理的创新合作模式，这样可能导致运营能力发挥创新作用需要一定的条件和时间，在一定程度上也会成为制约共享单车发展的瓶颈问题。

三、"互联网 + 共享单车"商业模式对策建议

自 2017 年 4 月份起，随着共享单车陆续在拉萨、日喀则、林芝等市投放。不仅解决了当地老百姓出行"最后一公里"的问题，也有利于雪域高原生态文明的建设，这种新经济形态的应用模式已经得到了西藏经济社会的广泛认可。但不可否认，西藏地区共享单车行业发展过程中同样也面临用户行为不规范、市场需求不平衡以及城市管理难度大等突出问题。鉴于此，为了促进共享单车这种新经济形态的应用模式在西藏地区的进一步落地生根，基于前述结论本部分特从以下四个方面提出西藏地区互联网共享单车商业模式创新保障机制对策建议。

（一）加速城镇化建设

共享单车行业快速发展的核心还是取决于用户的数量和质量。而城镇化水平的提高有利于促进用户的数量与质量的提升。从省域层面看，西藏虽然加快了城镇化的发展进程，日喀则、林

芝、昌都、山南、那曲先后实现了"撤地建市"，加上拉萨市，西藏已有6个地级市，但是西藏城镇化水平依旧很低。根据2014年统计，城镇化率仅为25.75%，不足全国平均水平的一半。通过加速西藏城镇化的建设，推进以人为核心的新型城镇化，才有利于提升用户的数量与质量，从而规范用户行为。具体体现在：引导农牧区人口向城镇适度聚集，促进符合条件的乡撤乡设镇。支持新型城镇化试点，加强特色小城镇建设。加强城镇市政公共设施建设，完善市政道路、发展公共交通，加快城镇公共交通向周边乡村延伸。合理规划布局社区生活服务设施，构建社区便民利民服务网络。拓展城镇生态空间，加强公园绿地建设。完善城市管理和服务，深化城市管理体制改革，提高城市管理信息化水平。

（二）提高信息化水平

物联网的大数据管理是互联网共享单车发展基础和关键，未来也将成为共享单车行业的核心驱动力。政府层面，西藏应发挥科技创新在创新驱动发展中的引领作用，加强提高信息化水平。抓住"数字机遇"，加强顶层设计，加快新一代信息基础设施建设，提升互联网与经济社会各领域融合发展水平，培育新业态，推动信息化发展。在加强信息基础设施建设方面，加快"宽带西藏"建设，完善城镇网络信息基础设施，积极推进"三网融合"。在加快网络信息技术应用方面，落实"互联网＋"行动，加强云计算、大数据技术应用，发展网络经济。推进信息资源共享共用和数据开放利用。推动信息化和工业化深度融合，支持物联网等技术发展，促进传统产业转型升级。推动电子商务发展，引导网络营销、现代物流和第三方支付企业有序发展。这样才能全面提升共享单车企业研发、生产、管理和服务的智能化水平。

（三）推进市场化水平

建立公开透明统一的市场准入标准，完善市场平等竞争政策，清理妨碍公平竞争的规定，消除地方保护、区域分割和行业垄断，健全优胜劣汰市场退出机制，维护市场竞争秩序。健全市场监管体制机制，加强综合执法，完善市场主体自律制度，营造法治营商环境。大力发展市场主体，营造非公有制经济发展的宽松环境。激发企业家精神，依法保护企业家财产权和创新收益。发展壮大行业协会商会，加快与政府机关脱钩，加强综合监管，实行信用承诺制，引导行业自律组织健康有序发展。营造有利于市场机制发挥决定性作用、促进要素流动的良好条件，实现资源配置效率最优化和效益最大化。这样有利于扩大城市公共交通覆盖范围，完善公共交通体系，打造慢行交通系统，最终促进解决市民和游客出行"最先一公里"和"最后一公里"的难题。

（四）提升人才支撑能力

实现智能运营管理，除了切实发挥政府和企业管理职能外，政府层面，应切实用好现有人才，大力引进急需人才，建立管理规范、开放包容、运行高效的人才发展机制，最大限度调动人才的积极性、激发人才的创造力。企业层面，应着力培养具有战略经营眼光、市场开拓精神、管理创新能力和社会责任感的现代企业经营管理人才队伍。最终应在政府统一部署下，联合相关部门和共享单车运营企业一起共建更好的城市交通体系，不断提升城市绿色低碳出行效率，让广大市民出行更加便捷。

第四节　西藏区域冷链物流：农畜产品流通体系构建研究

为了进一步完善农畜产品流通体系，优化农畜产品流通体系布局，提高农畜产品生产流通组织化程度，加大冷链配送网络建设，加快构建城乡一体的冷链配送体系。本节立足西藏农业战略格局①和农畜产品流通制约因素，探讨依托区域经济发展和产业布局构建农畜产品流通体系，提出具有"本土化"的农畜产品流通体系构建对策。这对于畅通农畜产品流通渠道，提高西藏农畜产品增值能力，提高市场竞争力和可持续发展能力，促进高原特色农牧业上水平具有一定的现实意义。

一、农畜产品流通体系构建背景

为了加快构建覆盖全区的冷链仓储设施网络，"十三五"期间已经在拉萨、日喀则、林芝等城市建立了大型冷链物流中心，基本满足外部输入性农产品区域集散分拨的需求；在山南、昌都、那曲、阿里等地建立了冷链仓库，基本满足末端配送的需求。下一步将持续完善农畜产品流通体系，优化农畜产品流通市场布局，提高农畜产品生产流通组织化程度，加大冷链配送网络建设，加快构建城乡一体的冷链配送体系。然而，西藏目前农畜

---

①　西藏"十三五"规划指出："要立足农牧业资源禀赋，畅通鲜活农产品运输通道，发展农畜产品冷链物流。"

产品供应链产销之间仍存在着流通壁垒导致增值能力低等诸多问题，制约着流通效率以及农畜产品流通体系的形成。

（一）基础背景：西藏生态脆弱，需要提升资源保护与再生能力

特殊的区位环境、辽阔的地域范围、得天独厚的气候地理条件对于其发展农牧业具有较大的优势和潜力。而这些农畜产品除农用自用以外，大部分都要变成商品，从而需要农畜产品物流给予有力的支撑，从农村到城市是农畜产品物流的主要流向。而农畜产品与工业品不同，农畜产品的物流特别要求绿色化，在物流过程中做到不污染、不变质。随着西藏社会经济快速发展和对外交流及合作程度进一步扩大，其生态资源安全已经成为一个不争的现实问题，若不注重加强生态环境保护就会陷入"资源贫乏—发展落后—缺乏竞争—持续贫困"的恶性循环。因此，通过探讨和构建弱生态区农畜产品流通体系，旨在促使其能够率先履行节能减排和推动绿色社会生产，并伴随着农畜产品流通体系的进一步改进与发展，逐步引导和带动整个社会生产方式发生转变，以增强对生态环境保护和资源可持续利用的保障力。

（二）现实背景：当前西藏农畜产品物流存在诸多问题，需要加以科学引导与规范管理

改革开放以来，西藏农畜产品流通体系建设方面虽然有了长足发展，如西藏的商品粮油生产基地和农牧业"两高一优"的示范县白朗县，形成了八大功能为一体的农畜产品物流综合性基地。但是农畜产品物流仍然存在物流主体发育不良、农畜产品供应链中产销之间的行政壁垒、技术瓶颈以及缺乏标准化体系导致物流环节过程增值能力弱等诸多问题，制约着高效的农畜产品流通体系的形成。若不加以科学引导与规范管理，势必会影响农畜

产品的增值、农民的收入以及农牧业现代化的进程和农村经济的发展。鉴于此，亟待需要对农畜产品流通体系科学引导与规范管理。在此先从反映其流通过程的运输活动入手，通过探讨和构建弱生态区农畜产品流通体系，以促使其成为推动社会经济和谐、可持续发展的中坚力量。

（三）战略背景：应对竞争与挑战，推动西藏农畜产品"走出去"

一方面是实现西藏农牧业结构战略调整，促进农牧业持续发展的需要。另一方面是全面推进"一带一路"倡议，加强与南亚国家合作的需要。西藏农畜产品物流建设立足于国家对外开放的战略高度，推进区域农牧业生产结构的战略性调整，依托西藏农畜产品生产优势和基础，大力发展农牧业特色产业和产业化经营，进一步提高外向型产品的生产规模、质量和市场竞争力，加快转变农牧业经济发展方式，开拓中亚国际市场，加强与中亚国家的贸易合作，充实双边友好关系，具体落实国家对外开放和"走出去"的战略。以此带动和实现西藏农牧业产业持续、快速和高效发展，走"中国特色，西藏特点"的农畜产品发展路子。

二、农畜产品流通体系构建基础

（一）农畜产品分布格局

从第一产业内部结构来看（如表9－9所示），农牧业一直是西藏国民经济的基础产业，占据着绝对的主导地位。1959～2019年，西藏的农林牧渔业总产值从14.4亿元增加到212.8亿元，按现价计算增长了14.8倍，平均每年增长27.6%。而西藏的农畜产品则具有独特的价值和地域特色，如传统优良粮食品种的青稞，牦牛产品的开发，以及藏系绵羊、藏西北绒山羊、松茸、藏猪、藏鸡等，它们是特色食饮品、藏药、特色手工业、皮革毛纺等行业发展所需的原材料的重要保障。

表 9 - 9　　　　西藏第一产业部分年份分行业产值动态数列　　　单位：万元

年份	农林牧渔业总产值	农业	林业	牧业	渔业
2005	677408	298887	56997	300498	136
2006	704765	304974	60191	316975	1762
2007	798309	359382	63078	349108	1073
2008	884518	396962	67971	389629	2804
2009	933807	390575	71155	442880	2049
2010	1007685	462822	24602	488612	2268
2011	1093675	496152	23929	541123	2181
2012	1183267	533863	25577	590193	2220
2013	1280000	579840	26880	641280	1280
2014	1387200	632563	26357	693600	1387
2015	1494633	680481	21087	752956	1774
2016	1624618	728270	23926	827290	2449
2017	1781603	784369	29475	921680	3271
2018	1954681	880846	31975	983579	3471
2019	2128073	949006	35381	1084132	3630

资料来源：国家统计局（2020）。

根据 2020 年基本形成主体功能区布局的总体要求，现阶段要推进形成"七区七带"为主体的农业分布格局。从优化农林牧业生产空间布局的角度出发，以建设重要的高原特色农产品基地为目标，在藏西北、羌塘高原南部、藏东北、雅鲁藏布江中上游区、雅鲁藏布江中游—拉萨河区域、尼洋河中下游、藏东南七大农林牧业生产区，加快建设藏西北绒山羊、藏东北牦牛、藏中北绵羊、藏东南林下资源和藏药材、藏中优质粮饲、城郊优质蔬菜和藏中藏东藏猪藏鸡七个特色农林牧业产业带（如图9-4所示）。

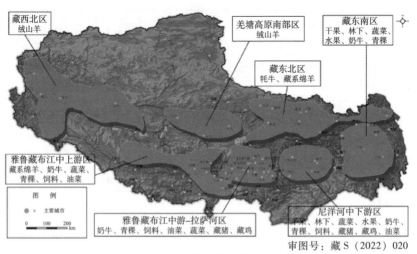

图9-4　西藏农业战略格局示意图

资料来源：2014年西藏人民政府《西藏自治区主体功能区规划》。

（二）西藏农畜产品流通制约因素

1. 农畜产品物流成本居高不下

由于西藏地理位置特殊，交通滞后，经济落后，受区位影响，区内及区外的商流、货物流运距远，产品生产成本和交通运输能源消耗高。受产业发育水平制约，区内与区外之间、区内各区域之间，物流的单向流动特点明显，造成较高的空返率，物流成本居高不下。这导致西藏的生产资料和绝大部分生活资料价格都普遍高出其他省份近一倍。比如在拉萨100元的购买力只相当于沿海地区的54元，其中，46元主要是由于恶劣环境下长距离运输造成的高运价、高耗损和低效率。国家每年划拨的援藏费用，有接近50%用在支付高昂的运输费用上。

2. 农畜产品物流信息化、标准化程度低

农畜产品物流信息体系不健全，系统节点信息处理手段落后，信息传递渠道不畅。长期以来，西藏物流系统从农户到零售终端的各流通环节都缺乏完善的产品信息采集、加工整理、发布体系及手段，农牧民获取市场信息的渠道单一，广大农畜产品生产者了解产品信息的渠道非常少，甚至连政府所拥有的信息资源都不易获得。各经营环节信息滞后失真现象严重。由于跟不上市场变化，农畜产品的流向带有很大的盲目性，特别是作为物流系统核心节点的批发市场，本应是农畜产品的物流信息枢纽，却因信息处理手段与技术落后，难以发挥信息中心的功能。大部分农牧乡村也因没有交易点，市场几乎处于原始封闭状态，仅有的少数商业点主要以零售日常用品为主。

3. 农畜产品物流过程增值能力弱

由于西藏特殊的地理环境和生态环境，使得西藏特色的农牧产品都保持原始的自然状态。比如藏系绵羊、藏西北绒山羊、松茸、藏猪、藏鸡、青稞、牦牛等都属于西藏特色的农畜产品。另外，受交通运输条件的制约，西藏地区市场空间相对狭小并且处于分割状况，区内特色农牧产品的销售渠道极为有限，多数自产自销，因此发展速度也相对滞后。新形势下，随着西藏对外开放的进一步扩大，与外界联系的日益加深，生产、流通、加工一条龙的产业链经营势在必行，将会大大提升物流过程增值能力，必将具有巨大的市场空间。

4. 农畜产品流通开放程度不高

西藏农畜产品出口的国家和地区达54个，主要分布在中亚，占出口总额的94.50%。从我国整个对外开放的格局来看，针对中亚国家对外开放是最薄弱的环节和区域，双方产品尤其是农畜产品的认可度不够，对沿边地区的经济辐射带动作用不大，并影响到我国对外开放的全局和边境安全。随着"一带一路"倡议的提出，西藏应积极融入国家战略，争取更大程度的对外开放，做大做强农牧产业的特色产业。

三、畅通农畜产品流通体系对策建议

（一）依托区域经济发展布局构建农畜产品流通体系

突出一个地区"经济增长、社会进步、生态文明"之间的良性互动与可持续发展是本节研究的核心。通过探讨和研究西藏地区可持续发展的农产品物流体系，旨在提升西藏地区现代农畜产品物流发展意识，规范和完善农产品流通活动行为，提升农畜产品竞争力和资源利用效益，进一步增强农畜产品流通活力与生态资源保护能力，使其成为推动农民增收、农牧区产业化发展和地区经济增长、社会和谐可持续发展的中坚力量。

1. 依托区域经济发展布局构建农产品流通圈

西藏特殊的生态环境和地理区位决定了需要依托区域经济发展布局构建农产品流通圈。根据西藏现有的经济状况以及区域发展特点，结合西藏自治区"十三五""十四五"国民经济发展规划，可以判断西藏区域经济格局已初步形成突破行政区划界限的藏中南、藏东、藏北、藏西区域经济发展格局。藏中南经济区包括拉萨市、山南、林芝、日喀则市部分县；藏东经济区以昌都市为主；藏北经济区以那曲市为主；藏西经济区包括阿里地区、日喀则市部分县。因此，西藏自治区农产品流通体系相应由藏中南、藏东、藏北、藏西四大流通圈构成。

四大农产品流通圈既相对独立，又相互联系，依托不同的经济核心区和产业布局，具有不同功能和特色。藏中南、藏东农产品流通圈之间及其内部的龙头批发市场均通过国道 G317、G318 和贡嘎、邦达机场相联系；贡嘎县龙头批发市场则通过国道 G318、G214 以及航空线连接昌都市。藏北、藏中南农产品流通圈通过青藏铁路和青藏公路相联系；安多县龙头批发市场通过国道 G309、G317 和 S301、S305、S203 连接日喀则市、昌都市卡若区、林芝市八宜区。藏西农产品流通圈内噶尔县农产品龙头批发市场通过国道 G219、G318 连接拉萨市，并通过区道 S301 连接安多县，还可通过阿里机场航空联系藏西和藏中南农产品流通圈。

现阶段藏西和藏东农畜产品流通圈间的经济联系较少，主要通过藏中南农产品流通圈进行联系。藏中南经济圈在西藏四大经济圈中处于核心地位，流通规模最大，对其他三大经济圈农产品流通的影响作用最显著。由此可见，各流通圈通过产品流通首先在各自涵盖范围内完成资源的重组与配置，并通过流通圈之间的互动，在全区范围内实现资源的高效合理配置。随着"十四五"规划的推进，农产品流通圈之间的联系能力以及与西藏外部地区、边境地区的经济联系能力也将进一步加强。

2. 加强信息化建设建立"政企社"协同的现代化流通体系

在西藏"十三五"规划的指引下，可以实施以"政府引导、市场运作、多元参与、合建共赢"的"政企社共建"的农村信息化服务模式，考虑成立负责整合政府、企业和社会组织资源的县级便民服务中心运营总部，以市场化运作引入开发农村市场的服务型企业资源参与，以收取加盟企业服务费用等方式维持服务中心运营，以政府财政支持手段根据便民服务中心服务标准及服务事项的考核运行进行评级，用以奖代补的形式分标准给予差异化补助，共同打造非营利组织为主体、"平台共建、资源共享、渠道共用"的农村信息服务链。实现农产品信息与农产品流通信息系统的非接触式交互与处理，提高农产品流通信息化的管理能力，实现农产品流通信息及时、快速、高效的共享与交换。

3. 建立健全质量追溯体系提高农畜产品流通效率

首先，对诸如青藏高原牦牛产品，藏系羊、猪、鸡等肉类没有统一执行的、难以标准化的特色土特产品，制定出相应的产品标准，进行品牌化包装。其次，加大全区特色藏医药、西藏高原生物特色保健品及绿色食（饮）品主要产区的资源整合力度，精心培育一定数量的绿色农产品的生产、加工、销售一条龙的现代农业产业统一抱团发展，使市场品牌效应进一步提升。最后，规范和提高互联网农产品市场，严厉打击以次充好、假冒伪劣和不正当竞争等有损市场正常秩序有序运作和品牌形象的交易行为；重视和提高农产品品牌建立与保护意识，自觉接受市场监督、确保将符合标准的产品提供给消费者。

（二）畅通西藏农畜产品流通体系的对策与建议

为了推进高原特色农牧业上水平，提高市场竞争力和可持续发展能力，西藏自治区"十三五""十四五"规划均强调："要立足农牧业资源禀赋，畅通鲜活农产品运输通道，发展农畜产品冷链物流。"因此，本节从以下几个方面提出畅通西藏农畜产品物流的对策与建议。

1. 推进农畜产品物流公共设施建设，降低农畜产品物流成本

降低农畜产品损耗、提高农畜产品流通交易效率的关键环节在于便利快捷的运输、合理的流通网点分布。因此在促进农畜产品流通的过程中，应注重发挥公共物流设施服务功能的作用，不断完善物流基础设施的改造，优化网点布局，充分发挥各种运输方式的整体效益和系统服务。同时，在运输环节通过政策引导道路运输行业

减少能耗和废气排放，提高效能。合理布局规划货运网点、配送中心的设置，使用清洁燃料，避免对农畜产品造成污染。

2. 提升农畜产品物流信息化、标准化程度，提高农畜产品流通效率

为提高农畜产品交易水平和交易效率，应抓住"数字机遇"，加强顶层设计，加快新一代信息基础设施建设，提升互联网与经济社会各领域融合发展水平，培育新业态，保障网络信息安全，推动信息化发展。一方面加强信息基础设施建设，加快"宽带西藏"建设，完善城镇网络信息基础设施，推进光纤到户，加快宽带入乡进村。另一方面加快网络信息技术应用，落实"互联网＋"行动，发展网络经济；加快电子政务建设，推进信息资源共享共用和数据开放利用；加快"三农"信息服务体系建设，支持物联网等技术发展，推动电子商务发展，引导网络营销、现代物流有序发展，促进传统产业转型升级，搭建西藏特色优势产品"网上天路"。

3. 完善农畜产品物流功能性建设，提升农畜产品物流过程增值能力

从农牧产品物流的功能性方面来挖掘特色农牧业市场潜力。借助电子商务平台营销，对具有地域特色的农畜产品给予精心培育，加大特色藏医药、西藏高原生物特色保健品及绿色食（饮）品主要产区的资源整合力度，在"农户＋公司＋网络"的产业模式下，建立产品档案，构建藏西药（冬虫夏草）、高原生物特色保健品（藏红花、红景天、雪莲花、雪灵芝等）以及高原特色绿色食品加工业（西藏特色青稞、食用菌、山野菜、核桃及油脂）等绿色农畜产品，进一步提升产品增值能力。

4. 创建西藏绿色产业和品牌，推动西藏农畜产品"走出去"

西藏无论从地理位置还是环境资源来说都有得天独厚的基础

条件。与印度、尼泊尔、缅甸等多国接壤，又与众多省份相邻，有着巨大的市场潜力。随着"一带一路"倡议的推进，西藏对外开放的力度必将越来越大。西藏特色农畜产品，尤其是绿色农畜产品有着广阔的市场前景。除了拓宽农畜产品流通渠道外，还必须提高农畜产品自身竞争力。从原料产地、加工过程到储运包装、销售等各个环节必须严格遵守各种相关绿色规范标准。此外，西藏各级政府部门应在具备绿色食品开发的地区加大扶持力度，如建立绿色食品生产专职机构，为绿色食品开发进行全方位服务。在发展模式上，鼓励绿色食品加工龙头企业，建立从农畜产品原材料的获取，到生产和流通，再到废弃物回收、处置等逆向物流的绿色形象和信誉，以期拓宽西藏绿色食品的知名度和市场占有率，打造绿色农畜产品的名优品牌，早日与世界接轨。

| 第十章 |

西藏区域子物流网络空间优化
案例研究：以阿里地区为例[*]

结合中央第七次西藏工作座谈会会议精神，在"十四五"开局之年，在前面研究的基础上，以西藏区域物流空间系统的发展末梢、最薄弱的子系统阿里地区为例，结合阿里地区实际对其物流网络空间优化和远景发展从目标定位、优化层次和实施抓手三个方面进行了深入探索和深度透视，并提出了相应的发展建议。

第一节 发展基础：发展形势与发展现状

一、发展形势

"十三五"期间，中央大力推动西藏边境地区发展，加大财

---

[*] 项目负责人于 2020 年 1~8 月间在阿里地区改则县驻村，为本章的撰写提供了实地考察和调研的机会。

政转移支付力度，深入开展兴边富民行动，扩大沿边开放，支持西藏对接"一带一路"倡议，参与孟中印缅经济走廊和环喜马拉雅经济合作带建设，为西藏边贸物流产业注入强劲动力。2020 年 8 月，中央第七次西藏工作座谈会进一步提出要采取特殊支持政策加强边境地区建设，围绕川藏铁路建设等项目，推动一批重大基础设施、公共服务设施以及更多团结线、幸福路的建设，为西藏物流产业提供了更为广阔的发展机遇。新的发展形势对阿里地区边贸物流产业提出了更高要求，具体体现在：

（一）深入融入"一带一路"，打造面向南亚开放的重要前沿，阿里地区须大力畅通对外运输通道，实现互联互通

阿里地区是新疆与西藏连接的重要节点，也是我国连接南亚的重要通道，发挥北连新疆、南接南亚的区位优势，建成藏西物流枢纽，搭建连接丝绸之路经济带和环喜马拉雅经济合作带的桥梁。阿里地区须构建与周边国家立体交通网络体系，提高跨国界运输、物流效率和服务能力，快速推进边境口岸、边境通道以及边贸市场建设，大力发展对外贸易、边境小额贸易、边境互市贸易，将开发开放优势进一步显现，实现互联互通和国际运输便利化。

（二）着力打造西藏物流产业发展格局，阿里地区须成为骨干物流网络节点的重要补充和本地区域性物流的组织中心

根据西藏自治区物流产业发展规划，全区着力打造"一核、三轴、三区、四中心"的物流产业发展格局。其中"一核"，即建设拉萨物流产业集聚发展核心圈；"三轴"，即沿国道 318 线、拉日铁路，联动日喀则形成面向南亚开放的国际物流产业发展轴，依托国内面向陕甘新，沿国道 317、318 线，联动林芝、昌都形成川渝联动物流产业发展轴，沿国道 109 线、青藏铁路，联动那曲、藏青工业园区，形成甘青新联动物流产业发展轴；"三区"，即重点建设日喀则、林芝和藏青工业园物流产业集聚区，打造区域性物流枢纽；"四中心"，即建设包括阿里地区在内的那曲、昌都、山南四大物流中心。以此为指引，阿里地区须建设成为区域性物流枢纽中心，形成覆盖西藏全区物流服务网络体系的关键一环。

（三）实施"打造两点、贯通一线、统筹东西、全域发展"的空间发展战略，阿里地区须进一步加大区域内交通运输体系的建设力度

全面落实阿里地区空间发展战略，"打造两点"即建设噶尔县和神山圣湖两个经济区域；"贯通一线"即重点建设"西四县"边境横向国防大通道、噶尔县至普兰高等级公路等重点交通基础设施；"统筹东西"即坚持以保护为主，实施差异化发展；"全域发展"即围绕"公共服务均等化试验区"建设。阿里地区须坚持整体规划、分步实施、统筹兼顾、重点突出的原则，建设通达、通畅、安全的交通运输体系，为全面落实空间发展战略提供支撑。

（四）坚持"一心、多点、两线"格局推动特色新型小城镇建设，阿里地区须进一步加快完善城乡商贸流通体系

全面落实西藏自治区主体功能区战略和新型城镇化发展战略，统筹考虑自然生态、产业布局、人口分布，优化城乡发展布局，坚持"一心、多点、两线"格局推动阿里地区特色新型小城镇建设。"一心"是指以狮泉河镇为中心，把狮泉河镇建设成为环境优美的藏西中心城市；"多点"是指推动各县县城建设；

"两线"是指大力推动交通干线沿线重点城镇和核心旅游线路沿线城镇建设。阿里地区须立足现实,突出"服务农牧区"这一主线,确定城镇化发展的梯度顺序,集中力量建设高质量新型小城镇,优先发展狮泉河、普兰、札达和日土特色新型小城镇,大力构建城乡商贸网络,建立完善以连锁经营、物流配送、电子商务等现代流通方式为手段,以县配送中心为龙头、乡镇连锁经营超市为骨干、村级流动商店和放心店为基础的农村消费品销售网络体系,促进城乡商贸流通服务业大发展。

(五)以冈底斯国际旅游合作区为平台,充分发挥西藏全区独特的旅游资源、珍稀的牧业资源以及丰富的矿产资源产业潜力,阿里地区须加快产业通道建设,推进现代物流发展

阿里地区拥有神山圣湖、札达土林、古格王国遗址、暗夜保护区和象雄文化等自然文化旅游资源。且全地区农田、草场广阔,农牧资源丰富。其中,普兰县天然草场以高寒草甸、山地草甸、山地草原等为主,野生动物种类繁多,有野驴、野牦牛、盘羊、岩羊、雪豹、金雕等20余种。此外,阿里地区还拥有丰富的矿产资源,已探明的矿产有30多种、矿点254处,开发远景广阔;藏草药资源分布广泛,有370种之多[①]。支撑发展壮大这些特色优势产业,阿里须大力推进与资源产业基地相连接、与特色经济相适应的资源通道建设,提高对人流物流吸引力和服务力,大力改造传统运输业,推动传统运输、仓储、货代、流通等行业加快发展,建立现代物流服务网络体系。

---

① 《冈底斯国际旅游合作区建设总体规划》(2017~2035)。

（六）兴边富农、着力保障和改善民生，阿里地区须大力推进冷链物流体系建设，加快电子商务向农牧区延伸

由于阿里地区地广人稀，33.71 万平方公里的土地上只有不足 10.94 万人口，加之阿里地区特殊的地理位置，平均海拔 4500 米，气候条件恶劣，物流成本高，区内物流成本比区外高 80% 以上[①]，市场总体物价水平长期居于高位，致使偏远农牧区生活必需品供给得不到有效满足。为了进一步降低物流成本，解决偏远农牧区生活必需品供给，满足牧区群众日常所需，阿里地区应以县级社区便民商贸中心、乡级综合市场、村级便民肉菜店建设为重点，加快构建冷链物流服务体系建设；同时，加快推进电子商务新业态等现代流通方式向农牧区延伸，推进"网购网销"工程，有效提升农牧区群众生活水平。

（七）生态立藏、构筑重要的生态安全屏障，阿里地区须大力发展绿色物流

西藏是我国及亚洲重要的江河源区，是维系我国和东亚生态系统稳定的重要屏障。阿里地区属于藏西北羌塘高原荒漠生态功能区、羌塘高原西南部土地沙漠化预防区和西部土地荒漠化预防区。阿里地区生态敏感而脆弱，生态环境保护建设形势更加严峻、任务更加繁重。因此，阿里地区应以保护和修复生态环境、提供生态产品为首要任务，因地制宜发展不影响主体功能定位的适宜产业，引导超载人口逐步有序转移，减少生态环境破坏，走节约资源、保护环境、提高效率、保障安全的可持续发展道路，促进物流与自然和谐发展。

---

① 2019 年《阿里地区统计年鉴》。

二、发展现状

（一）交通运输体系建设不断加强

交通基础设施建设稳步提速。"十三五"期间，共实施 374 个交通建设项目，新改建总里程 11166.63 公里，总投资 247.64 亿元。2019 年实施新（续）建交通项目 95 个，完成投资 60.48 亿元，超额完成 60 亿元年度投资计划的 100.47%。G216 线民丰至改则公路累计完成投资 34.81 亿元，46 条农村公路累计完成投资 39.8 亿元，13 条边防公路累计完成投资 44.2 亿元，分别完成各自投资任务的 56.4%、95%、83%。34 条抵边自然村公路完成投资 2.55 亿元，占总投资的 97%[①]。积极申报狮泉河至昆莎机场高等级公路建设项目；完成斜尔瓦友谊大桥工程可行性研究报告；完成普兰支线机场预可研咨询评估；完成昆莎机场航空口岸可行性论证工作，积极推进喜马拉雅航空公司加德满都至阿里昆莎机场国际航线首航前期准备工作。

交通运输基础条件明显改善。截至 2019 年，阿里地区公路通车总里程 19957 公里，其中油路 5289 公里，砂石路 14668 公里。国省干线 5730 公里，农村公路 14227 公里。国道 219 阿里段实现黑色化，7 个县实现通达、通畅、通客车率全都达到 100%；37 个乡（镇）和行政村公路通达率均达到 100%、通畅率达 84%、通客车率达 34%。全地区客运周转量达到 4963 万人公里，同比增长 5.42%；货运周转量达到 12.77 万吨公里，同比增长 5.23%；截至 2020 年，航班架次 1179，同比增长 14.3%；

---

① 《阿里地区"十三五"时期国民经济和社会发展规划纲要》。

西藏区域物流网络空间特征、形成机理及优化研究

航空客运达到 9.64 万人次、同比增长 6%；航空货运达到 28.4
吨，同比增长 60.4%[①]。

现代通信体系逐步健全。"十三五"期间乡（镇）通光缆率
达 100%，行政村通信覆盖率达 100%，广播电视覆盖率达 98%，
乡（镇）邮政网点覆盖率达 100%。快递业快速发展，全地区共
有各类快递公司 13 家，经营快递业务品牌 5 个（EMS、中通、
韵达、申通、圆通），许可企业 2 家，民营快递网点 11 个，末端
服务点 1 个，货运物流企业或场站 10 家。阿里地区物流园建设
项目有序推进，截至 2020 年已完成项目总体约 87%[②]。

（二）边境口岸、边贸市场以及边贸点建设持续推进

阿里地区与印度、尼泊尔接壤，有普兰、札达、日土、噶尔
4 个边境县。4 县边境线总长 1437.75 公里，共有通外山口 57
个。"十三五"时期，已经正式批准的有 1 个国家一类陆路口岸
即普兰口岸，1 个边民互市贸易区即普兰边民互市贸易区，2 个
边贸市场，6 个边贸点。普兰县境内 1 个边贸市场即普兰县城边
贸市场，2 个边贸点即藏拉边贸点、拉孜拉边贸点；扎达县境内
3 个边贸点，即底雅乡什布齐边贸点、楚鲁松杰边贸点、萨让边
贸点；噶尔县 1 个边贸点即扎西岗典角边贸点；日土县 1 个边贸
市场即都木齐列边贸市场。

"十三五"期间争取落实中央预算内资金 1.0188 亿元，实
施项目 5 个，包括普兰口岸"一站式"服务平台建设、边检应
急指挥中心、入境货物综合查验场、海关应急保障中心、检验
检疫实验及封闭隔离设施中心。2016～2019 年边贸进出口贸易

---

① 2020 年阿里商务局调研所得《阿里地区综合交通"十四五"发展规划情况汇报》。
② 2020 年阿里调研所得《关于健全完善阿里地区商贸流通体系的实施意见》。

总额分别为 8287 万元、2349.22 万元、4137 万元、3336.11 万元。2020 年因疫情影响，口岸及边贸市场处于关闭状态，无交易往来①。

（三）城乡电商流通体系显露雏形

"十三五"时期，阿里地区以建设县、乡、村三级物流配送体系为重点，以完善农牧区电子商务公共服务体系为抓手，搭建"城乡互动、双向流通、融合一体"的城乡现代流通体系。措勤县、普兰县、扎达县、噶尔县、改则县、革吉县、日土县累计投资电商项目资金共计 7460 万元，有力推进了商贸流通体系向偏远乡村延伸。截至 2019 年普兰县落实电子商务进农村综合示范县项目资金 2000 万元，打造了"社会快递＋邮政"模式，完善了县、乡、村电子商务三级物流体系，线上网络销售额达到 73.3 万元。截至 2020 年，措勤县落实项目资金 1850 万元大力推进电子商务进农村综合示范县建设，电子商务实现销售额 4733 万余元，其中畜产品销售额 4028 余万元，特色产品销售额 705 万余元。截至 2020 年札达县落实项目资金 1500 万元，创造性构建国家电子商务进农村综合示范县"1 个中心、6 个体系"，充分发挥"藏货通天下""扶贫 832"等第三方平台作用，上线品类商品 30 种，实现销售额 86.95 万余元②。

阿里邮政制定下发《中国邮政集团公司西藏自治区分公司电商扶贫三年规划》和《中国邮政服务乡村振兴战略三年行动方案》，积极建设农村邮乐店建设，搭建"天上西藏 e 邮"平台，创建"线上＋线下"一体服务模式，扎实推进了阿里邮政电子商

---

① 2020 年阿里调研所得《阿里地区口岸"十四五"发展方向及规划编制基本思路》。
② 2020 年阿里调研所得《阿里地区电子商务进农村综合示范县创建工作基本情况》。

务进农村综合示范工程。

（四）冷链物流体系建设取得进展

"十三五"时期，阿里地区共计完成冷链（冷库）体系建设项目 14 项，建设总投资约 16337.02 万元，库容共计约 9952.86 平方米[①]，加快了阿里地区补齐农牧区基础设施和公共服务短板，其中冷链物流车的使用有效保障了阿里地区各县蔬菜水果等生活必需品供应。

2017 年阿里地区累计投资约 5417.04 万元，先后建立了措勤县产业园区建设项目、改则县扶贫物流配送中心项目、普兰县重大动物疫情应急储备及冷链项目、建成库容共计约 833.09 平方米。2018 年阿里地区累计投资 2797.52 万元，先后建立了札达县重要商品应急储备库、札达县底雅乡重要商品应急储备库、札达县萨让乡重要商品应急储备库、札达县重大动物疫情应急物资储备及冷链设施建设项目、改则县物玛乡抢古村牛羊肉冷冻库建设项目，建成库容共计约为 2042.96 平方米。2019 年阿里地区累计投资 3052.09 万元，先后建立了噶尔县新鑫农业种植有限公司（胡进柳）、札达县楚鲁松杰乡重要商品应急储备库建设项目、措勤县重要商品应急储备库项目、革吉县特色农畜产品生鲜冷链物流配送建设项目，建成库容共计约为 3876.81 平方米[②]。

（五）内贸流通体系建设初见成效

"十三五"时期，阿里地区成立改则县物玛乡达热村供销合作社、昆莎乡噶尔新村供销合作社、普兰县普兰镇西德村供销合

---

① 2020 年阿里调研所得《阿里地区供销合作社和物流业发展情况的报告》。
② 2020 年阿里调研所得《关于健全完善阿里地区商贸流通体系的实施意见》。

作社三家基层供销社，175 家农牧民专业合作社。其中，国家级合作社 6 家，自治区级合作社 21 家，地区级合作社 21 家，参与人数 62835 人，累计增收 9772 万元。制定地球第三极阿里商标 9 大类和 25 个小项；落实补助资金 100 万元，在区外搭建阿里地区特色产品展销柜；落实援建资金 2000 万元建设阿里地区特色产品展销中心；建成拉萨阿里地区地产产品馆，截至 2019 年，入驻企业 12 家、品牌 12 种，实现销售额 39.6 万元。积极参与区外大型国际经贸洽谈会，实现销售收入 20 万元，达成意向协议 120 万元。举办大型商贸促销活动，引进区外企业在阿里地区举办夏季服装展销会，实现销售额 312 万元；成功举办地区第五届农畜产品交易会，参与农牧民商户 512 户、经合组织 23 家、企业 13 家，实现销售额 1223.04 万元，较第四届增长 30.98%[①]。

三、存在问题

"十三五"时期，阿里地区边贸物流产业基础设施建设步伐加快，商贸市场体系持续完善，对内对外开放水平不断提高，边境口岸、边贸市场和边贸点建设规模不断扩大。但受历史发展水平与自然禀赋制约，边贸物流产业仍然是阿里地区发展的短板，物流网络不完善，基础设施供给滞后，物流成本较高，发展方式粗放，市场主体竞争力弱，专业化、社会化、现代化程度较低。

---

① 2020 年阿里调研所得《阿里地区关于供销服务体系建设试点工作的实施方案》。

（一）交通基础设施建设相对滞后

与我国中东部地区相比，西藏全区整体物流基础设施发展滞后，仍然处于起步阶段。对外通道缺乏，截至 2021 年底，西藏铁路路网密度约为 0.001 公里/平方公里，仅为全国平均水平的 3.3%，全区进出藏铁路仅一条，与周边的新疆、四川、云南等省区均无铁路和高速公路联通；西藏高速公路密度为 0.08 公里/百平方公里，仅为全国平均水平的 2.1%，一级及以上公路里程为 1105 公里①。阿里地区高等级公路还处于攻克阶段，省道基本为砂石路，沿边通道尚未全部打通，乡、村通畅"双百"目标尚未实现。

（二）商贸流通体系依然薄弱

一方面，基于自然、历史、交通等诸多因素影响，特别是受农牧区地域辽阔、农牧民居住分散的影响，第七次人口普查显示阿里地区仅有 12.33 万人口，分布在 33.71 多万平方公里的广袤地区，生产、流通和消费服务的物流需求小。另一方面，由于交通基础设施发展滞后，导致阿里地区生产要素成本趋高，物流成本居高不下。这使得阿里地区商贸流通业整体发展水平不高，农牧区商贸流通设施极为薄弱，偏远农牧区物资供应"不充分、不方便、不实惠"等短板依然突出。

（三）电子商务等新业态发展支撑不足

阿里地区农牧民群众文化程度普遍较低，特别是基层农牧民群众普通话和汉字识别能力较低，传统观念尚未改变，电子

---

① 《西藏自治区"十四五"时期现代物流业发展规划》。

商务进农村覆盖不甚理想；本土电商平台知名度不高、流量不足，传统商贸流通企业信息化程度不高，转型升级投入小；快递物流发展严重滞后，农牧区物流体系不健全、冷链基础设施差，电子商务在农牧区的双向流通渠道，特别是特色产品的上行渠道严重受阻，制约了阿里地区乃至西藏全区电子商务等新型业态发展。

（四）面向南亚开放重要通道建设任务艰巨

阿里地区作为南亚大通道建设的前沿阵地，口岸基础设施薄弱、通关便利化水平不高。口岸主要山口通道交通条件落后，仅斜尔瓦通往普兰县城的道路为柏油路。邻国边境地区交通设施简陋，边民贸易基本依靠人背马驮进行运输。与普兰口岸接壤的尼泊尔、印度边境地区经济比较落后，边民市场购买力较弱，对商品和服务的需求层次不高。且与印度之间商贸往来缺乏沟通机制，存在经贸交流合作障碍。

（五）物流园区、产业园区建设发展缓慢

主干物流网络不发达，综合物流园区、快递园区、分拨中心、仓储配送中心不健全，分级物流体系尚未建立。园区基础设施投资不足，基础设施和功能设施建设进展缓慢，影响了生产要素和资源的引进吸收。物流企业总体规模偏小，经营粗放，功能单一，整体竞争实力弱。物流信息化水平低，物流资源条块分散，要素集约利用率不高，以商贸流通和仓储业为主的传统物流运营方式没有根本性改变，物流仓储自动化、标准化、信息化水平低。企业间协作配套能力差，没有形成分开协作的产业链，还处于企业简单堆积的产业集群化初级阶段。

第二节　发展目标：目标定位与空间布局

一、发展目标

加大对边贸物流产业专项资金的投入力度，到 2025 年，基本建成布局合理、衔接顺畅、功能齐全、业态融合、便捷高效、绿色环保、安全有序的边贸物流服务体系，流通效率明显提高，降低物流成本效果显著，综合交通基础设施建设取得突破性进展，现代信息技术在物流领域得到广泛应用，产业规模及产业贡献取得突破，商贸物流体系基本形成，商贸流通市场运行更加规范，农牧区供给得到保障，消费水平持续提高，城镇发展水平明显提高，依托普兰陆路口岸、昆莎机场（口岸）和普兰机场（口岸），统筹推进固边、安边和兴边，深度融入"一带一路"，面向南亚开放的藏西重要物流枢纽基本建成。

一是边贸物流产业发展提速增效。通过推进"放管服"改革等一系列措施，推动物流业降本提速增效。到 2025 年，社会物流成本进一步降低，物流效率显著提高，物流业对地区经济的支撑和保障能力明显增强，实现城镇化率达到 37%，GDP 年均增长率达到 9.5%，城镇居民人均可支配收入达到 68295 元，年均增长约为 8%。

二是构建综合交通运输网络。通过整合资源、合理布局、扩大开放，加快推进综合物流通道网络和物流节点体系建设，以公路网络为基础，以干线公路和航空运输为骨架，以农村公路和边防公路为重点，构建现代交通运输体系，为巩固边防和经济发展提供支撑。到 2025 年实现高等级公路零突破，省道全部贯通黑色化，实现 100% 建制村通畅，使具备条件的乡镇客车通车率达到 100%，行政村客车通车率达到 80%，充分改善农牧民出行条件。

三是搭建功能齐全的物流信息平台。重点搭建具有物流信息资源展示、供应链管理服务、物流业务协同、政府服务融合等主要功能的开放性、通用性、标准化"智慧物流平台"，加快推进"互联网＋电子商务"专项行动计划，以云计算、大数据技术为支撑，整合物流信息资源，帮助物流企业提高效率，降低成本，2025 年实现互联网普及率达 100%，100% 行政村通宽带，100% 的自然村移动网络覆盖，实现全部国省干道沿线移动信号全覆盖。

四是侧重发展冷链物流产业。立足建设藏西高原特色农畜产品基地，充分发挥阿里地区特殊区位优势，搭建服务特色农畜产品生产经营、市场营销及社会消费为主的专业冷链物流，逐步构建覆盖全区的冷链仓储设施网络。2025 年实现社会消费品零售总额达到 230480 万元以上，年均增速约为 12.5%；服务业增加值达到 63.3 亿元，占 GDP 比重提高到 58.6%。

五是建成城乡商贸流通体系。完善连锁经营、物流配送、电子商务等现代流通方式；推进县、乡镇、村级配送中心等枢纽站点，建成综合物流园区（中心）；培育重点物流企业，力争"十四五"实现地区市场流通基础设施基本健全，日用消费品、农畜产品、农牧业生产资料和再生资源等流通网络趋于完善，非公经济市场主体年均增长 12% 以上、民间投资年均增长 10% 以上、地方财政收入年均增长 3% 以上。

巩固扩大边境贸易规模。推进边境口岸、通道以及边贸市场基础设施建设，提升贸易便利化水平，优化边境贸易结构，促进边境贸易与相关产业联动发展，逐步增强区域发展的带动作用，实现对外贸易增长速度明显快于 GDP 增长速度，对外贸易获得恢复性增长。其中，2025 年实现边境贸易进出口总额达 8301.3万元以上，年均增长约 20%。

二、空间布局

着力打造阿里地区"一核、二轴、三廊道、三片区"的物流产业发展格局，有力支撑本区域边贸物流服务体系的系统构建，如图 10 - 1 所示。

审图号：藏 S（2022）020

图 10 - 1　西藏阿里地区物流空间布局图

注：三片区的范围以背景色覆盖为准。

"一核"：立足自然环境、资源禀赋、经济基础，发挥北连新疆、南接南亚的区位优势，把噶尔县建成藏西经济区商贸物流中心，搭建连接丝绸之路经济带和环喜马拉雅经济合作带的桥梁。依托公路、航空以及铁路交通，加快构建以城市物流枢纽、物流中心及城乡配送系统为主的现代物流服务体系。

"二轴"：重点建设以噶尔县为中心的阿里地区南北物流发展轴和东西物流发展轴。阿里地区南北物流发展轴即以北向南包括日土县、噶尔县、扎达县以及普兰县的"西四县"边境横向国防大通道、狮泉河镇至普兰高等级公路等重点交通基础设施，努力推动南北走向公路网、航空网（包括阿里昆莎机场、普兰支线机场以及通用机场等）、铁路（新藏铁路日喀则至和田段）等基础设施的互联互通，把"西四县"南北一线建设成为国防巩固的安全线、经济发展的黄金线。阿里地区东西物流发展轴即以西向东包括噶尔县、革吉县、改则县以及措勤县，大力推动重点城镇和核心旅游城镇交通干线和线路沿线建设。

"三廊道"：充分发挥噶尔县的政治、经济、文化等首位度作用，中心镇连接城乡的节点，以噶尔县为起点，分别向南、向北和东部沿公路、航空连接，形成动态发展交通廊道，使阿里地区中心枢纽和其他节点城镇之间得到有效衔接。向北依托国道219噶尔县至新疆公路，区道303、518、519、520，阿里昆莎机场，通过新藏公路、新藏旅游线路等连接新疆，抓住改则县至新疆民丰公路升级改造后交通条件大幅度改善的契机，深化与新疆等地在旅游、资源开发、进出口贸易、物资保障供给等方面的合作，塑造西藏西大门的形象，实现与新疆的高效联动发展，形成西部地区通往南亚的便捷通道；向南依托国道564普兰县至新德里公路、区道518、普兰支线机场，以冈底斯国际旅游合作区为平台，重点发展边境口岸贸易，突出旅游服务贸易，深化与印度、尼泊尔等南亚国家在经贸、旅游、投资、金融等领域互联互通，与

"一带一路"南亚国家高效联动发展，为实现西藏更高层次更高水平全方位的对外开放提供有力支撑；向东依托国道317改则县至那曲市、国道216改则县至日喀则市萨嘎县、改则通用机场、区道301、302、517加强与藏中南以及藏北联系，重点增强拉萨市、日喀则市、林芝市、那曲市等城市以及相关城镇和口岸联系，实现南亚开放大通道沿线地区高效联动，增强对西藏经济社会发展的贡献度。

"三片区"：重点建设噶尔县为中心的物流产业集聚区，打造面向内地开放的重要发展平台，空间范围包括噶尔县和日土县。该区域建设成为区域性物流枢纽，为支撑阿里地区物流网络高效运行提供基础设施支撑。该区域一方面依托集散中心地带趋势优势，强化边贸物流产业发展各要素配置，建立健全物流基础服务设施体系；另一方面以区域内旅游资源强力支撑，积极发展商贸餐饮业、现代服务业，加快第三产业配套设施建设。重点建设普兰县为中心的物流产业集聚区，打造成为面向南亚开放的重要发展平台，空间范围包括普兰县和扎达县。该区域以普兰口岸边境合作区为载体，建设成为冈底斯旅游合作区的核心、中尼印三国边境地区商品交流中心、边民生活必需品交换的平台，广泛吸引资金人才，积极争取优惠政策，加速成为阿里地区经济发展的重要增长极。重点建设改则县为中心的物流产业集聚区，打造面向藏域合作的重要发展平台，空间范围包括革吉县、改则县、措勤县。该区域面积辽阔，资源集聚程度不高，推进该区域成为物流产业集聚区，实现资源与线路体系动态组合开发。把资源优势转变为经济优势。

三、战略路径

结合前面内容以及阿里自身物流发展基础，作为西藏区域子物流网络阿里地区的空间优化应在以下方面有序开展，如图 10 – 2 所示：

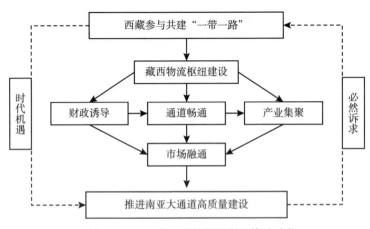

图 10 – 2　阿里地区边贸物流发展战略路径

（一）以建设"藏西物流枢纽"作为物流产业各项政策制定的核心目标

高质量发展背景下，阿里地区作为南亚大通道建设的前沿阵地，服从、服务于西藏建设面向南亚开放大通道的国家战略为目标导向，继续推动物流基础设施以及城镇化建设，降低地区间的运输成本，提高市场需求，将阿里地区打造成为面向南亚开放的重要前沿，大力畅通对外运输通道、实现互联互通。

（二）以"财政诱导"充分发挥政府培育现代物流业态的调节作用

在区域协调导向下，政府需要在机制体制上有所创新，通过财政杠杆充分发挥政府引导作用，提升财政支出效益水平，优化交通运输为主的物流基础设施的效率水平。加快传统物流产业的转型和升级，促进现代物流业态的培育和发展。

（三）以"通道畅通"作为物流产业空间重构的发展方向

国家定位西藏作为南亚开放的重要通道，不仅赋予西藏更加重要的战略地位，而且使西藏有了更加清晰的发展方向。通过财政诱导，加快综合交通运输体系建设，推进便民利民消费水平，实现阿里农牧区生产生活必需品有效供给和持续保障。

（四）以"产业发展"作为物流产业空间重构的集聚效应

通过空间重构物流网络，以数字经济赋能区域物流，打通经济循环的"堵点""断点"，加速产业集聚与协同，促进劳动力自由流动，提升阿里地区人均资源占有量和边际产出，进一步缩小城乡差距、区内与区外差距，实现价值共创。

（五）以"市场融合"作为物流产业空间重构与价值共创的长期目标

以财政扶持为主的总供给模式为基础，依托综合物流运输通道建设，培育商品和要素市场，加强与周边国家、周边省份和重要城市的合作与联系，发挥阿里地区区内中心县城以及其他重点城镇、产业集聚辐射带动作用，打造面向南亚开放的藏西物流枢纽，促进对内融入、对外开放双循环市场的有机统一，促进实现高质量发展。

第三节　优化层次：重点方向及主要任务

一、通道畅通

（一）加快实施重点交通项目

加快实施国省干线、国防公路、边防公路、农村公路以及实施公路安全生命防护工程、县客运站建设项目。实施普兰支线机场建设工程，在札达、革吉、日土、改则、措勤 5 县动工航空基础设施建设项目，以及启动新藏铁路（西藏段）铁路规划建设项目。

（二）加快智慧物流建设

加快物流信息技术水平建设，提升整个物流系统的智能化、自动化水平，构建公路、航空等方式相配合的立体化电子物流输运通道。加快智慧电商建设，建立一体化农畜产品销售体系，不断完善"工业品下乡"和"农产品进城"双向畅通的农牧区现代流通网络。加强智慧边贸建设，提高口岸整体通关效率。建立农牧区物流信息综合服务平台，实现县级共配、统一分拣、统一配送，助推电商快递、仓储、配送一体化。

（三）完善商贸流通体系

创新机制不断培育市场主体，侧重发展冷链物流。着力完善配送物流体系，建立健全农牧区再生资源回收利用体系。优化商贸流通空间布局，减少中间环节、降低经营成本，建立配送联系机制，形成上下衔接、左右协同、交叉互通的流通体系，形成辐射日喀则西部、那曲西部，覆盖阿里地区县、乡、村的物流服务网络。

二、产业发展

（一）调整优化产业结构

构建生态型、集约型农牧业产业体系，合理发展优势矿产业，积极发展边境旅游贸易。发挥阿里地区毗邻印度、尼泊尔等的独特区位地理优势，完善普兰口岸和日土独木齐列、札达什布齐、楚鲁松杰、甲尼玛、萨让、噶尔典角等边贸点的基础设施和配套条件针对性提高出口产品品种和档次，带动边境小额贸易和一般贸易发展。

（二）大力发展县域经济

加强特色城镇建设适度有序集聚人口，充分发挥阿里地区"西四县"（噶尔县、普兰县、札达县、日土县）、"东三县"（革吉县、改则县、措勤县）突出的县域特色，特别是"西四县"围绕冈底斯国际旅游合作区核心景区建设，立足县域资源、产业基础，精心筛选县域特色项目，培育有特色、有优势、有市场、有效益的支柱产业。

三、市场融合

（一）深化对内市场融通

完善招商引资促进机制，用宽松优化的环境吸引投资，加强与周边省区、周边区域合作交流。创新对口受援工作，重点在项目孵化、企业帮扶、园区建设、产品输出、招商引资等方面打造新时代对口援藏新亮点。加强品牌建设力度，挖掘象雄半细毛羊制品、本地牦牛肉、神湖风干鱼等特色产品效能；不断提升"西藏地球第三极阿里子品牌""藏西秘境、天上阿里""游第三极峡谷、品古象雄文化"的阿里地区旅游品牌知名度和美誉度。

（二）加强口岸功能建设

不断提高普兰口岸开放的层次和水平。加强边境口岸、边贸市场及边民互市贸易区基础设施建设，加强口岸功能建设，早日实现普兰口岸恢复国际性口岸功能的目标，促进普兰口岸的"一核心、四通道、多节点"[①]格局稳步发展。

（三）构筑对外合作平台

以冈底斯国际旅游合作区为平台，坚持"引进来"和"走出去"相结合，深化与印度、尼泊尔等南亚国家在经贸、旅游、投资、金融、互联互通、农牧业等领域区域合作，推动贸易和投资自由化、便利化，促进实现更高层次全方位的扩大开放。

---

① "一核心"中地域范围为普兰县城，可大体分为两个基本功能区环城贸易圈和基本职能区；"四通道"包括斜尔瓦贸易通道、丁嘎贸易通道、强拉贸易通道和昆莎机场贸易通道；"多节点"地域范围为日土县独木齐列边贸点，噶尔县扎西岗边贸点，札达县甲尼玛、什布奇、楚鲁松杰、萨让边贸点，普兰县拉孜拉边贸点，包括边民互市贸易市场和通道。

第四节　实施抓手：保障机制及对策建议

一、创新开放合作机制

贯彻落实中央关于加快沿边开发步伐，借鉴国内外经验，积极探索开放合作新模式，以开放促发展、促稳定，整体推进阿里地区对外开放进程。

二、加强规划有序实施

加强组织领导，建立动态调整机制，强化信息沟通。按照"全区统筹、分级负责"的原则，建立分工协作机制，明确各级相关主管部门的权责及任务分工，加强部门协同配合，上下联动，左右互通，形成合力。

三、建立健全支持政策

完善财政支持边贸物流产业发展的政策措施。用好国家对产业发展的建设资金和自治区产业发展建设专项资金，提高资金使用效率，充分发挥资金使用效益。

四、加大人才队伍建设

加大人才培养和引进力度，提供人才保障。在培养使用好现有人才的基础上，通过创新思路、机制和政策，大力培养和引进专业技术和管理人才。

参 考 文 献

一、国外期刊

[1] Mori T，Nishikimi K. Economies of transport density and indus-trial agglomeration [J]. Regional Science and Urban Economics，2002，32（2）：167 – 200.

[2] Markus Hesse，Jean – Paul Rodrigue. The transport geography of logistics and freight distribution [J]. Journal of Transport Geography，2004（6）：102 – 106.

[3] Sibel A.，Bahar Y. Network hub location problems：the state of the art [J]. European Journal of Operational Research，2008（1）：1 – 21.

[4] Ishfaq R，Sox C R. Hub location-allocation in inter modal logis-tic networks [J]. European Journal of Operational Research，2010（10）：213 – 230.

[5] Frank P，Peter W，Karel H et al. Spatial concentration and lo-cation dynamics in logistics：the case of a Dutch province [J]. Journal of Transport Geography，2013，28（3）：39 – 48.

[6] Osterwalder. CLarifying，Business Models：Origins，present and future of the Concept [J]. Communications of the Information Sys-tems，2005（5）：11 – 12.

[7] Berry L. Creating New Markets Through Service Innovation

[J]. Sloan Management Review, 2006 (2): 56 – 60.

[8] Morris M. The Entrepreneur's Business Model: Toward a Unified Perspective [J]. Journal of Business Research, 2003 (1): 21 – 23.

[9] Hendrikse G, and Bijman W. Ownership structure in Agrifood-chains: the Marketing Cooperative [J], American Journal of Agricultural Economics, 2002, 84 (1): 104 – 119.

二、国内期刊

[1] 尕藏才旦，尼古拉·查强，辛馨. 西藏物流产业发展特性探析 [J]. 西藏大学学报（社会科学版），2010，25 (1): 18 – 25.

[2] 丁俊发. 城乡经济一体化与物流业发展 [J]. 中国流通经济，2011，25 (8): 8 – 10.

[3] 刘妤，顾正刚. 新常态下区域物流与区域经济互动关系研究——基于西藏 1995 ~ 2014 年面板数据 [J]. 西藏大学学报（社会科学版），2017，32 (1): 144 – 149.

[4] 李全喜. 区域物流能力与区域经济发展的典型相关分析——基于全国面板数据 [J]. 软科学，2010 (12): 75 – 79.

[5] 王岳峰. 信息混沌环境下区域物流能力盲数测评模型 [J]. 管理学报，2010 (3): 418 – 422.

[6] 刘林，吴金南. 区域物流能力影响经济增长的过程机制研究 [J]. 统计与决策，2012 (12): 46 – 49.

[7] 雷勋平，叶松龚，月琴，朱文婕. 安徽省区域物流能力评价指标体系构建及实证研究 [J]. 吉林工商学院学报，2012 (2): 32 – 36.

[8] 李虹. 关于我国区域物流竞争力的分析与评价——以辽宁为例 [J]. 技术经济与管理研究，2012 (4): 108 – 111.

[9] 王爱虎，房兴超，郭佳. 广东省市域经济与区域物流体系协同发展研究 [J]. 工业工程，2014 (1): 91 – 98.

［10］程春华．区域经济可持续发展中绿色物流的贡献及发展策略［J］．物流技术，2014（9）：290-293．

［11］胡燕燕．合肥市物流空间区位特征与形成机理［J］．地域研究与开发，2016（6）：58-63．

［12］葛喜俊．城市物流区位形成机理及空间结构特征研究［J］．物流技术，2014（7）：1-4．

［13］程艳．长江沿岸地区物流产业空间结构分析［J］．长江流域资源与环境，2013（11）：1412-1418．

［14］戢晓峰．基于多源数据的货物空间运输联系特征及形成机制［J］．公路交通科技，2016（7）：153-158．

［15］李斌，许立民，秦奋等．基于重力模型的河南省公路客流空间运输联系［J］．经济地理，2010，30（6）：955-959．

［16］杨忠臣，陆玉麟．基于客流的山东省城市对外交通便捷度与联系格局分析［J］．经济地理，2014，34（9）：63-67．

［17］李谭波，全波．国家尺度空间运输联系特征与区域发展趋势［J］．城市交通，2014，12（3）：6-14．

［18］李平华，于波．改革开放以来长江三角洲经济结构变迁与城际联系特征分析［J］．经济地理，2005，25（3）：362-365．

［19］曹小曙，阎小培．珠江三角洲客、货运量的空间演化研究［J］．人文地理，2002，17（3）：66-68．

［20］刘昕，吴永平，付鑫．京津都市圈空间运输联系的分布特征研究［J］．公路交通科技，2006，23（10）：155-158．

［21］马定国，吴连霞．江西省空间运输联系演化特征［J］．地域研究与开发，2010，29（1）：55-59．

［22］周一星，杨家文．九十年代我国区际货流联系的变动趋势［J］．中国软科学，2001（6）：85-89．

［23］陆华．基于时间序列的区域物流网络演化模型的实证分

析［J］. 北京交通大学学报，2015（12）：41－47.

［24］海峰. 产业集群与区域物流网络空间系统演化机理研究［J］. 物流工程与管理，2008（12）：25－28.

［25］李海建. 区域物流中心（城市）空间体系及驱动机理研究［J］. 世界地理研究，2005（12）：35－41.

［26］李粲. 西藏特色区域城镇化路径模式探讨［J］. 城市规划学刊，2013（6）：33－39.

［27］万代黎. 分形理论视角下京津冀区域物流空间结构分析［J］. 商业经济研究，2016（8）：98－101.

［28］李文博. 浙江轴辐式现代物流网络构建的实证研究［J］. 经济地理，2011（8）：1335－1341.

［29］李明芳. 京津冀轴辐式区域物流网络的构建与对策［J］. 中国流通经济，2015（1）：106－111.

［30］祝新. 引力模型下广西区域轴辐式物流网络构建研究［J］. 商业经济研究，2017（9）：214－217.

［31］郝京京. 云南省物流网络空间优化研究［J］. 交通信息与安全，2015（4）：119－126.

［32］王佩佩. 丝绸之路经济带下新疆通道轴辐式物流网络构建［J］. 经济地理，2016（2）：125－130.

［33］刘妤. 地缘经济视角下西藏边境陆路口岸空间布局、发展效力及对策研究［J］. 西藏大学学报，2018（2）：195－204.

［34］毛阳海. 西藏参与"一带一路"建设不应轻视亚东通道［J］. 西藏民族大学学报（哲学社会科学版），2017，38（1）：30－35.

［35］孙颖，李云海，骞红. 西藏边境贸易发展对策研究［J］. 学术交流，2008（10）：69－72.

［36］丁金学. 我国交通运输业碳排放及其减排潜力分析［J］.

综合运输, 2012 (12): 20 - 26.

[37] 刘妤. 开放经济条件下物流产业碳排放驱动因素分解及脱钩效应研究——以陕西省为例 [J]. 生态经济, 2018 (11): 84 - 89.

[38] 刘龙政, 潘照安. 中国物流产业碳排放驱动因素研究 [J]. 商业研究, 2012 (7): 189 - 196.

[39] 马越越, 王维国. 中国物流业碳排放特征及其影响因素分析——基于 LMDI 分解技术 [J]. 数学的实践与认识, 2013 (10): 31 - 42.

[40] 袁长伟, 李若影, 芮晓丽等. 陕西省交通运输业碳排放影响因素分解研究 [J]. 长安大学学报 (社会科学版), 2016 (4): 38 - 42.

[41] 徐盈之, 徐康宁, 胡永舜. 中国制造业碳排放的驱动因素及脱钩效应 [J]. 统计研究, 2011 (7): 55 - 61.

[42] 苑清敏, 张文龙, 宁宁宁. 京津冀物流业碳排放驱动因素及脱钩效应研究 [J]. 科技管理研究, 2016 (7): 222 - 226.

[43] 许有志, 王锐兵, 王道平. 北京市农产品物流体系现状分析及发展对策研究 [J]. 技术经济与管理研究, 2008 (5): 95 - 97.

[44] 原磊. 国外商业模式理论研究评价 [J]. 外国经济与管理, 2007 (10): 11 - 13.

[45] 刘妤. 移动互联网下共享单车 "拟合型" 创新模式研究 [J]. 攀枝花学院学报, 2017 (3): 29 - 31.

[46] 刘妤, 谢静宜. "互联网 + 共享单车" 创新发展模式构建研究 [J]. 阿坝师范学院学报, 2018 (4): 69 - 74.

[47] 黄祖辉, 刘东英. 我国农畜产品流通体系建设与制度分析 [J]. 农牧业经济问题, 2005 (4): 50 - 54.

[48] 喻晓燕等. 供应链环境下我国农畜产品物流运作模式初探 [J]. 物流技术, 2004 (11): 51 - 52.

［49］王鑫鑫，王宗军．国外商业模式创新研究综述［J］．外国经济与管理，2009，31（12）：33－38．

［50］丁俊发．大力发展农产品物流［J］．中国供销合作经济，2002（6）：18．

［51］贾卫丽，王成艳，赵瑞莹．关于农产品物流的供求状况分析及对策［J］．安徽农业大学学报（社会科学版），2004（3）：52－56．

［52］宋留栓等．SCM在农产品物流开展中的应用［J］．工业工程，2005（5）：29－33．

［53］丁华．供应链管理理论及其在农产品物流企业中的应用［J］．中国流通，2004（1）：17－21．

［54］黄祖辉，刘东英．我国农产品物流体系建设与制度分析［J］．农业经济问题，2005（4）：50－54．

［55］喻晓燕，黄立平．供应链环境下我国农产品物流运作模式初探［J］．物流技术，2004（11）：51－52．

［56］赵春江．农产品物流存在的问题及对策［J］，天津商学院学报，2005（3）：41－44．

［57］刘妤，高尚钦．地理空间视角下西藏区域物流运输联系特征及形成机理研究［J］．西藏民族大学学报（哲学社会科学版），2019，40（5）：119－124．

［58］刘妤．物流绩效对区域经济发展的贡献度评价研究——以西藏为例［J］．价格月刊，2018（08）：75－79．

［59］刘妤．地缘经济视角下西藏边境陆路口岸空间布局、发展效力及对策研究［J］．西藏大学学报（社会科学版），2018，33（2）：195－204．

［60］刘妤．西藏地区交通运输业碳排放驱动因素分解及脱钩效应研究［J］．CSSCI西藏大学学报（社会科学版），2021（1）：

126 - 133.

三、其他文献

［1］王晓艳，杨学春. 新型城镇化背景下城乡物流一体化发展研究［D］. 中国物流学术前沿研究，2015（11）.

［2］李建忠. 高竞争环境下物流企业商业模式创新研究［D］. 中国物流重点课题报告，2015（11）.

［3］郭毅夫. 商业模式创新与企业竞争优势——内在机理及实证研究［D］. 上海：华东大学，2012：10 - 29.

［4］李静纬，宗峰. 中国国家地理"一带一路"通道篇［M］. 2015（10）.

［5］戢晓峰. 产业视角下区域物流的空间分析——云南物流业发展报告［M］. 北京：科学出版社，2016.

［6］范剑勇. 产业集聚与区域经济协调发展［M］. 北京：人民出版社，2013（高校社科文库）.

［7］吴进凯. 我国现代农产品物流体系发展研究［D］. 杭州：浙江工商大学，2010.

［8］黄治华. 北京市京北农副产品批发市场整合发展研究［D］. 北京：北京交通大学，2010.

［9］李碧珍. 农产品物流模型创新研究［M］. 北京：社会科学文献出版社，2010.

［10］西藏自治区人民政府：西藏概况，2018 - 21 - 21. http://www. xizang. gov. cn/rsxz/qqjj/zrdl/201812/t20181221_34484. html.

［11］西藏自治区综合交通运输"十三五"发展规划（2016 ~ 2020 年）.

［12］2017 年共享单车发展趋势如何？https：//www. zhihu. com/question/54692275/answer/140706121.

［13］2017 年共享单车行业现状及发展前景趋势展望分析报告，

https：//wenku. baidu. com/view/181cdbb7294ac850ad02de80d4d8d15abe2300a3. html.

［14］共享单车：从共享走向共治共赢，http：//news. xinhuanet. com/city/2017 - 04/11/c_129529096. htm.

［15］从大数据看共享单车发展的"拉萨速度"，http：//www. tibet. cn/news/focus/1497939137653. shtml.

［16］ofo 落地拉萨连接 100 城首个登陆青藏高原共享单车，ht-tp：//www. sohu. com/a/147080258_99900582.

［17］艾媒报告｜2017 中国共享单车夏季市场专题报告，ht-tp：//www. iimedia. cn/59210. html.

［18］2000 辆共享单车"骑进"雪域西藏，http：//www. chinanews. com/sh/2017/04 - 21/8205856. html.

［19］2018 年共享单车行业市场规模预测及政策汇总，http：//www. askci. com/news/chanye/20180129/155158117184_2. shtml.

［20］摩拜单车：2017 年共享单车与城市发展白皮书，http：//www. useit. com. cn/thread - 15052 - 1 - 1. html.

［21］西藏自治区口岸发展"十三五"规划.

［22］西藏自治区"十四五"时期国民经济和社会发展规划纲要.

［23］西藏自治区统计局. 西藏统计年鉴 1990 - 2018 ［M］. 北京：中国统计出版社.

［24］商务厅. 全区商务事业"十三五"发展回顾和"十四五"展望.

［25］《西藏自治区"十三五"时期国民经济和社会发展规划纲要》以及西藏各地市《"十三五"时期国民经济和社会发展规划纲要》.

［26］西藏自治区统计局：2019 年西藏自治区国民经济和社会发展统计公报，http：//tjj. xizang. gov. cn/xxgk/tjxx/tjgb/202004/

t20200413_137062. html.

　　［27］西藏自治区"十三五"时期物流业发展规划.

　　［28］"十三五"以来西藏交通运输发展综述：织密团结线、铺就幸福路，https：//baijiahao. baidu. com/s？id = 16930855135921181 02&wfr = spider&for = p.